하고 싶은 대로
해도 괜찮아

自在: 关于生活智慧的 100 个基本

Copyright © 2022 by Li Xiaoyi
Korean translation copyright © 2025 by DAVINCIHOUSE Co., LTD.
by arrangement with CITIC Press Corporation
through Enters Korea Co., Ltd All rights reserved.
이 책의 한국어판 저작권은 ㈜엔터스코리아를 통한 중국 CITIC Press Corporation과의 계약으로
도서출판 ㈜다빈치하우스가 소유합니다.
저작권법에 의하여 한국 내에서 보호를 받는 저작물이므로 무단전재와 무단복제를 금합니다.

진짜 나를 찾아 자유로워지는
100가지 방법

하고 싶은 대로
해도 괜찮아

리샤오이 지음
이지연 옮김

"진짜 어른의 삶은,
나를 먼저 구하는 일에서
시작된다"

얽매이지 않는 자유로움에 관한
100가지 이야기

이든서재

시작하며

더 나은 삶을 위한 기본기

2014년 첫 책 『영혼이 향기로운 여인靈魂有香氣的女子』을 세상에 내놓은 후, 2022년 말 이 책을 완성하기까지 8년이라는 시간이 흘렀습니다. 그 세월 동안 저는 수많은 도전을 마주했습니다. 여덟 권의 책을 집필하고, 독자들과 더 가까이 소통하고자 위챗Wechat 공식 계정을 운영하며 영상 프로그램을 제작했습니다.

빠르게 흘러간 지난 8년은 밀도 높은 시간이었습니다. 마치 반평생을 살아온 듯한 느낌이 들었고, '정말 불가능한 일은 없구나'라는 깨달음을 얻은 시간이기도 했습니다. 이 여정을 함께해 주신 여러분께 깊은 감사를 전합니다. 여러분 덕분에 저는 글쓰기를 넘어 더 넓은 세상으로 발을 내디딜 수 있었습니다.

문득 몇 년 전 보았던 한 인터뷰가 떠오릅니다. 당시 유명한 TV 프로듀서였던 천마오陳虻에게 누군가 물었습니다.

"어떤 연출가를 훌륭하다고 할 수 있을까요?"

그는 이렇게 답했습니다.

"저는 연출가의 실력을 평가할 때 최고의 작품이 아니라 가장 인정받지 못한 작품을 봅니다. 그 작품이야말로 그 사람의 진짜 실력을 보여 주니까요. 최고의 작품은 운이 따라 준 결과일 수도 있어요. 단 한 발로 과녁 정중앙 10점을 맞힌 것처럼요. 하지만 가장 형편없는 점수인데도 8점 이상이라면, 그건 실력입니다."

그가 강조한 건 '탄탄한 기본기'의 중요성이었습니다.

이 원칙은 삶에도 그대로 적용됩니다. 진정 뛰어난 사람은 한순간의 반짝이는 성과에 머물지 않고, 실수를 줄이며 꾸준히 안정된 결과를 만들어 냅니다.

그렇다면 우리 삶에서 필요한 기본기는 무엇일까요? 그리고 그 기본기를 체계적으로 정리해 필요할 때 꺼내 쓸 수는 없을까요?

이 책은 바로 이런 질문에서 시작되었습니다.

저는 살면서 겪은 다양한 경험과 고민을 바탕으로, 인생에서 꼭 기억해야 할 100가지 기본 원칙을 정리했습니다. 이를 현실적인 방법론, 내면의 성장 과정, 그리고 때로는 험난했지만 깊은 깨달음을 준 이야기들과 함께 풀어냈습니다. 마치 친한 친구에게 마음을 털어놓듯 담담하고 솔직한 마음으로 써 내려갔습니다.

자유로움이란 무엇일까요?

저는 '자유로움이란 진정한 나를 찾은 후에 비로소 다다르는 상태'라고 믿습니다. 우리는 자아를 찾아가는 여정에서 수많은 일을 겪고, 다양한 사람을 만납니다. 혼란 속에서 시작해 점차 명확성을 얻으며, 나만의 존재감과 가치를 세우고, 내가 소중히 여기고 의미를 부여하는 일에서 성취를 만들어 갑니다.

그런 의미에서 이 책은 여러분의 자아 탐색을 함께하는 동반자가 되어 줄 것입니다. 이 책은 자주성, 자기 성찰, 자율성, 자기 수양, 자기 일관성, 관계성, 자연스러움, 자기 치유, 자신감, 자유로움이라는 10가지 주제를 중심으로 구성되어 있습니다.

이 책을 쓰는 동안, 저는 같은 문제를 두고 20대의 나라면 어떻게 했을지 그리고 마흔네 살이 된 지금의 나는 어떻게 대처할지를 자주 떠올렸습니다. 예상하시겠지만, 그 방식은 크게 달랐습니다.

지금의 저는 훨씬 적극적이고 능동적인 사고로 행동하고, 문제를 복기하며 해결하려 합니다. 반면 20대의 저는 그렇지 못했습니다. 그때는 '그냥 넘어가자' '나중에 하자'는 생각이 잦았고, 그로 인해 점점 소극적이고 두려움이 많은 성향으로 굳어졌습니다. 결과적으로 수많은 기회를 놓치고 잘못된 결정을 반복하곤 했죠. 그러던 어느 날, 차가운 현실에 떠밀려 벼랑 끝에 선 순간, 저는 결심했습니다.

'나를 바꾸자.'

자아를 찾아가는 과정은 수많은 시련과 아픔을 동반합니다.

20대 독자 여러분, 이 책을 통해 여러분은 어머니조차 알려 주지 않았던 생존의 법칙들을 발견할 수 있을 것입니다. 이는 어머니가 지혜롭지 않아서가 아니라, 여러분이 복잡하고 미묘한 인간관계의 민낯을 마주하는 것을 바라지 않으셨기 때문일지도 모릅니다. 하지만 어둠을 경험하는 것은 빛을 만나는 여정에서 필연적인 통과 의례입니다. 그래서 저는 인간 본성의 깊은 면면을 여러분께 솔직히 전하고자 합니다.

30대 독자 여러분, 이 책은 유리 천장을 깨뜨리는 길을 제시할 것입니다. 제 다양한 경험을 간접적으로 느끼며 자신감과 해답을 얻고, 고난 속에서도 용기를 잃지 않은 채 새로운 빛을 향해 한 걸음씩 나아가실 수 있을 겁니다.

그리고 40대 이상의 독자 여러분을 떠올리면, 아마 이 책을 읽으며 얼굴에 옅은 미소를 띠고 이렇게 말씀하시지 않을까 싶습니다.

"역시 당신도 그렇게 생각했군요."

저는 〈평온을 비는 기도 Serenity Prayer〉의 한 구절을 늘 마음속으로 되뇌곤 합니다.

"제가 바꿀 수 없는 것들을 인정하는 너그러움과, 바꿀 수 있는 것을 변화시키는 용기와, 그 둘을 구별할 수 있는 지혜를 제게 허락하소서."

이 얼마나 훌륭한 말인지요. 세상의 심오한 이치가 이 짧은 구절에 다 담겨 있다고 해도 과언이 아닙니다.

 능동적이면서도 평온한 상태, 이것이 바로 제가 생각하는 '자유로움'입니다.

 여러분 모두가 행복과 천천히 마주하며, 마음속에 깊은 평온을 간직하시길 바랍니다.

당신의 친구, 샤오이

차례

| 시작하며 | 더 나은 삶을 위한 기본기 | 008 |

1장   자주성 내가 '나'를 드러낼 수 있게

001	능동적 태도 vs. 수동적 태도	020
002	호감 가는 사람보다 '필요한 사람'	024
003	포기하기 전 세 번은 노력하라	026
004	작은 호의가 누군가에게는 큰 힘이 된다	028
005	능력 밖의 호의는 독이 되어 돌아온다	030
006	상대에 따라 달라지는 조건 교환의 전략	032
007	세속적 성공이 주는 자유	037
008	역전의 세 가지 비결	040
009	생각의 전환이 길을 열어 준다	043
010	끊임없이 가능성을 발견하다	046

2장   자기 성찰 내가 '나'임을 확인할 수 있게

011	부드럽지만 날카로운 반격	050
012	차가운 표정으로 긋는 관계의 선	053
013	삶에 쫓기는 삶	055
014	말하고 싶지 않을 때 말하지 않을 자유	058
015	비울수록 채워지는 여백의 미학	061
016	진정성의 진실한 가치	063
017	누군가를 온전히 이해한다는 것	065
018	사소하고도 강력한 배려의 힘	067
019	자신을 과도하게 억누르지 않기	071
020	당신의 단점은 무엇인가요?	073

3장　자율성　내가 '나답게' 살아갈 수 있게

021	책 향기가 지닌 고귀함	076
022	운동은 단지 신체의 건강만을 위한 것이 아니다	078
023	쉽게 살 빠지는 체질	080
024	나를 갈고닦는 시간, 딥 워크	083
025	'비효율적 성실함'에 속지 마라	086
026	결국은 걱정이 없는 걱정 상자	089
027	나를 빠르게 성장시킨 다섯 가지 능력	091
028	본질에 집중하는 삶, 미니멀리즘	094
029	매일 아침 한 시간이 나를 바꾼다	098
030	'가짜 자기 관리'의 고통	099

4장　자기 수양　내가 '나'를 다스릴 수 있게

031	유리 멘털을 극복하는 방법	102
032	'미모'라는 치명적인 덫	107
033	번개 같은 단호함으로, 보살의 마음을 드러내라	109
034	트렌드를 읽고 감각에 투자하라	111
035	이익을 쟁취하는 세 가지 핵심	116
036	아무리 치열한 곳에도 틈새는 있다	118
037	'학생적 사고'에서 벗어나기	121
038	사람들은 능력 있는 자에게 관대하다	124
039	운명의 가호를 감사히 여겨라	127
040	저자세로 인간관계를 맺지 마라	131

5장　자기 일관성　내가 '나'와 조화를 이룰 수 있게

041	성공적인 프레젠테이션을 위한 여섯 가지 팁	134
042	애매한 물음에 좋은 세 가지 답변	137
043	권위를 높이는 세 가지 열쇠	139
044	대화에서 자연스럽게 반응하는 법	141
045	선의를 대하는 세 가지 원칙	144
046	핵심부터 말하는 역 피라미드 구조	146
047	자신감을 연기하라	148
048	질문에 답하기 전 상대의 의도를 파악하라	152
049	귀를 기울이고, 열린 질문을 던져라	154
050	대화의 이타성	156

6장 관계성   내가 '나'를 억압하지 않게

051	대립을 협력으로 전환하는 방법	160
052	곤란한 순간의 페이지를 넘기는 법	167
053	친밀한 관계 = 개방성 + 반응성	169
054	건강한 인간관계의 여섯 가지 특징	172
055	귀인을 만나는 네 가지 길	176
056	쉽게 용서하지 않는 지혜	179
057	'지나친 선함'의 함정	181
058	왜 나는 인간관계에서 항상 약자가 되는가	184
059	어른들의 우정은 천천히 성장한다	187
060	좋은 관계에는 거리를, 나쁜 관계에는 배려를	189

7장 자연스러움   나를 '있는 그대로의 나'로 받아들이게

061	역경에서 살아남기	192
062	예기치 않은 상황에 유연하게 대처하기	195
063	까다로운 건 억지로 맞추지 않는다	200
064	'처세술이 좋다'는 칭찬이 아니다	201
065	고생 끝에 낙이 오지 않을 수도 있다	204
066	차가움과 무관심은 다르다	206
067	이해받지 못하는 것이 정상이다	209
068	교양을 갖췄다는 것	212
069	우아함, 아름다움을 넘어서는 품격	215
070	두려운 일을 두려워 마라	218

8장 자기 치유   내가 '나'를 보듬을 수 있게

071	감정 폭력에 신경 끄기	224
072	결혼이라는 노동, 어리석고도 허망한 이야기	226
073	좋은 배우자의 다섯 가지 조건	230
074	사랑은 뜨겁게 질주하고, 결혼은 천천히 성장한다	233
075	많이 줄수록, 사랑받기 어렵다	235
076	사랑의 새로운 각본 vs. 오래된 각본	237
077	자아를 찾는 길, 어렵지만 가치 있는 여정	240
078	남을 위한 에너지를 나에게 할애하라	245
079	인생이 주는 놀라움	249
080	꽤 '괜찮은' 결혼	254

9장　자신감 _내가 '나'로 당당히 설 수 있게_

081	행복은 강아지 꼬리 끝에 있다	258
082	시작하며 완벽을 꿈꾸다	262
083	알려지지 않은 사랑의 몇 가지 진실	264
084	허영심 내려놓기	266
085	적당히 약한 모습을 보여도 괜찮다	268
086	여성의 성장에 집안일은 걸림돌이 된다	271
087	문제를 바라보는 시각은 많을수록 좋다	275
088	책이 선사하는 무한한 가치	281
089	부모도 관리가 필요하다	284
090	많은 고민은 한가함에서 비롯된다	289

10장　자유로움 _나에게 영원한 날개를 선물하기 위해_

091	'무능한 분노' 다스리기	292
092	평등한 시선으로만 진정한 나를 볼 수 있다	295
093	적당히 내려놓기	298
094	딸들에게 가르친 부富의 의미	304
095	누구에게 내 목숨값을 빌릴 수 있을까	308
096	타인의 우수함을 인정한다는 것	312
097	인성의 '불가능의 삼각 정리'	315
098	결혼의 존엄	317
099	인간은 얼마나 복잡해질 수 있는가 _ 첫 번째 이야기	320
100	인간은 얼마나 복잡해질 수 있는가 _ 두 번째 이야기	333

마무리하며　얽매이지 않는다는 것　344

1장

자주성

내가 '나'를 드러낼 수 있게

001   능동적 태도 vs. 수동적 태도

○
●

지금까지도 뼈저리게 후회하는 일이 하나 있다.

20년 전, 내가 스물네 살이었을 때의 일이다. 한 업계 회의에서 만난 헤드헌터가 내게 물었다.

"○○회사(그 당시 꽤 유명한 기업이었다)의 회장 비서직에 관심 있으신가요? 면접 기회가 있거든요."

그건 내 인생을 바꿀 절호의 기회였지만, 안정적인 직장과 익숙한 도시를 떠나야 한다는 뜻이기도 했다. 나는 한참을 고민하다 결국 포기했다. 지금 돌이켜 보면 정말 어처구니없는 이유 때문이었다. 면접을 보기도 전에 스스로 '자격 미달'의 딱지를 붙여 버린 것이다. 외모, 영어 실력, 성격, 전공까지 모조리 들추며 나를 깎아내렸다.

그 헤드헌터는 나와 나이가 비슷한 남자였는데, 그런 나를 도저히 이해할 수 없다는 듯 말했다.

"다른 사람이 당신을 부정하기도 전에 스스로 먼저 부정하지 마세요. 조금 더 적극적으로 행동해 보는 건 어때요? 언제까지나 당신을 기다려 주는 기회는 없어요."

그의 따끔한 조언에 순간 얼굴이 화끈 달아올랐다. 하지만 결국 나는 새로운 도전을 포기하고 기자로서 익숙한 일상을 이어 가는 길을 택했다.

5년 후 스물아홉 살이 된 어느 날, 운명의 장난처럼 그 회사 CEO와의 인터뷰를 맡게 되었다. 회사의 놀라운 성장 스토리를 듣자, 마음속엔 만감이 교차했다. 인터뷰가 끝난 후, 나는 농담처럼 가볍게 말했다.

"5년 전에 제가 회장님의 비서가 될 뻔했다는 걸 아시나요?"

말이 끝나기 무섭게 그가 대답했다. "지금도 늦지 않았죠. 한번 도전해 보겠어요? 이번에는 직급이 더 높아요. 회장 비서가 아니라 회장 보좌관이죠."

전혀 예상치 못한 반응에 나는 흠칫 놀라 말까지 더듬었다.

"아, 그, 그건 제가 생각 좀 해 볼게요. 지금 일하는 곳도 충분히 만족하고 있거든요."

그러자 그는 고개를 가로저으며 말했다.

"세 번의 기회는 없어요. 과거에 당신을 스카우트하려던 헤드헌터 기억하죠? 그 사람은 지금 이 바닥에서 이름을 날리고 있지요."

그는 그렇게 떠났다. 떠나기 전, "생각이 바뀌면 언제든 나를 찾아와요"라며 명함을 건네는 영화와 같은 일은 내게 일어나지 않았다. 인생을 바꿀 또 한 번의 기회를 내 발로 차 버린 것이다.

그 후 몇 년 동안 나는 신문 매체의 몰락과 직장 내 '유리 천장' 등의 온갖 고충을 겪으며 힘든 나날을 보냈다. 불행 중 다행으로, 그 시련들을 통해 나는 더 단단한 사람으로 거듭났고, 성격도 크게 바뀌었다. 그때부터 나는 가슴에 '용기'라는 두 글자를 깊게 새기고 적극적이고 능동적인 삶을 살기 시작했다.

능동성은 무모함과 다르다. 내가 생각하는 '진정한 능동성'이란, 적극적으로 사고하고, 행동하고, 복기하며 문제를 해결하는 태도를 말한다.

어떤 일을 할지 말지 망설여진다면, 일단 '저질러' 보자. 설사 일이 잘못됐다 하더라도 그렇게 경험치를 쌓는 것이 나중에 후회하는 것보다 낫지 않을까.

누군가와 친해져야 할지 말지 고민된다면, 일단 먼저 알아 가 보자. 지내 보다가 나와 맞지 않는다고 느끼면 그때 거리를 두면 되니, 처음부터 잘못된 선입견으로 판단해 버리는 것보다 낫다.

"능동적으로 행동하느냐 그렇지 않으냐에 따라, 인생의 결과치가 30배까지 벌어진다."라는 말이 있다.

나는 이 차이가 30배를 훨씬 뛰어넘을 수도 있다고 생각한다. 초반의 모든 선택이 결과의 씨앗이 되기 때문이다. 처음에 30배의 차이가 났다면, 나중에는 그 격차가 90배까지 커질 수도 있다. 그래서 나는 어떤 일을 결심한 사람에게 '여유를 가져라'라는 식의 말을 쉽게 건네지 않는다. 하루가 다르게 변하는 시대의 흐름 속에서는 능동적으로 기회를 쟁취하고, 시행착오를 빠르게 겪어야 효율적으로 성장할 수 있기 때문이다.

내 경험을 예로 들자면, 내가 능동적으로 나서서 노력한 일의 70%는 좋은 성과로 이어졌다. 그 성과들이 쌓여 나를 한 단계씩 더 높은 곳으로 끌어올렸고, 양적인 변화는 결국 질적인 변화를 낳았다. 물론 지금의 사고방식은 10년 전과 비교해 180도 달라졌다.

'여유를 가져라'라는 말이 마냥 틀린 건 아니다. 다만 이 말의 핵심은 인내심에 있고, 능동성과는 다르다. 2020년 코로나 팬데믹 이후 거의 모든 업계와 사람이 영향을 받았지만, 그런 상황에서도 일과 라이프 스타일을 현실에 맞게 재조정하며 주도적으로 삶을 이끌어 가는 이들이 있었다. 잔뜩 움츠린 채 수동적으로 정보만 받아들이지 않고 말이다.

내가 이 글을 첫 장에 실은 것도 이 메시지를 강조하고 싶어서였다. 30대 이후부터는 '고요할 때는 우직한 산처럼, 움직일 때는 재빠른 맹수처럼' 살아가는 법을 배워야 한다. 충분한 인내심으로 기회를 기다리되, 기회가 왔을 때는 주저 없이 쟁취하는 것이다.

> 능동적이고 충실한 삶을 사는 사람만이
> 이 시대의 진정한 행운아가 된다는 것을 기억하자.

002 호감 가는 사람보다 '필요한 사람'

○
●

　신입사원 시절, 나는 다른 사람들과 좋은 관계를 맺어야 한다는 생각에 사로잡혀 있었다. 그래서 출장 갈 때마다 동료들을 위해 작은 선물을 챙기는 등 주변 사람들을 만족시키려고 늘 애썼다.
　그러던 어느 날, 한 여상사가 내게 말했다.
　"저는 샤오이 씨가 일에 좀 더 집중했으면 좋겠어요. 회사는 친구를 사귀러 오는 곳이 아니라 업무적 성과를 보여 주는 곳이잖아요. 다른 사람들의 호감을 얻으려고 너무 많은 에너지를 낭비하지 않았으면 해요. 사람들이 당신에게 호감을 느끼지 않는다면 그 이유는 세 가지일 거예요. 첫째, 당신의 행동에서 실제로 비호감인 면이 있을 때예요. 이건 스스로 돌아보고 고치면 되는 문제죠. 둘째, 당신의 가치관이 상대와 맞지 않을 때예요. 그런데 이건 개선할 수 없는 부분이에요. 세상 사람들의 가치관이 천차만별인데 어떻게 모두에게 맞출 수 있겠어요? 나와 맞으면 어울리고, 맞지 않으면 거리를 두면 돼요. 마지막 이유는 당신이 남이 갖지 못한 무언가를 갖고 있기 때문일 거예요. 작게는 예쁜 몸매와 스타일리시한 감각, 크게는 승진이나 행복한 결혼 생활까지 포함되죠. 이 세 가지를 이해하면, 다른 사람의 환심을 사기 위해 에너지를 쏟는 대신 자신을 발전시키는 데 집중하게 될 거예요."

그 후 다양한 인생 경험을 겪으며 나는 그 상사의 말이 옳았음을 몸소 깨달았다. 호감을 얻는 것보다 '필요한 사람' '존중받는 사람' '신뢰받는 사람'이 되는 것이 더 중요하다는 사실을 알게 된 것이다.

호감은 어린아이들이 친구를 사귀는 방식과 비슷하다.

'내가 친구에게 맛있는 간식과 장난감을 주면 친구는 나에게 관심을 보이고 우리는 좋은 친구가 돼. 그러면 나는 친구가 나에게도 맛있는 것과 재밌는 것을 주고, 나하고만 놀아야 한다고 기대하지. 만약 그 친구가 나보다 다른 친구와 더 많이 놀면 우리는 더 이상 좋은 친구가 아니야.'

하지만 어른들의 관계는 그렇게 단순하지 않다. 평소에 원만한 관계를 맺었던 사람과도 중요한 문제 앞에서는 그저 좋은 감정만으로 쉽게 해결할 수 없다. 어른은 자신의 이익과 원하는 바가 보장되는지를 더 중요하게 생각하기 때문이다.

> 대인 관계에서 타인의 호감을 얻으려 애쓰기보다,
> 먼저 쓸모 있고 필요한 사람이 되는 데
> 더 많은 에너지를 쏟아야 한다.
> 서로 이익을 주고받는 공생적인 관계가
> 단순히 좋은 감정만 가진 관계보다 훨씬 오래 지속된다.

003 포기하기 전
세 번은 노력하라

○
●

나의 두 번째 책의 제목은 『미녀는 강하다美女都是狠角色』이다. 계약 당시, 이 책의 초판 인쇄량은 3만 권으로 설정되었다.

2015년, 나는 첫 작품 『영혼이 향기로운 여인』으로 중국 온라인 서점 당당왕當當網에서 연중 신간 차트 1위를 기록했지만, 여전히 신인 작가로서 출판 시장에서 검증이 부족한 시점이었다. 사실 초판 인쇄량 3만 권은 꽤 후하게 책정된 셈이었다. 그럼에도 나는 만족스럽지 않아 출판사에 요청했다.

"『미녀는 강하다』의 초판 인쇄량을 5만 권으로 늘릴 수 있을까요? 단순히 인세를 더 벌고 싶어서가 아닙니다. 5만 권과 3만 권은 출판사에서 쏟는 관심의 차이가 크기 때문에, 저는 그만큼 더 많은 관심과 신뢰를 얻고 싶은 것입니다."

그러면서 앞으로 몇 번의 사인회에 참석할 수 있는지 등을 상세히 적은 기획안을 제출했다. 하지만 출판사는 아무런 반응을 보이지 않았다.

나는 굴하지 않고 며칠 뒤 다시 메일을 보냈다.

"제인 오스틴이나 플로베르와 같은 위대한 작가들도 원고가 반려된 경험이 있습니다. 신인 작가의 책을 출판하는 건 리스크가 있다는 걸 인정하지만, 그만큼 성장 가능성이 잠재되어 있다는 뜻이 아닐까요?"

이런 나의 진지함과 집요함, 적극적인 태도는 결국 출판사의 마음을 움직였다. 『미녀는 강하다』의 초판은 5만 권으로 발행되었고, 놀랍게도 이후 판매량은 그 수치를 훨씬 넘어섰다.

온 힘을 다해 노력했지만 결국 실패했을 때, 그 현실을 인정하는 게 두려웠던 시절이 나에게도 있었다. 열심히 했음에도 이르지 못한 것은 내 실력이 부족하거나 운이 따르지 않았기 때문이라 생각했다. 게다가 20년 전만 해도 대중은 전투적이고 열정적인 여성상을 선호하지 않았고, 여성의 성공은 마치 의도하지 않은 듯 자연스럽게 이루어져야 한다고 여겼다.

천문학자이자 중국과학원의 원로인 아흔다섯 살의 예수화葉叔華 선생님은 이렇게 말씀하셨다.

> "여성이라면 하고 싶은 일을 하세요. 원하는 것이 있다면 열정적으로 쟁취하세요."

나는 이 말에 깊이 공감한다. 진정한 아름다움과 멋은 쉽게 얻어지는 것이 아니며, 이를 쟁취하고 지켜내기 위해서는 절실한 노력이 필요하다.

이제 나는 무언가를 포기하기 전에 적어도 세 번은 더 노력하려 한다. 세 번의 도전에서도 실패했다면 그건 아마 타이밍이 맞지 않았거나 내 능력이 부족했기 때문일 것이다.

✳ 과거 세 번의 도전을 통해 성공에 한 발짝 더 가까워졌고,
나는 끊임없이 도전할 것이다.

004   작은 호의가 누군가에게는
        큰 힘이 된다

○
●

항저우杭州市로 출장을 갔을 때의 일이다. 기차역 앞에서 한 여자가 바닥에 앉아 큰 소리로 울고 있었다.

'얼마나 괴롭고 힘든 아픔이 있기에 공개된 장소에서 저렇게 서럽게 우는 걸까?'

그 모습이 안쓰러워 발걸음이 떨어지지 않았다. 수많은 사람이 무심히 그녀 곁을 지나갔지만, 몇몇은 잠시 멈춰 서서 나와 눈이 마주치기도 했다. 그러나 모두 나와 마찬가지로 그녀에게 선뜻 말을 건네지 못했다.

나는 혹시 방해가 될까 봐 옆에 서서 휴대폰을 보는 척했다. 잠시 후, 울음소리가 잦아들며 그녀가 조금 진정된 모습을 보였다. 나는 조심스럽게 다가가 말했다.

"저는 저쪽 승강장에서 4시 30분 기차를 타요. 혹시 도움이 필요하면 제게 오세요."

약 20분 후, 기차를 타려 할 때쯤 그 여자가 내게 다가왔다.

"저에게 친절하게 말을 걸어 주셔서 기분이 많이 나아졌어요. 감사합니다. 좋은 여행 되세요."

그리고 나서 그녀는 반대편 승강장으로 향했다. 기차가 들어오기 직전,

그녀는 돌아서서 나에게 손을 흔들었고, 그 모습은 마치 바람결에 살랑이는 나뭇가지처럼 아름다웠다. 순간, 마음속에 따뜻한 기운이 가득 차올랐다.

중국의 유명 작가 위화余華는 이렇게 말했다.

> "살아 있는 것보다 더 행복한 것은 없고, 살아 있는 것보다 더 힘든 것도 없다."

누구나 살면서 인생이 무너지는 듯한 순간을 겪는다. 예전에는 '도움'이란 누군가를 위해 대단한 일을 해 주는 것으로 생각했었다. 하지만 기차역에서 그 여성을 만난 후, 내 생각이 크게 바뀌었다. 한 마디 격려의 말이나 따뜻한 행동만으로도 누군가에게 큰 힘이 될 수 있다는 걸 깨달았다. 누군가를 위로하는 일은 생각처럼 어렵지 않다.

> "많이 힘들지?"
> "나한테 말해 봐. 내가 다 들어 줄게."
> "너는 최선을 다했어."
> "너의 마음을 이해해."

이런 말들은 별거 아닌 듯 보일 수 있지만, 사람의 마음을 따뜻하게 어루만지는 큰 힘을 지닌다.

 표현하는 것, 이 또한 능동적인 태도의 중요한 일부다.

005 능력 밖의 호의는
독이 되어 돌아온다

○
●

한번은 나의 호의가 오히려 일을 그르친 적이 있었다.

어느 날 친구가 자신의 친척이 몸이 안 좋다며 아는 의사가 있다면 소개해 달라고 부탁했다. 사실 그때 나는 무척 난감했다. 그 의사가 나와 아무리 친분이 있다고 해도, 친구의 친척과는 생판 모르는 '남' 아닌가. 하지만 친구의 부탁을 거절하기 어려워 어쩔 수 없이 둘을 연결해 주었다.

그런데 결과는 좋지 않았다. 친구의 친척은 의사가 불친절하다고 불평했고, 친구는 내가 제대로 도와주지 않았다며 원망을 품었다. 결국 이 일로 인해 우리 사이는 멀어지게 되었다. 이 일을 겪으며 나는 깨달았다.

> '다른 사람을 돕는 일은 내 역량 안에서 해야 한다. 능력 밖의 일이라면 단호히 거절할 줄 알아야 한다. 이것은 냉정함이 아니라 냉철함이다.'

무리해서 도와주다가 일이 잘 풀리면 다행이지만, 일이 잘못되면 그 화살이 나에게 돌아오고, 선한 의도마저 무색해진다.

현명한 거절을 할 수 있는 사람은 일상에서 80%의 불필요한 스트레스를 피할 수 있다고 한다. 진정한 친구라면 내가 거절할 수밖에 없는 상황을 이해해 줄 것이다. 부담을 주며 무리한 부탁을 강요하는 사람을 과연 친구라고 부를 수 있을까.

 기억하자.

능력 밖의 호의는 때로 독이 되어 돌아온다는 것을.

006 상대에 따라 달라지는 조건 교환의 전략

'손해 보는 것은 미덕'이라는 말이 있지만, 나는 이 말에 전혀 동의하지 않는다. 손해를 본다는 것은 곧 억울함을 감수하거나 부당한 대우를 받는다는 뜻이다. 그럼에도 사람들이 손해 보는 것을 자발적으로 선택하는 이유는 다른 무언가를 얻을 수 있으리라 기대하기 때문이다.

그렇다면 '손해'는 어떻게 발생하는 것일까? 이는 대부분 '협상' 과정에서 생겨난다. 협상은 우리가 살면서 자주 마주하는 일로, 단순히 비즈니스에서만 필요한 것이 아니다. 집을 임대하며 계약 조건을 논의할 때, 가정 내 가사 분담을 조정할 때, 자녀가 공부하도록 유도할 때 등 크고 작은 다양한 상황에서 협상이 요구된다. 본질적으로 협상은 '조건 교환'이라고 할 수 있다.

나는 이와 관련해 네 가지 중요한 깨달음을 얻었다.

첫 번째, 상대를 알고 나를 아는 것, 지피지기知彼知己면 백전불태百戰不殆다. 이 전략은 모든 협상의 기본 원칙으로, 국가 간 외교 협상에서부터 가정 내 사소한 말다툼에 이르기까지 폭넓게 적용된다. 협상에 앞서 반드시 명확하게 파악해야 할 것이 있다.

◆ 상대방은 무엇을 원하는가?
◆ 나는 무엇을 원하는가?
◆ 나는 무엇을 어디까지 양보할 수 있는가?
◆ 내가 절대로 양보할 수 없는 한계선은 어디까지인가?

당나라 유속劉餗의 소설 『수당가화隋唐嘉話』에 다음과 같은 고사가 실려 있다.

당 태종이 개국공신 방현령房玄齡에게 미모의 첩을 하사했으나, 방현령의 부인은 이를 거부했다. 이에 태종은 방 부인을 설득하려 했지만, 그녀는 단호히 거절했다. 결국 태종은 부인의 결단력을 시험하기 위해 독주를 가져왔고, 부인은 이를 단숨에 들이켰다. 태종은 "나도 이 여인이 이렇게나 두려운데 방현령은 더 말할 것도 없겠구나"라며 명을 거두었다. 사실 태종이 내린 것은 독주가 아니라 고주苦酒, 즉 매우 독해 먹기 고통스러운 술이었다.

이 이야기는 상대방의 한계를 제대로 파악하지 못한, 실패한 협상의 전형적인 사례다. 반면 방 부인은 태종의 성향을 잘 알고 있었고, 자신의 한계와 태종의 의도를 명확히 파악하고 있었다.

방 부인이 그렇게 단호한 태도를 보인 데는 두 가지 이유가 있었다.

첫째, 강직한 성격을 타고난 그녀에게 남편이 첩을 들이는 것은 절대 용납할 수 없는 한계선이었다.

둘째, 당 태종은 역사에 길이 남을 명군明君이 되기를 갈망하는 인물이었다. 단지 첩을 들이는 사소한 일로 충신의 부인을 죽일 리 없다는 것을 방 부인은 확신하고 있었다.

겉으로는 고집스러운 사람처럼 보였지만, 방 부인은 큰 그림을 그릴 줄 아는 깊은 통찰력을 지닌 인물이었다.

'지피지기'가 협상의 기본이라는 점은 분명하다. 다만 상대나 자신을 지나치게 과대평가하거나 과소평가하는 것은 전혀 바람직하지 않다. 정확한 '지피지기'를 통해 판세를 명확히 읽을수록, 나의 결정과 판단은 더욱 힘을 얻는다.

두 번째, 물러남으로써 나아간다. 이 전략은 협상이 교착 상태에 빠졌을 때 특히 유용하다. 물러서지 않으면 더 큰 손해를 입을 수 있는 상황에서, 작은 이익을 양보해 더 큰 기회를 얻는 방법이다.

10여 년 전, 내가 신문사 광고부의 부장으로 일할 때 가장 흔히 겪었던 문제는 가격 협상에서의 갈등이었다. 고객은 낮은 가격을 원했고, 우리는 많은 광고 물량을 원했다. 이런 상황에서 우리가 찾은 합의점은 '최저 보장 금액'을 설정하는 방식이었다. 예를 들어, 30만 위안의 보장 금액을 정하고, 고객이 30만 위안 이상의 광고를 진행하면 가장 낮은 단가를 적용하는 식이었다. 협상은 공격과 수비가 공존하는 과정이다. 아무 이유 없이 양보할 수는 없으며, 더 큰 그림을 위한 전략적 양보가 필요하다.

세 번째, '일시 정지' 버튼을 누른다. 이 전략은 이미 양보할 만큼 양보하고, 설명할 만큼 설명했음에도 협상에 진전이 없을 때 유용하다. 이런 상황에서 해결책은 하나뿐이다. 잠시 멈추는 것이다.

대부분의 협상은 대화 중간에 휴식 시간을 갖는다. 이는 '일시 정지'를 전략적으로 활용하는 방법으로, 자신에게는 더 명확히 사고할 여유를 주고, 상대에게는 기다림의 시간을 늘리는 효과를 낸다. '시간을 끄는 능력'은 곧 실력이자 태도다.

국가 간의 협상도 몇 달, 심지어 몇 년간 중단되는 경우가 있는데, 우리가 며칠간 협상을 멈춘다고 무슨 문제가 되겠는가? 기업 간 비즈니스 협상에서도 휴식은 서로에게 대안과 손익을 더 냉정히 검토할 기회를 제공한다.

이런 의미에서 기다릴 줄 아는 인내심은 유리한 조건을 얻기 위한 필수 요소라고 할 수 있다.

네 번째, 운전대를 던진다. 이 전략의 사례는 이미 잘 알려져 있다. 두 사람이 각자 차를 몰고 좁은 도로에서 마주 달린다. 누가 먼저 핸들을 돌리느냐에 따라 승패가 갈리는 게임이다. 이런 상황에서는 어떻게 해야 할까? 노벨경제학상 수상자 토머스 셸링Thomas Crombie Schelling은 간단한 해결책을 제시했다. 게임 시작 전, 먼저 운전대를 떼어 상대 앞에 던져 버리는 것이다. 이는 '배수의 진을 쳤다'라는 결의를 상대에게 보여 주며 결정권을 떠넘기는 방법이다. 상대는 당신이 물러설 가능성이 없음을 깨닫고 결국 먼저 피할 수밖에 없다.

'운전대를 던지는 전략'에는 전제조건이 있다. 상대가 합리적인 사람인지, 나와 비슷한 수준의 인지 능력을 갖췄는지 확인해야 한다. 상대가 격한 분노와 증오로 '너 죽고 나 죽자'라는 태도를 보인다면 이 전략은 통하지 않는다.

당나라의 방현령과 그의 아내 이야기로 다시 돌아가 보자.

『신당서新唐書』에 따르면, 방현령은 아직 출세하지 못한 시절 중병에 걸려 생사의 기로에 놓인 적이 있었다. 그는 아내를 걱정하며 말했다. "만약 내가 죽게 되더라도 당신은 아직 젊으니 재혼해서 잘 살도록 하시오."

그러자 방 부인은 말없이 자신의 한쪽 눈을 찔러 실명시켰다. 이는 남편과 마음을 함께하겠다는 뜻이자, 절대 그의 신뢰를 저버리지 않겠다는 결의의 표현이었다. 결과적으로 방현령은 병에서 회복되었고, 평생 아내에게 헌신하며 살았다.

이제 이 글의 주제로 돌아가 조건 교환에 관해 이야기해 보자. 항상 손해를 감수하고, 합리적인 이익마저 타인에게 양보하는 것은 미덕이 아니라 원칙 없는 행동이다. 반대로, 사소한 이익까지 일일이 따지는 태도 역시 장기적인 협력을 기대하기 어렵다. 양측이 각자의 핵심 이익을 충족시키면서도 주변의 작은 이익을 조금씩 양보할 때, 더욱 성공적인 윈-윈$^{\text{win-win}}$의 결말을 만들어낼 수 있다.

다수의 유니콘 기업°에 투자한 한 유명한 투자자가 이런 말을 남겼다.

> "우리가 만난 창업자 중에는 협상에 능하고 자신에게 유리한 이익을 잘 챙기는 사람도 많았습니다. 하지만 결국 성공적으로 성장한 사람들은 대부분 이익을 나누고 양보할 줄 알며, 정직하고 솔직한 태도를 지닌 이들이었습니다."

지금 당장은 큰 손해처럼 보이는 일도
지나고 나면 더 큰 이익이 되어
돌아오는 법이다.

○ 유니콘 기업: 기업 가치가 10억 달러를 넘는 비상장 스타트업을 전설 속의 동물인 유니콘에 비유하여 일컫는 말.

007   세속적 성공이 주는 자유

○
●

엄마의 동료 중 어릴 때부터 공부를 잘하고, 피아노 연주와 낭독 실력도 뛰어나 각종 상을 휩쓸 정도로 다재다능한 딸을 둔 아주머니가 있었다. 이런 자랑스러운 딸 덕에 아주머니는 학교에서 '모범 학부모'로 선정되어 교육 경험담을 나누기도 했다. 그러다 보니 아주머니는 주변에 이렇다 할 성과를 내지 못하는 아이들에게 조언하는 데 익숙했다. 예를 들어, 수학 성적이 형편없던 나 같은 아이들에게 말이다.

그분은 우리 엄마를 볼 때마다 이렇게 물었다. "아이 수학 성적 좀 나아졌어요?" 그러면 엄마는 민망한 표정으로 이렇게 대답했다. "아휴, 여전히 그 모양이에요."

그러면 아주머니는 자신이 딸을 가르쳤던 경험을 한참 늘어놓곤 했다. 문제는 이런 조언을 가장한 '훈계'가 엄마를 꽤 곤란하게 만들었다는 점이다. 마치 딸이 공부를 못하는 이유가 부모의 교육 방식 때문인 듯 들렸기 때문이다. 나 역시 상대적 박탈감에서 벗어나지 못했다. 아주머니 딸이 돋보일수록 나는 한없이 초라해졌고, 무리 속에 우아하게 서 있는 아름다운 학 한 마리와 흔해 빠진 닭처럼 비교되었다.

오랜 시간이 지나, 어느 날 엄마와 통화하던 중 아주머니 소식을 들었다.

"맞다, 그 아주머니를 우연히 만났는데, 네가 책을 냈다는 소식을 어디서 들었나 봐. 먼저 나한테 '따님 참 대단하네요, 책도 몇 권이나 내고 말이에요'라고 하더라. 예전 같지 않게 어찌나 겸손하던지, 같은 사람인지 의심스러울 정도였어. 자기 딸 얘기는 아예 꺼내지도 않더구나."

그 말을 듣고 나는 많은 생각에 잠겼다.

중화권 토론 대회에서 최우수 토론자로 뽑힌 잰칭윈詹青雲은 이런 말을 했다.

"하버드대학에 합격하고 나서 저는 훨씬 자유로워졌어요. 어렸을 땐 저를 무시하는 사람들이 많았거든요. 선생님들조차 제가 어리석다고 생각했죠. 그런데 반에서 1등을 한 뒤부터 저한테 이래라저래라 간섭하는 사람들이 절반으로 줄더군요. 홍콩으로 유학을 가고 하버드대학에 합격한 후에는 진정한 자유를 느꼈어요. 학비를 충당하기 위해 100만 위안을 빌릴 용기를 낼 수 있었던 건, 졸업 후에 그 돈을 벌 수 있다는 자신이 있었기 때문이에요. 저는 세속적인 성공이 주는 자유란, 다른 사람의 간섭과 훈계에서 벗어날 수 있는 상태라고 생각합니다."

이 말은 조금 불편하게 들릴 수 있지만, 너무도 현실적인 말이다.

나는 주류의 길을 따르지 않은 사람을 많이 보았다. 처음에는 주변의 반대와 비난으로 가득하지만, 세속적인 의미의 성공, 즉 명예나 부를 얻고 나면 그 비난은 물거품처럼 사라진다.

또한, 대중의 미적 기준에 맞지 않는 외모도 권위 있는 평가에서 '독창적인 아름다움'으로 인정받는 순간, 단번에 빛나 보인다.

전설적인 이탈리아 여배우 소피아 로렌Sophia Loren은 데뷔 초만 해도 외모로 주목받지 못했다. 사람들은 이렇게 말하곤 했다.

"소피아 로렌은 너무 특이하게 생겼어. 긴 코, 넓은 광대뼈, 풍만한 엉덩이로 어떻게 영화배우가 되겠어?"

심지어 성형수술을 권유하는 이들도 있었지만, 그녀는 단호히 거절했다. 열아홉 살에 주연을 맡은 영화 〈아이다Aida〉가 대성공을 거두며 그녀는 국민적 스타의 반열에 떠올랐다. 이후 그녀의 도톰한 입술은 '못생겼다'라는 평가 대신 독특한 매력의 상징이 되었다.

쇼펜하우어는 이렇게 말했다.

"부와 지위는 지혜로운 사람을 하찮은 이들의 공격으로부터 보호해 준다."

철학자조차 세속의 중요성을 인정했으니, 우리 같은 평범한 사람들도 당당히 성공을 추구할 필요가 있다. 일에 대한 열정을 과감히 드러내고, 미래를 명확히 계획하며, 자신을 뚜렷이 표현하는 것이 세속적 성공으로 가는 자연스러운 길이다.

✝ *세속과 함께하되,*
세속에 얽매이지 말라.

008   역전의
         세 가지 비결

○
●

　전업 작가는 내 인생의 전환점이었다. 2014년, 나는 첫 책 『영혼이 향기로운 여자』의 출간과 함께 '철밥통' 같던 신문사를 그만두고 전업으로 블로그를 운영하며 뉴미디어 플랫폼에 뛰어들었다. 이미 급물살을 타고 있던 SNS 분야로 전향한 것은 꽤 괜찮은 결정이었기에, 친구들이 입을 모아 말했다.

　"이제 전통 미디어는 한물갔고, 뉴미디어가 대세야! 넌 완전히 전세를 역전했어!"

　지난 세월 동안 '역전'이라는 단어를 떠올릴 때마다 여러 감회가 밀려왔고, 이를 세 가지로 정리해 볼 수 있다.

　첫째, 중요한 결정을 내릴 때 주변 사람이 아닌 나의 목소리를 들어야 한다. 내가 서른여섯 살에 신문사를 그만두고 블로그를 운영하며 창업을 시작했을 때, 부모님은 완강히 반대하셨다. 엄마가 된 딸이 안정적인 직장을 버리고 고생길을 자처하는 모습이 부모님 눈에는 납득하기 어려웠을 것이다. 부모님은 언제나 나를 걱정하고 아껴 주셨지만, 퇴사만큼은 지지하지 않으셨다.

친한 친구들도 걱정스레 충고했다.

"그건 창업이 아니라 실업이야. 중년에 직업을 바꾼 뒤 성공하는 사람이 얼마나 된다고 그래? 그냥 신문사에 남아 있어. 어차피 별로 바쁘지도 않잖아? 일하면서 글도 쓰면 안정적인 수입까지 챙길 수 있으니 훨씬 낫지!"

부모님과 친구들은 나를 위해 가장 안전한 '꽃길'을 제안했다. 하지만 온 힘을 다해 노력해도 성공을 장담할 수 없는 현실 속에서, 안정된 삶과 높은 수입을 동시에 바라는 건 지나친 욕심이 아니었을까?

더구나 당시 신문 산업은 급격히 쇠퇴하고 있었다. 내가 직장을 그만둔 것은 단순한 '자발적 실업'이 아니라, 신문사의 구조조정과 감원 위험에 앞서 내가 먼저 기회를 잡겠다는 의지였다.

결국 나는 주저하지 않고 퇴사를 선택했다. 그리고 5년이 지난 후, 부모님과 친구들에게 이 사실을 털어놓았고, 그때 내 나이는 이미 마흔이 넘었다.

블로그 운영과 창업의 길은 절대 쉽지 않았다. 나는 매일 새벽 4시 45분에 일어나 글을 쓰고 독자들의 댓글을 확인하며, 각종 사인회와 독서 모임을 위해 불철주야 뛰어다녔다. 그러던 어느 날, 전 동료들이 신문사의 구조조정으로 하나둘씩 회사를 떠나고 있다는 소식을 들었다. 그때 나는 육체적으로는 힘들었지만, 이미 새로운 커리어를 위해 경험을 쌓아 가고 있었다. 그 순간, 내가 옳은 선택을 했다는 강한 확신이 들었다. 시간이야말로 가장 소중한 기회이자 비용임을 깨달았기 때문이다.

둘째, <u>나의 결정을 통해 내가 더 나은 사람이 될 수 있다고 확신한다면, 망설이지 말고 실행해야 한다.</u> 이렇게 말하면 냉정하게 들릴지도 모르지만, 사람들은 '입'으로만 노력할 뿐, 행동으로는 포기하는 경우가 많다. 그들은 내가 열심히 노력하는 것에는 개의치 않지만, 그 노력이 열매를 맺어 그들을 추월하는 순간을 견디지 못한다. 결국 나를 끌어내려 평범함에 묶어 두면서 자신의 불만을 해소하려고 한다. 그러므로 우리는 그런 방해를 뚫고, 내가 옳다고 믿는 방향으로 온 힘을 다해 나아가야 한다.

셋째, 실력을 발휘해 더 높은 수준에 오르면 주변 사람들의 반응이 달라진다. 내가 스스로 실력을 쌓아 더 높은 곳에 올라가면, 사람들은 더 이상 내 노력을 비웃거나 내가 하는 일을 폄훼하지 않는다. 오히려 성과를 인정하고 응원하는 태도로 바뀌며, 서로 자원을 나누고 협력하는 관계로 전환된다. 내 주위는 긍정적인 에너지를 가진 사람들로 채워지고, 부정적인 비난이나 불평, 가십에 얽매일 필요가 없어진다.

스쳐 지나가는 주변 사람들은 늘 바뀌기 마련이고, 결국 몇 안 되는 진정한 인연만이 곁에 남는다. 자유로움과 행복을 함께 나누며 진심으로 소통할 수 있는 사람들 말이다.

진정한 역전의 가장 큰 어려움은 '나 자신을 뛰어넘는 것'이 아니라, 다음과 같은 장애물들을 떨쳐내는 것이다.

- ♦ 과거의 인간관계에 얽매이는 것
- ♦ 기존의 사고방식을 버리지 못하는 것
- ♦ 처음의 출발점에 발목 잡혀 있는 것

✦ 자, 이제 우리가 상상조차 못 했던 새로운 하늘을 향해 힘차게 날갯짓을 시작해 보자.

009 생각의 전환이
길을 열어 준다

○
●

헬스 트레이너인 소야는 4년째 나를 지도해 주고 있다.

2020년, 코로나 19 팬데믹으로 인해 그녀가 일하던 헬스장이 폐업하자, 소야는 부동산 업계로 전향해 영업직에 뛰어들었다. 그때부터 퇴근 후 시간을 내어 나의 트레이닝을 계속 맡아 주었다.

어느 날, 나는 그녀에게 물었다.

"왜 부동산 업계로 간 거죠? 소야 씨는 피트니스 분야의 전문성을 갖고 있는데, 그와는 전혀 다른 업계잖아요."

그녀는 멋쩍게 웃으며 대답했다.

"부동산 쪽의 대우가 더 좋거든요."

그 말에 나는 내심 동의하기 어려웠다. 그래서 우리는 진지하게 머리를 맞대고 그녀의 미래를 깊이 분석해 보았다.

첫째, 큰 흐름을 봐야 한다.

건강에 관한 사람들의 관심은 계속해서 커지고 있다. 팬데믹은 일시적인 충격일 뿐, 장기적으로 보면 건강과 피트니스 분야는 여전히 전망이 밝은 산업이다. 그런 의미에서, 그 산업을 포기하는 것은 너무 아쉬운 선택이 될 것이다.

둘째, 자신의 핵심 경쟁력을 분명히 파악해야 한다.

소야는 전문대학 체육학과를 졸업했고, 수영, 스키, 서핑, 피트니스까지 다양한 스포츠 분야에서 탁월한 전문성을 지니고 있다. 자신이 가진 능력과 전문성을 바탕으로 더 큰 가치를 창출할 수 있는 길을 가야 한다. 부동산 업계의 대우가 당장은 더 나을 수는 있지만, 그 분야는 그녀의 진정한 경쟁력을 살릴 수 있는 길과는 무관했다. 나는 내 사례를 들어 말했다.

"내 경쟁력은 글쓰기 능력이에요. 만약 제가 '셰프 연봉이 더 높으니 작가를 그만두고 요리사가 되어야 할까요?'라고 묻는다면 터무니없다고 생각하겠죠. 물론 요리사도 좋은 직업이지만, 저는 글쓰기라는 경쟁력을 활용해야 해요. 글쓰기의 연장선으로 영상 시나리오 같은 창작 기회를 얻을 수도 있잖아요. 각자 자신만의 전문성과 핵심 능력을 통해 길을 찾는 게 중요하다고 생각해요."

셋째, 자신의 강점을 정확히 이해하라.

나를 포함한 많은 여성이 여성 트레이너를 선호한다. 왜일까? 일상적인 운동에서는 트레이너와의 밀접한 접촉이 불가피하다. 이런 상황에서 여성 트레이너는 심리적 편안함을 주고, 사생활을 보호받는 느낌을 준다. 하지만 실제로 여성 트레이너는 많지 않기에, 그 희소성은 더 큰 가치를 지닌다.

소야는 나와 함께 위의 세 가지 포인트를 분석한 후, 곧장 부동산 영업직을 그만두고 피트니스 업계로 돌아갔다. 그 후 수영 강사 자격증을 취득하고, 아동 체육 교육 과정을 이수했으며, 스키 직업 기술 훈련도 받았다. 이런 분야에서 여성 강사는 매우 드물었기에, 그녀는 수강생을 선택할 수 있는 주도권을 쥐었고, 높은 수준의 수강생들과 함께하며 폭넓은 기회를 얻었다. 그렇게 4년간 꾸준히 성장한 그녀는 이제 프리랜서로서 성공적인 커리어를 이어 가고 있다.

지금의 사고방식이 5년 후의 성장에 걸림돌이 되지 않도록 주의해야 한다. 자신의 미래가 고민된다면, 반드시 기억해야 할 점이 있다.

✶ *사고방식은 내가 갈 길을 결정하고,*
태도는 내가 오를 높이를 결정하며,
시야는 내가 얻을 결과를 결정한다.

010 끊임없이 가능성을 발견하다

○
●

홍콩 최고의 인기 여배우였던 임청하林青霞는 예순일곱 살에 홍콩대학교에서 양전닝楊振寧° 교수와 함께 명예 박사학위를 받았다. 그날 사람들은 그녀가 18년 동안 글을 써 왔다는 사실을 처음으로 알게 되었다. 사실 그녀는 고등학교 졸업 후 대학에 진학하지 않았고, 젊은 시절에는 영화 촬영으로 바빠 책을 거의 읽지 않았다. 작가 이슈亦舒는 그녀가 책을 읽지 않아 문화적 배경 지식이 부족하다고 농담을 하기도 했으며, 임청하 스스로도 메뉴판을 볼 때 시간이 오래 걸린다고 우스갯소리로 말한 적이 있었다.

그러나 영화계 은퇴 후, 임청하는 18년 동안 세 권의 수필집을 집필했고, 그녀의 글은 대학 교재에 실리기까지 했다.

그렇다면 임청하는 어떻게 이런 성취를 이룰 수 있었을까?

그녀는 타고난 재능을 가진 사람은 아니었지만, 글쓰기에 대한 열정은 어린아이처럼 순수하고 뜨거웠다.

글쓰기는 지루하고 단조로운 과정으로, 작가가 될 사람과 취미로 글을 쓰는 사람을 구별하는 세 가지 기준이 있다.

○ 양전닝: 1957년, 서른일곱 살에 노벨물리학상을 받은 화교 출신 미국 학자.

첫째, 오랜 기간 글쓰기를 지속하는 것, 둘째, 꾸준히 작품을 만들어내는 것, 셋째, 충분한 사회적 인지도와 판매량을 얻는 것이다.

임청하는 글을 쓸 때 자신을 완전히 몰입시켰다. 한 편의 원고를 네다섯 번 수정한 후에도 주변 사람들에게 조심스레 묻곤 했다.

"어떻게 생각해요? 어디를 더 고쳐야 할까요?"

그녀는 단어 하나, 문장 부호 하나 때문에 열 번이고 스무 번이고 고치는 것을 마다하지 않았다.

작가 바이셴융白先勇은 임청하를 이렇게 표현했다.

"글을 쓸 때의 그녀는 무섭도록 진지해요. 한 글자, 한 단어도 신중히 다듬어서 방에는 버려진 원고가 가득하죠."

그녀는 글쓰기 비법을 배우기 위해 여러 스승을 찾아다녔고, 독서에도 열정적이었다. 중국 문학을 연구하는 황신춘黃心村 교수는 그녀를 이렇게 묘사했다.

"그녀는 글을 쓰거나 책을 읽기 시작하면 밤이 깊어 갈 때까지 몰두했다. 새벽녘 책장을 덮으며 '너무 아쉬워서 잠들 수가 없어'라고 탄식하거나, 이른 아침 친구에게 전화를 걸어 '일어났어? 밤새 책을 읽다가 아주 중요한 걸 발견했어. 이것만 빨리 말하고 잘게!'라며 어린아이처럼 말하기도 했다."

어느 날 임청하의 집을 방문한 친구들은 깜짝 놀랐다. 여배우의 집이라기엔 옷이나 화장품보다 책이 훨씬 많았기 때문이다. 황신춘 교수는 그녀의 글이 특별하다고 평가했다.

"그렇게 밀도 있는 독서를 했음에도 그녀의 글은 전혀 부담스럽지 않고, 오히려 순수하고 맑으며 자연스러워요. 그녀는 책에 짓눌리지 않고, 그것들을 자신만의 것으로 만들어냅니다."

사람들은 임청하를 '배움에서 우러나오는 기품과 품격'의 상징으로 꼽는다. 그녀는 많은 책을 읽고, 책에서 얻은 지식과 통찰을 자신의 사고방식과 관점으로 글 속에 자연스럽게 녹여냈다. '책의 향기'는 독서가들에게서 자연스럽게 우러나오는 독특한 품격으로, 억지로 꾸며낼 수 없는 매력을 지닌다.

외모는 세월이 흐르며 자연스럽게 변하지만, 마음은 쉽게 퇴색되지 않는다. 내면이 젊고 활기차야 세월도 관대하게 다가오는 법이다. 반면, "내 팔자는 바꿀 수 없다"라며 변화를 거부하는 사람들은, 쉰 살에 새로운 삶에 도전하며 새로운 일을 시작하는 열정과 감동을 절대 이해하지 못할 것이다.

임청하가 연기자에서 작가로 전향한 것은 그녀에게 특별히 어려운 일이 아니었다. 그저 어떤 일이든 사랑하고, 마음을 다하며, 최선을 다했을 뿐이다.

진정으로 뛰어난 사람은
이미 성공과 명성을 이루고도 멈추지 않고
새로운 가능성을 탐구한다.
그리고 그들은 세상의 더 깊고 다양한 면을 발견하며
끊임없이 성장해 나간다.

2장　　　　　**자기 성찰**

내가 '나'임을 확인할 수 있게

011 부드럽지만
   날카로운 반격

○
●

　누군가 내 운동용 슬라이딩 디스크를 빌려 갔다가 바퀴를 망가뜨린 채 돌려주었다. 그는 "미안해"라는 말 한마디만 남겼을 뿐, 책임을 지려는 태도는 보이지 않았다. 나는 차분하게 대답했다.

　"고장 났네? 괜찮아. 이건 비싸지 않으니까 새로 하나 사다 주면 돼. 내가 링크 보내 줄게."

　상대방은 당황했지만, 결국 내가 보낸 링크대로 새 제품을 사서 보냈다. 사실 이건 작은 물건이라 큰 문제가 되지 않았다. 하지만 빌린 물건을 원상태로 돌려주는 건 기본적인 예의이기에, 나는 그런 무례함을 그냥 넘길 수 없었다.

　그동안 나는 무심한 사람들에게 '부드러운 반격'을 가하는 법을 터득했다. '부드러운 반격'이란 상대방의 논리를 인정하면서도 친절한 태도로 순리대로 반박해, 상대가 할 말을 잃게 만드는 기술이다.

　후한의 시인 신연년辛延年은 200자도 채 안 되는 〈우림랑羽林郞〉이라는 시에서 이런 상황을 절묘하게 그려냈다. 이 시에는 술을 파는 어린 호희胡姬(서역 출신의 여인)가 귀족 집안의 부하를 단호하면서도 우아하게 거절하는 모습이 담겨 있다.

곽장군霍將軍의 부하 풍자도馮子都는 곽장군의 위세를 믿고 호희에게 추파를 던진다. 풍자도가 값비싼 백마와 은빛 안장을 자랑하며 술을 달라고 하자, 호희는 옥 주전자에 담긴 좋은 술을 가져왔다. 이어 안주를 달라는 요구에, 생선회를 금 쟁반에 담아 정성스레 내어 주었다. 그러자 풍자도는 갑자기 청동 거울을 꺼내 호희의 붉은 띠에 묶었다. 이에 호희는 즉시 붉은 띠를 끊어내고 청동 거울을 돌려주며 말했다.

"남자들은 늘 새로움을 좇지만, 우리는 지난 인연을 소중히 여깁니다. 인생이란 그런 거예요. 이른 만남과 늦은 만남이 있고, 새 친구와 옛 친구도 있지요. 저는 부귀나 빈곤 때문에 옛 친구를 저버리지 않습니다. 호의는 감사하지만, 그 마음은 빈껍데기일 뿐이에요."

호희의 행동과 대답은 부드럽지만 단호했다. 겉으로는 예의 바르게 보였지만, 사실 그녀의 대답은 '부드러운 반격'으로 가득 차 있었다. 풍자도의 행동 하나하나에 순리대로 응수하며 분노를 드러내지 않고도 상대방의 말문을 막아 버린 것이다.

10년 동안 영업부 책임자로 일하면서, 나는 '정면 돌파'뿐만 아니라 '부드러운 반격'의 기술도 익혔다. 이는 위선이나 교활함이 아니라, 문제를 원만하게 해결하는 방식이다.

한번은 우리 부서가 새로운 고객 문제로 다른 부서와 갈등을 겪은 적이 있었다. 고객사와 계약을 체결한 건 우리 부서였지만, 그들은 자기 부서가 해당 고객을 처음으로 접촉했다며 업무를 나누자고 주장했다. 나는 상황을 신중히 검토한 후 이렇게 답했다.

"이번 계약에 지원과 협력을 아끼지 않은 여러분께 깊은 감사를 드립니다. 하지만 고객은 특정 부서가 아닌 신문사의 브랜드 가치를 보고 계약을 결정한 것입니다. 그래서 저는 이번 일과 관련해 두 가지 원칙을 따라야 한다고 생각합니다. 첫째, 신문사의 이익을 최우선으로 삼아 고객 계약이 원활하게 진행되도록 보장해야 합니다. 둘째, 고객의 편의와 이익을 위해 고객의 선택을 존중해야 합니다. 이 원칙을 바탕으로, 이번 업무가 우리 부서에 배정된다면 최선을 다해 서비스하겠습니다. 반대로 다른 부서에 주어진다면 저희는 적극적으로 협력할 준비가 되어 있습니다."

말투는 부드러웠지만 전하고자 하는 메시지는 확고했다. 결국 그 계약 건은 우리 부서에 배정되었다.

심리학자 마셜 로젠버그Marshall Rosenberg는 그의 저서『비폭력 대화Nonviolent Communication』에서 언어로 인한 갈등을 줄이는 대화 방식을 소개하며, '관찰, 감정, 필요, 요청'이라는 네 가지 요소를 강조했다. 이는 현상의 이면에 숨겨진 본질적인 갈등을 파악하는 접근법으로, 감정적으로 폭발하거나 단순히 말로 반격하지 않고 실질적인 문제를 해결하는 방식이다.

> *사람들 간에 완전한 공감이란 사실상 불가능하다.*
> *그러므로 목소리는 부드럽게, 태도는 단호하게 유지하며*
> *날카로운 세상에 상처받지 않는 것이 중요하다.*
> *'부드러운 반격', 이 또한 진짜 실력이다.*

012 차가운 표정으로 긋는 관계의 선

○
●

나는 어릴 때 "웃으면 복이 온다"라는 말을 자주 들으며 자랐다. 전통적인 가정에서 자란 나는 여자는 항상 온화하고 친근해야 한다는 가르침 속에서 '잘 웃는 아이'로 성장했다.

하지만 시간이 지나면서 이 말에 숨겨진 반전이 있다는 것을 깨달았다. 바로 '웃음이 너무 헤프면 복이 떠난다'라는 사실이었다. 왜일까?

나는 사람들에게 차가운 표정을 짓지 못했다. 억울하거나 분노를 느껴도 감정을 잘 드러내지 못했고, 누군가 선 넘는 농담을 해도 불쾌한 내색 없이 억지웃음을 지었다. 이런 나는 다른 사람들에게 소극적이고 쉽게 무시할 수 있는 존재로 비칠 수밖에 없었다.

서른여섯 살에 창업을 하고 나서야 나는 '차가운 표정'의 중요성을 깨닫게 되었다. 한번은 누군가가 나에게 이렇게 말했다.

"주말에 별일 없죠? 와서 내 행사 사회 좀 봐 주세요."

나는 이렇게 대답했다.

"전 주말에 바빠요. 그리고 그 행사는 상업적인 성격이 강하니, 정말로 제가 필요하다면 요구 사항과 비용을 적어 제대로 계약하시죠."

상대는 불쾌해했고, 이후 그와의 관계는 끝났지만 나는 전혀 개의치 않았다. 무리한 요구를 하는 예의 없는 사람의 기분까지 맞춰 줘야 할 필요는 없으니까.

그 후로 나는 어떤 사람의 말에 기분이 상하면 그 자리에서 차가운 표정을 짓고, 화가 날 때는 불쾌함을 드러냈다. 이렇게 감정을 적절히 표현하기 시작하자 마음이 한결 가벼워졌다. 차가운 표정은 단순히 불쾌함이나 무례함을 드러내는 게 아니라, 자신만의 규칙과 경계를 세우고 상대의 존중을 끌어내기 위함이다. 이는 한 사람의 뼈대와 중심이 되는 태도라 할 수 있다.

차가운 표정을 짓는 법을 익히고 나니, 또 다른 변화가 생겼다. 바로 다른 사람의 요청에 너무 빠르게 응답하지 않는 것이다.

예전에는 메시지를 받자마자 답장을 보내고, 부탁을 받으면 가능한 한 바로 수락하곤 했다. 하지만 이런 태도가 오히려 부정적인 인상을 줄 수 있다는 걸 뒤늦게 깨달았다.

어느 날, 누군가가 나를 두고 이렇게 말하는 것을 우연히 들었다.

"샤오이는 많이 한가한가 봐. 뭐든 부탁하면 금방 들어주더라고."

이런 말을 하는 이유는 아마도 내가 부탁을 받으면 주저 없이 바로 승낙하고, 어려움 없이 일을 처리하는 모습을 보였기 때문일 것이다.

그 후로 나는 부탁을 받더라도 즉각 응답하지 않고 신중히 생각할 시간을 갖는 습관을 들였다. 이것은 결코 거만하거나 상대를 애태우려는 의도가 아니다. "돌다리도 두들겨 보고 건너라."라는 말처럼, 천천히 신중하게 접근해야 문제를 명확히 파악하고 더 완벽히 해결할 수 있기 때문이다.

나의 친절함과 유연함이
상대방에게 '쉬운 존재'로 오해받지 않도록 해야 한다.

013   삶에 쫓기는 삶

○
●

   우리 아파트 단지에는 청소는 꼼꼼히 잘하시지만, 성격이 급하고 말투가 꽤 날카로운 청소 아주머니가 계신다. 아주머니는 늘 종이 상자나 생수병을 모아 팔곤 하셨다. 가끔은 생수를 다 마시지도 않았는데 옆에서 서성이며 기다리기도 하고, 막 택배를 받은 사람에게 달려가, "그 박스 나 줘요!"라며 미리 찜해 두기도 했다. 걷는 모습은 바람처럼 빠르고, 말은 쏟아붓듯 내뱉는 아주머니를 볼 때마다 묘한 긴장감을 느꼈다. 그래서인지 아파트 주민들은 아주머니를 썩 좋아하지 않았다.

   어느 날, 외출을 마치고 집으로 돌아오던 길이었다. 내가 마시다 만 생수병을 들고 있는 걸 본 아주머니가 어김없이 다가와 말했다.

"그 병 나 주면 안 돼요?"

나는 병을 흔들어 보이며 대답했다.

"보세요, 아직 다 안 마셨어요."

그러자 아주머니는 다소 성급한 목소리로 말했다.

"두 모금이면 끝날 텐데, 빨리 마시고 줘요. 여기서 기다릴게요."

너무 황당해서 아무 말도 못 하고 있었는데, 그때 아주머니의 휴대전화가 울렸다.

놀랍게도 전화를 받은 아주머니는 순식간에 다른 사람이 되었다. 그동안 한 번도 들어 본 적 없는 부드럽고 다정한 목소리에 나는 순간 내 귀를 의심했다.

"어머, 딸! 뭐 하고 있어? 엄마? 엄마는 지금 아파트 단지에서 산책 중인데 너무 여유롭고 좋다. 엄마는 잘 지내고 있지. 요즘 날씨 추워졌으니까 감기 걸리지 않게 조심해야 해. 참, 엄마가 보내 준 옷은 잘 받았지? 그래, 다행이다. 그럼 얼른 수업 들어가렴."

전화를 끊은 아주머니는 얼굴에 맺힌 미소를 감추지 못했다. 평소엔 볼 수 없었던 따뜻하고 부드러운 미소였다.

나는 물었다.

"따님 전화였어요? 멀리서 학교를 다니고 있나 봐요?"

아주머니는 자랑스러운 듯 대답했다.

"맞아요. 우리 딸, 공부를 정말 잘해요."

그 말에 나는 순간 마음이 뭉클해졌다.

"웃으니까 참 보기 좋으세요. 그런데 평소엔 왜 그렇게 무섭게만 보이셨을까요?"

그 말에 아주머니의 미소가 서서히 사라졌다.

"에휴, 내가 혼자서 딸을 키웠거든요. 늘 바쁘게 쫓기며 사는 데 웃을 여유가 어디 있겠어요. 이렇게 종이 상자나 병을 모아서 파는 것도 딸이 대학원 준비할 때 조금이라도 보태 주려고 하는 거예요."

아주머니는 휴대전화를 만지작거리며 화면 속 딸의 사진을 바라봤다.

나는 남아 있던 생수를 단숨에 마시고 빈 병을 아주머니에게 건넸다.

"앞으로는 좀 더 자주 웃으세요. 그게 더 예쁘세요."

집으로 향하는 길에 머릿속에 많은 사람이 스쳐 지나갔다. 늘 바쁘게 뛰어다니는 배달원들, 실수를 연발하는 아르바이트생들, 푼돈에 민감한 시장 상인들까지…. 그들은 모두 여유가 없고 참을성이 부족해 보였다. 때로는 조금 짜증스럽거나 불쾌하게 느껴질 때도 있었다.

하지만 어쩌면 이 청소 아주머니처럼 그들 역시 삶에 떠밀려 쫓기듯 살아가고 있는 건 아닐까? 우리가 마주한 그들의 모습은 그들이 쫓기는 찰나의 순간일지도 모른다.

여유는 단순히 마음가짐이나 예의만으로 만들어지지 않는다. 물질적인 안정이 뒷받침되어야 가능한 것이다.

> 그들이 나에게 준 불편함이 사소한 것이라면,
> 그리고 사실 그들은 미소 지을 여유조차 없는 상황이었다면,
> 내가 먼저 그들에게 미소를 건네고 싶다.
> 그들이 짓지 못한 미소를 대신해서라도.

014 말하고 싶지 않을 때
말하지 않을 자유

○
●

20대 후반의 한 후배가 나의 '사회적 자유' 상태가 부럽다고 말했다. 인간관계에 거의 얽매이지 않고 매우 단순한 삶을 살기 때문이다. 사실 이런 자유는 특정한 선택과 포기를 전제로 한다.

첫째, 직업 특성상 나는 많은 사람을 만날 필요가 없다.
나는 글을 쓰는 작가로서, 원고 작성은 혼자서도 충분히 해낼 수 있다. 연구원, 무용가, 건축가 등 전문성을 요구하는 직업군도 상대적으로 높은 사회적 자율성을 갖는다. 이들의 핵심 역량은 전문 기술과 지식에 기반을 두기 때문에 인간관계가 직업에 미치는 영향이 적다. 반면 공업, 패션, 농업, 금융 등 협업이 필수적인 분야는 상황이 다르다. 예를 들어 공업 원자재 수급, 연구 개발, 설계, 생산, 판매 등 복잡한 과정을 거친다. 이런 과정은 정교하게 분업화된 조직과 외부 자원, 정보 교환이 필수라 해당 분야의 종사자들은 원칙적으로 사회적 자유를 누리기 어려운 경우가 많다.

둘째, 사회적 자유는 연령이나 삶의 성장 단계와도 깊은 관계가 있다.
나는 중년기에 접어들었고, 다행히 내 분야에서 약간의 성과를 이루었다. 비록 작은 성과일지라도, 그 덕분에 어느 정도의 발언권과 선택권을 가질 수 있었다.

사회에 첫발을 내디뎠던 20대를 떠올려 보면, 그때 나는 사회적 자유와 거리가 멀었다. 그 시절 나는 '열정적인 인싸'가 되려고 안간힘을 썼다. 단순히 인맥을 쌓기 위해서가 아니라, 다양한 사람들과 교류하며 그들의 성향과 상태를 이해하고, 그 과정을 통해 나와 맞는 직업과 삶의 방식을 찾으려는 노력이었다.

20대에 소위 '영양가 없는 인간관계'를 경험하지 않으면, 어떤 노력이 미래에 결정적인 역할을 할지 알기 어렵다. 모든 것은 결국 '시간'이라는 시험을 통해서 알게 되는 법이다.

셋째, 나는 다른 사람들이 나를 '냉정하다'고 평가하는 것에 신경 쓰지 않는다.

나는 나와 별로 상관없는 사람들이 비판해도 개의치 않는다. 내게는 듣기 좋은 칭찬보다 진정성을 추구하는 것이 훨씬 더 중요하다.

나는 내 본능적인 감정을 존중하며, 누군가가 불쾌하게 느껴지면 굳이 참지 않는다. 때로는 노골적으로 불쾌함을 드러내고, 심지어 '그만두겠다, 상관없다'라는 식으로 솔직한 태도를 보이기도 한다. 화날 땐 화를 내고, 가끔은 다소 무례한 모습을 보일 때도 있다. 이는 '솔직한 나'를 위해 불편한 감정을 억누르지 않겠다는 선택이다. 더 이상 나를 증명하거나 타인의 인정을 얻으려고 애쓰지 않는 이유는, 누가 나를 좋아하느냐보다 내가 나를 얼마나 좋아하느냐가 더 중요하기 때문이다.

그렇다. 내가 이런 지극히 개인주의적 마인드로 사회적 자유를 얻었다고 해도 반박하기는 어렵다. 하지만 사회적 자유가 재정적 자유보다 훨씬 얻기 어렵다는 것만은 확실하다.

재정적 자유를 이룬 수많은 성공한 사람이 사회적 자유도 누리고 있을까? 꼭 그렇다고 할 수 없다. 성대한 연회장에서의 사교 모임, 명사들과 찍은 사진, 회의 석상에서의 유창한 연설…. 과연 이 모든 것이 진정한 즐거움에서 비롯된 것일까?

사회적 자유란 '원하는 사람을 언제든 만날 수 있는 것'이 아니라, '말하고 싶지 않을 때 말을 하지 않아도 되는 것'이다. 이 자유를 얻으려면 세상의 많은 이익과 관계에서의 균형을 포기해야 한다. 이는 마치 헨리 데이비드 소로Henry David Thoreau가 『월든Walden, or Life in the Woods』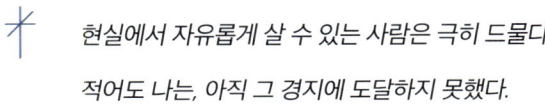에서 선택한 고독, 자유, 간소함과 같다.

> 현실에서 자유롭게 살 수 있는 사람은 극히 드물다.
> 적어도 나는, 아직 그 경지에 도달하지 못했다.

○ 『월든』: 저자가 2년 2개월 동안 미국 매사추세츠주의 콩코드 근처 월든 호숫가에 오두막을 짓고 홀로 생활한 체험을 기록한 책

015 비울수록 채워지는 여백의 미학

○
●

1911년 8월 21일, 다 빈치의 명작 〈모나리자〉가 루브르 박물관에서 도난당했다. 놀랍게도 그림이 사라진 빈자리를 보기 위해 수많은 사람이 박물관으로 몰려들었다.

2년 후, 더 놀라운 일이 일어났다. 모나리자가 걸려 있던 12년 동안 박물관을 찾은 관람객 수보다, 빈 벽을 보러 온 방문객 수가 두 배나 많았던 것이다. 심리학에서는 이러한 현상을 '여백 효과'라고 부른다.

'여백'은 본래 산수화에서 쓰이는 기법으로, 그림 일부를 의도적으로 비워 두어 감상자에게 상상의 여지를 남긴다. 예를 들어, 남송 시대 화가 마원馬遠의 〈한강 독조도寒江獨釣圖〉를 보면, 작은 배 위에서 어부가 홀로 낚시하는 모습이 그려져 있다. 그런데 정작 그림 속에는 강물이 전혀 표현되어 있지 않다. 그럼에도 감상자는 마치 강물이 넘실거리는 듯한 생생한 느낌을 받는다. 이처럼 빈 곳에서 더 많은 것을 느낄 수 있는 것이 바로 여백의 미학이다.

심리학에서 말하는 '여백 효과'는 우리가 무언가를 인식할 때, 여백으로 인해 그 경험이나 기억이 더 강렬히 각인되는 현상을 뜻한다. 어떤 대상에 대해 너무 많은 정보를 알면 상상의 여지가 줄어든다. 마치 누군가를 지나치게 많이 알게 되면 그에 대해 새로운 상상을 하기 어려운 것처럼, 과도한 익숙함은 오히려 흥미를 잃게 만들 수 있다.

여백 효과를 알게 된 후, 나는 인간관계를 다루는 내 방식에 대해 다시 고민해 보았다. 상대와 나 사이에 적당한 거리를 두고 일정한 공간을 남겨 둘 때, 오히려 관계의 매력과 지속 가능성이 더 커지지 않을까?

반면 심리학에는 이와 상반되는 '한계 초과 효과'도 있다. 이는 자극적인 일이 지나치게 반복되거나 오랫동안 지속될 때, 불만과 반발 심리가 생기는 현상을 말한다. 예를 들어, 사랑하는 사람과 24시간 내내 붙어 있다면, 아무리 매력적인 사람이라도 결국 질려 버릴 수 있다. 사랑에만 매달리는 시간이 길어지면 피로감이 쌓이고 싫증을 느끼게 되는 것이다.

나 역시 한때는 시간을 조금도 낭비하지 않기 위해 빡빡한 일정을 짜고 완벽하게 살아가려 애썼던 적이 있다. 하지만 그 과정에서 놓친 것이 많았다. 그 시간에 친구와 도란도란 이야기를 나누며 마음의 위안을 얻을 수도 있었고, 부모님과 함께 집안일을 하며 소소한 가족애를 느낄 수도 있었다. 혹은 혼자 음악을 듣거나 영화를 보며 새로운 영감을 얻었을지도 모른다.

20대의 나는 사랑을 향해 맹목적으로 달려들며, 이별의 존재를 상상조차 하지 못했다. 하지만 30대가 되고 나서야 비로소 깨달았다.

✢ 그리움, 사랑, 배려, 위로, 노력 같은 것들은
넘치게 표현할수록 오히려 상대에게 부담이 될 수 있다는 것을.
진정한 편안함은 적당한 거리감, 즉 '여백' 속에서 자라난다는 것을.

016   진정성의
         진실한 가치

○
●

　몇 년 전, 나는 두 친구에게 작은 도움을 준 적이 있었다. 두 친구 모두 내가 차茶를 좋아한다는 것을 알고 고맙다며 차 한 상자씩을 선물로 보내왔다.

　한 친구는 젊은 시절 사업에 성공해 경제적으로 넉넉한 삶을 살고 있었고, 다른 친구는 이제 막 사회생활을 시작한 새내기 직장인으로 가정 형편도 평범한 수준이었다.

　사실 나는 그들에게 큰 도움을 준 것도 아니었고, 보답을 기대한 것도 아니었다. 마침 집에 차가 떨어져서 먼저 '부유한 친구'가 준 차 상자를 열어 한 잔을 우려냈다. 그런데 맛이 좀 이상했다. 포장 상자를 살펴보니 유통기한이 이미 지나 있었다. 혹시나 해 그녀가 함께 보낸 다른 선물도 확인해 보니, 대충 모아 둔 자질구레한 물건들이었고, 일부는 사은품처럼 보이기도 했다. 나는 순간 마음이 씁쓸해졌다.

　이어서 '가난한 친구'가 준 차 상자를 열어 보니, 손 글씨로 쓴 카드 한 장이 들어 있었다. "언니, 저를 도와주셔서 정말 감사합니다."

　서툰 필체에 다소 어색한 어투였지만 그녀의 진심이 고스란히 전해졌다. 차는 올해 수확한 신선한 것이었고, 가격도 꽤 나가는 고급 품종이었다. 나는 이 선물이 그녀에게 부담이 되진 않았을까 걱정이 되었다.

그때 나는 깨달았다. '부유한 친구'가 생각하는 내 가치는 유통기한이 지난 차 한 상자와 자질구레한 물건에 불과하지만, '가난한 친구'에게 나는 소중하고 의미 있는 사람이라는 것을 말이다.

우리는 때로 인맥을 쌓는 데 너무 많은 시간을 쏟는다. 하지만 진정한 인연을 찾는 과정에서 단순히 이해관계가 맞는 것만으로는 충분하지 않다. 더 중요한 판단 기준은 상대가 얼마나 진실한 태도를 보이는가이다. 이해관계가 잘 맞더라도 진정성이 없다면, 관계는 오래가지 못하고 사업적인 협력도 성공하기 어렵다.

진정성이 있는 사람은 경제적으로는 부족하더라도, 상대가 도움이 필요할 때 기꺼이 손을 내밀며 든든한 힘이 되어 줄 수 있다.

> 타인의 부유함과 가난함은 나와 무관하다.
> 중요한 것은 그 마음이 진심인지,
> 아니면 계산된 위선인지 가려내는 일이다.

017 누군가를 온전히 이해한다는 것

○
●

　서한 시대의 광형匡衡은 한때 승상의 자리까지 올랐지만, 탐욕을 이기지 못해 몰락한 탐관오리였다. 그는 한원제汉元帝의 총애를 받아 '낙안후樂安侯'라는 작위를 받고 31만 묘亩에 달하는 봉토를 하사받았으나, 불법으로 4만여 묘를 더 점유했다가 발각되어 평민으로 강등되었다.

　흥미로운 점은, 그런 그가 어린 시절에는 극도로 가난해 등불조차 마련할 수 없었다는 사실이다. 그는 이웃집 벽을 뚫어 새어 나오는 빛으로 글을 읽었는데, 이 일화는 '착벽투광鑿壁偸光'('고학'을 비유적으로 이르는 말)의 유래가 되었다. 하지만 그의 비극적인 몰락에 관해 이야기하는 이는 많지 않다.

　비슷한 사례는 당나라 시인 이신李紳에게서도 찾아볼 수 있다. 그는 명시 〈민농憫農〉을 남긴 인물이다.

> "한낮 무더위 속에서 낫질하니,
> 땀방울이 이삭 밑으로 떨어지네.
> 누가 알겠는가, 밥상 위의 쌀밥이
> 알알이 모두 농부의 고단함인 것을."

구절마다 깊은 연민이 담긴 이 시는 농민의 수고로움과 고단한 삶을 절절히 표현한 작품으로 널리 알려져 있다. 그러나 정작 이 시를 쓴 이신 본인은 전혀 다른 삶을 살았다. 그는 극도로 사치스러운 생활을 즐겼고, 백성의 고통에는 무관심했다. 아름다운 시를 남겼다고 해서 반드시 고결한 삶을 산 것도 아니다.

한번은 유우석이 소주蘇州 자사刺史로 재임할 때, 이신이 그를 집으로 초대해 성대한 연회를 열었다. 연회장에는 화려하게 치장한 기녀들이 가무를 선보였고, 이를 본 유우석은 시 한 수를 읊으며 감회를 드러냈다.

"높은 상투 쪽 찐 머리, 궁녀처럼 단장하고,
봄바람 속에 한 곡조 부르는 두위양杜韋娘,
사공께선 자주 보신지라 심드렁하다만,
소주 자사 애간장은 끊어지는구나."

이 시에는 두 가지 감정이 담겨 있었다. 하나는 사치를 일삼으며 가식적인 삶을 사는 이신에 대한 조롱, 다른 하나는 자신의 현실에 대한 씁쓸한 탄식이었다.

아름다움과 추함, 용기와 비겁함, 거침과 부드러움, 밝음과 어두움, 진실함과 위선은 한 사람 안에 공존할 수도 있다. 어쩌면 그것들은 한 사람의 서로 다른 삶의 단계일지도 모른다.

※ 누군가를 온전히 이해한다는 것은 결코 쉽지 않다.
그것은 단순히 물리적 시간뿐 아니라 인내와 통찰력,
그리고 삶의 경험이 모두 필요한 과정이다.

018 사소하고도
강력한 배려의 힘

○
●

나는 큰일보다 작은 배려에 감동받는 편이다. 때로는 사소한 행동 하나가 한 사람에 대한 인상을 완전히 바꿔 놓기도 한다. 예를 들면 이런 것들이다.

1. 존재감이 약한 사람에게 관심 기울이기

창업 포럼에 참석했을 때의 일이다. 주변이 온통 IT 분야의 사람들로 가득했고, 나는 대화에 쉽게 끼어들지 못했다. 예의상 고개를 끄덕이며 불편함을 온몸으로 느끼고 있던 그때, 포럼 진행자가 내게 질문을 던졌다.

"샤오이 씨, 뉴미디어를 하신다고 들었어요. 뉴미디어에는 새로운 기술이 많이 쓰일 텐데, 글 쓰는 방식이 예전과 어떻게 달라졌나요?"

그 질문은 내가 충분히 답변할 수 있을 뿐만 아니라, 내 관점을 독창적으로 풀어낼 수 있는 주제였다. 덕분에 나는 자연스럽게 대화에 참여하면서 자신감을 되찾았다.

타인의 난처한 상황을 알아차리고 자연스럽게 손을 내미는 행동은 그 사람의 진정성을 보여 준다. 그리고 그 진정성은 단숨에 두 사람의 거리를 좁힌다. 따뜻한 마음을 가진 사람은 타인의 필요를 누구보다 먼저 발견한다.

2. 주위에서 누군가를 험담할 때, 자연스럽게 화제 돌리기

한번은 모임에서 누군가가 지인의 SNS 사진을 보며 험담을 시작했다.

"와, 이 사진 진짜 심하게 보정했네. 원래 이렇게 날씬하지도 않잖아."

그때 내 옆에 있던 친구가 휴대전화를 받아 들며 태연하게 말했다.

"나도 좀 보자. 음, 얼마 전에 걔 만났는데, 요즘 운동 열심히 해서 진짜 날씬하고 예뻐졌던데?"

순간 나는 그 친구를 새롭게 보게 되었다. 어색하지 않게 남을 변호하고, 자리에 없는 사람까지 감싸 주는 모습이 매우 인상적이었다. 사람의 품격은 사소한 순간에 드러난다. 작은 행동 하나가 주변을 따뜻하게 만들고, 때로는 한 사람에 대한 인식을 완전히 바꿔 놓기도 한다.

3. 상대의 소소한 취향 기억하기

나는 스타벅스의 '오트밀라테' 라지 사이즈를 즐겨 마신다. 한 영상 제작사와의 첫 미팅에서 그 라테를 마셨는데, 그 후로 제작사 직원은 내가 방문할 때마다 늘 같은 커피를 준비해 주었다. 직원은 수줍게 말하며 커피를 건넸다.

"지난번에 이 라테를 좋아하신다고 해서 준비했어요."

그 말 한마디에 순간 마음이 따뜻해졌다. 상대방이 내 취향을 기억하고, 그에 맞춰 작은 선물을 준비해 주는 순간, 나도 모르게 호감을 느끼게 된다. 이런 작은 배려가 좋은 관계의 시작이 될 수도 있다.

4. 뒤에 오는 사람을 위해 문 잡아 주기

나는 쇼핑몰이나 식당에서 문을 열고 들어오는 사람들의 행동을 유심히 관찰하곤 한다. 뒤에 오는 사람을 위해 문을 잡아 주는 이들은 대개 친절하다. 내 주변의 '교양 있는' 친구들도 이런 행동이 몸에 배어 있다.

이런 작은 배려는 억지로 만들어내는 것이 아니라, 습관처럼 자연스러운 따뜻함이다. 문을 잡아 주는 행동은 별것 아닌 듯 보이지만, 우울한 하루를 보내고 있는 누군가에게는 따뜻한 위로가 될 수도 있다.

5. 도움을 받았을 때, 감사 인사와 함께 작은 보답하기

내 친구 중 한 명은 도움을 받으면 단순히 "고맙다"라고 말하는 데 그치지 않고, 작지만 의미 있는 선물로 감사의 마음을 전한다. 사소한 도움을 받았어도 과일이나 커피 같은 작은 성의를 보이곤 한다.

그 친구는 이렇게 말했다.

"작은 호의에도 고마움을 표현하는 건 당연해. 말로만 감사하는 게 아니라, 상대가 내 마음을 느낄 수 있도록 보여 줘야지."

감사의 마음을 진심으로 표현하는 것은 관계를 더욱 깊고 의미 있게 만든다.

이 외에도 관계를 더 따뜻하게 만드는 사소한 배려들이 있다.

◆ 빌린 물건을 원 상태로 돌려주기

우산을 빌렸다면 말끔히 접어서, 차를 빌렸다면 기름을 가득 채운 뒤에 돌려주는 것은 신뢰와 감사의 마음을 전달하는 방법이다. 물건을 빌려줄 때의 태도도 중요하지만, 돌려줄 때의 세심한 배려가 관계에 큰 영향을 끼친다.

◆ 테이블 매너 지키기

회전 테이블을 돌릴 때 누군가 음식을 집고 있는지 살피고, 먼저 식사를 마쳤다면 자리 정리와 함께 "잘 먹었습니다, 천천히 드세요"라는 한마디를 건네는 것도 상대방에 대한 예의다.

◆ 명절이나 기념일에 성의 있는 메시지 보내기

단체 메시지 대신 메시지 서두에 상대의 이름을 넣으면, 간단한 메시지라도 특별한 느낌을 줄 수 있다.

◆ 상대의 말을 경청하기

누군가 말할 때 이어폰을 빼고 온전히 집중하는 행동은 상대가 존중받고 있다고 느끼게 한다.

◆ 상대의 허락받고 사진 보기

상대가 보여 주는 사진 외에 다른 사진을 넘겨 보지 않는 것은 사생활을 존중하는 중요한 예의다.

> 선의는 소리 없이 삶 곳곳에 스며든다.
> 진정성 있는 작은 배려가 쌓여
> 관계를 더 풍요롭게 만든다는 것을 기억하자.

019 자신을 과도하게 억누르지 않기

○
●

과거의 나는 자신을 많이 억누르며 살아왔다. 남들보다 돋보이고 싶은 마음도 있었지만, 한편으로는 실력이 부족할까 봐 걱정했고, 과연 다른 사람보다 나은 존재가 될 수 있을지에 대한 의문도 끊이지 않았다. 열정을 쏟으려 해도, 그 에너지가 주변 사람들에게 부담이 될까 봐 두려웠다. 여러 해 동안 이런 고민을 풀기 위해 애썼고, 그 과정에서 '억누르지 않기'라는 목표를 실현하기 위한 몇 가지 소중한 깨달음을 얻었다.

1. 직설적으로 표현하기

일하다 보면 모르는 부분이 생기기 마련이다. 그럴 때 체면을 내세우기보다 즉시 질문해 불확실한 부분을 명확히 하는 것이 중요하다. 문제에 직면했을 때도 그 원인에 집착하기보다는 빠르게 시도하고 수정하는 태도가 필요하다.

인간관계에서도 마찬가지다. 좋아하는 사람에게는 좋아한다고 확실히 표현하고, 불만이 있다면 솔직하게 전달한다. 상대가 내 마음을 짐작하게 내버려 두지 않는 것이다. 나는 인간관계에서 '간 보기' '밀당' 같은 것에 익숙하지 않다. 감정 없는 인사치레나 술잔을 주고받으며 서로의 반응을 살피는 어색한 순간들이 내게는 버겁다. 그래서인지 지금까지 내 곁에 남은 친구와 동료들은 이런 성향을 이해하고 받아들인다. 우리는 만나면 진솔하고 편안하게 대화하고, 떨어져 있을 때도 서로를 응원하며 돕는다. 그리고 문제가 생기면 주저 없이 말하고, 솔직하게 소통한다.

2. '경험자 사고방식' 갖기

경험자 사고방식은 현재에 충실하며, 과거의 잘잘못이나 손익에 연연하지 않고, 너무 먼 미래를 과도하게 고민하지 않는 태도다. 과거는 이미 지나간 것이고, 매몰 비용에 집착하는 것은 무의미하다. 미래는 내가 통제할 수 없는 변수가 많기에 지나치게 고민하다 보면 내면의 상처만 남는다. 중요한 건 지금 내가 할 수 있는 일에 집중하며, 그 과정에서 쌓은 경험과 교훈을 발판 삼아 더 나은 방향으로 나아가는 것이다.

3. 느긋하게, 그러나 더욱 열정적으로 움직이기

'느긋함'은 흔히 '게으름'이나 '한가함'으로 오해받기 쉽지만, 실은 그렇지 않다. 자신을 억누르지 않으면 자연스레 여유가 생기고, 오히려 더 적극적이고 열정적인 태도가 나온다. 원하는 게 있으면 바로 행동으로 옮기고, 스스로 세운 목표를 진지하게 받아들이면, "느긋하다"라고 말하면서도 불안에 휘둘리지 않고 움직일 수 있다.

 거절하고 싶으면 분명히 말하고, 원하는 게 있으면 노력으로 쟁취하자. 진정한 느긋함은 자기 삶을 주도할 수 있다는 자신감에서 비롯된다.

020   당신의 단점은 무엇인가요?

○
●

"당신의 단점은 무엇이라고 생각하나요?"

이 질문은 취업 면접이나 연말 평가 같은 자리에서 자주 등장한다. 그렇다면 이 질문에 어떻게 답하는 것이 가장 효과적일까?

어떤 이들은 장점을 단점인 것마냥 답한다. 예를 들어, "저는 너무 꼼꼼한 게 단점이에요"라거나 "열정이 과해서 탈입니다!" 같은 식이다. 하지만 이런 답변은 진정성이 떨어지고 다소 억지스러워 보일 수 있다. 그래서 나는 '단점 + 개선 노력 + 결과'라는 공식을 활용한 진솔한 접근을 추천한다.

예를 들어, 나의 단점은 '미루는 습관'이었다. '조금 있다가 하면 되겠지'라는 생각에 중요한 일을 뒤로 미루다 보니 적절한 시기를 놓치곤 했고, 그 여파로 나뿐 아니라 주변 사람들에게도 불편을 끼쳤다. 이 문제의 심각성을 깨닫고 나서 나는 자신을 돌아보며 변화를 시도했다. '할 일 리스트'를 작성해 시간을 체계적으로 관리하고, 그날의 과제는 반드시 그날 마무리하는 습관을 들였다. 그 결과, 미루는 버릇을 거의 떨쳐냈고, 이제는 오히려 '실행력 있다'라는 평가를 받을 정도가 되었다.

이처럼 단점을 솔직히 드러내고, 그것을 극복하기 위해 어떤 노력을 했는지, 그리고 그로 인해 어떤 변화를 끌어냈는지 진정성 있게 전달한다면, 긍정적인 인상을 남기며 상대의 공감까지 얻을 수 있을 것이다.

또 다른 예로, 나는 혼자 일하는 데 익숙한 성향 탓에 의사소통에 서툴렀다. 팀 작업보다는 홀로 몰두하는 스타일이 편했고, 그로 인해 소통 부족으로 오해를 일으킨 적이 몇 번 있었다. 이 문제를 그냥 두면 안 되겠다는 생각에 인간관계와 소통에 대해 깊이 파고들기로 했다. 로버트 치알디니Robert Cialdini의 『설득의 심리학』 같은 책을 읽거나 관련 강의를 들으며 소통의 기술과 원리를 공부했다. 그 과정에서 배운 점을 하나씩 실천에 옮긴 결과, 이제는 의사소통 능력이 눈에 띄게 나아졌고, 심지어 여러 사람이 모인 자리에서 분위기를 주도하기도 한다.

"당신의 단점은 무엇인가요?"라는 질문은 질문자가 나를 곤란하게 만들려는 의도가 아니다. 그들은 단점 그 자체보다 내가 그 단점을 어떻게 인식하고 대응하는지를 보고 싶어 한다. "저는 너무 완벽주의자예요" 같은 틀에 박힌 답변 대신, 문제를 직시하고 적극적으로 개선하려는 태도를 보여 주는 것이 상대의 마음을 움직이는 핵심이다.

모든 관계에서 진정성만큼
빠르고 강력한 연결고리는 없다고 믿는다.

3장 자율성

내가 '나답게' 살아갈 수 있게

021 책 향기가 지닌
고귀함

○
●

 내가 가장 동경하는 기질은 '책 향기'가 나는 사람의 기질이다. 이 기질은 참으로 신비롭다. 책 향기를 지닌 사람은 외적인 아름다움이나 신체적 조건을 넘어 깊은 호감과 매력을 불러일으킨다. 오랜 관찰 끝에 나는 책 향기가 나는 사람들에게 공통된 세 가지 특징이 있다는 것을 발견했다.

 첫째, 책 향기의 바탕은 '차분함'이다. 위대한 아름다움을 가진 이들은 모두 고요한 기운을 품고 있다. 차분한 사람은 깊은 고독 속에서도 흔들리지 않고 집중력을 유지한다. 이런 내면의 평정은 부드럽고 평온한 표정, 따뜻하면서도 단단한 눈빛으로 드러난다. 그들에게는 공격적이거나 억압적인 느낌이 전혀 없다.

 둘째, 몸짓 언어가 간결하고 절제되어 있다. 나를 포함한 많은 이의 일상적인 몸짓은 어딘가 산만하다. 무심코 귀를 만지거나 주변을 두리번거리고, 시선이 불안하게 흔들리는 작은 행동들이 내면의 긴장이나 감정 통제의 흔들림을 보여 준다. 반면, 책 향기를 가진 사람은 내면이 안정되어 있고, 그 기운이 차분하게 밖으로 드러난다. 그들의 몸짓은 자연스럽되 과하지 않고 절제미가 있다. 표정은 정확하고 적절하지만 과하게 요동치지 않는다. 이런 몸짓과 표정의 조화는 오랜 습관에서 비롯된다. 거울 앞에서 연습하거나 셀프 영상을 찍어 자신의 표정과 태도를 교정하는 것도 좋은 방법이다.

<u>셋째, 책 향기는 진정한 다독가에게서 나온다.</u> 외모와 행동에서 풍기는 기품은 내면의 수양에서 비롯된다. 자신만의 미적 감각과 지식이 단단히 뿌리내려야 이 기질이 자연스럽게 배어 나온다. 배운 모든 것은 결국 성격으로 녹아든다.

청나라의 정치가이자 문학가 증국번曾国藩은 이렇게 말했다.

> "역사를 읽으면 지혜로워지고, 시를 읽으면 영감이 풍부해지며, 수학은 치밀함을 기르고, 과학은 깊이를 더하며, 윤리는 품위를 갖추게 하고, 논리와 수사학은 설득력을 키운다."

오직 독서만이 기질을 변화시키는 힘을 지닌 것이다.

내게 책 향기는 기질의 '정수'다. 책 향기가 있으면 우아함은 억지스럽지 않게 빛나고, 시원시원한 성격은 깔끔하고 사랑스럽게 다가오며, 순수한 성격은 맑고 순진하게 느껴지되 결코 지루하지 않다.

✳ **책 향기를 지닌 이들은 대개 나이와 경험이 쌓인 사람이다.**
수많은 책을 읽고 세상을 겪으며 자신만의 세계관을 다져 온 이들에게서
책 향기는 자연스럽게 흘러나온다.

022 운동은 단지 신체의 건강만을 위한 것이 아니다

○
●

나는 4년간 체계적으로 운동을 꾸준히 해 왔고, 이 습관 덕분에 '비교적' 동안을 유지할 수 있었다. 운동은 단순히 몸매를 바꾸는 데 그치지 않고, 내 마음가짐에도 깊은 변화를 일으켰다. 그 과정에서 얻은 네 가지 깨달음을 나누고자 한다.

첫째, 운동은 나를, 어제보다 나은 나로 성장시킨다.
나는 전형적으로 배불뚝이 체형이다. 운동 전에는 '큰 배'였던 내가 이제는 '작은 배'로 바뀌었고, 엉덩이 라인이 올라가 다리가 조금 더 길어 보이기도 한다. 하지만 긴 다리나 날씬한 체형은 내게 허락되지 않은 꿈이다. 체형을 완전히 뒤바꾸는 건 불가능하기 때문이다. 대신 운동은 내 몸의 단점을 담담히 받아들이게 해 주었고, 완벽하지 않은 나를 진심으로 사랑할 수 있는 마음을 선물했다.

둘째, 부분 비만은 있어도 부분적으로 살을 빼는 건 불가능하다.
나는 다리가 두꺼운 편이다. 운동을 시작했을 때 트레이너에게 "다리 살만 빼고 싶어요"라고 졸랐지만, 돌아온 대답은 단호했다. "그건 불가능해요. 전신이 함께 변하는 거지, 특정 부위만 가늘어지지 않아요." 운동은 전신의 지방이 균형 있게 분해되고 대사되는 과정이다. 이를 통해 나는 신체의 전체적인 밸런스가 좋으면 특정 단점이 두드러지지 않는다는 사실을 깨달았다. 예를 들어, 매릴린 먼로는 아랫배와 군살이 있었음에도 건강미와 섹시미의 상징으로 남았다.

<u>셋째, 장점과 단점은 상대적이다.</u>

나는 엉덩이 운동을 하면 효과가 확실히 나타난다. 하지만 4년째 운동을 해도 허벅지는 여전히 굵다. 트레이너는 "신체 특징은 모두 상대적이에요, 마른 다리와 탄탄한 엉덩이를 동시에 가진 사람은 거의 없죠"라고 설명했다. 마치 능변가가 침묵을 유지하기 힘든 것처럼, 장점 뒤에는 단점이, 단점 뒤에는 의외의 장점이 숨어 있다. 스스로 너무 몰아세울 필요는 없다.

<u>넷째, 운동은 성형보다 놀라운 효과를 낸다.</u>

운동을 시작한 뒤 "혹시 성형했어요?"라는 질문을 종종 들었다. 누구나 한순간에 젊고 매끈한 얼굴을 꿈꾼다. 나도 물광 주사나 레이저 시술을 시도해 봤지만, 큰 변화는 없었다. 나의 동안 비결은 건강한 생활 습관이라고 자부한다.

운동 후 신체 변화보다 정신적인 변화가 더 컸다. 나 자신이 반짝이는 듯한 기분이 들었다. 어떤 초음파 리프팅도 자연스러운 탄력을, 어떤 빠른 성형도 꾸준한 습관의 힘을 따라잡지 못한다.

✱ *운동은 남을 압도하거나 날씬한 몸매를 과시하려는 게 아니라,*
   더 건강하고 유연한 나를 위한 여정이다.

023   쉽게 살 빠지는
         체질

○
●

나는 선천적으로 살이 쉽게 찌는 체질이라 건강하면서도 날씬한 몸을 만들기 위해 오랜 시간 공을 들였다. 사실 건강과 노화 방지에 효과적인 방법은 거창하거나 돈이 많이 드는 게 아니다. 핵심은 습관을 만드는 데 있다.

어릴 적 엄마는 기름지거나 짠 음식 대신 담백한 요리를 주로 해 주셨다. 하지만 나는 밥을 많이 먹는 편이었고, 튼튼한 신체 탓에 야리야리한 몸매와는 거리가 멀었다. 대학 시절 기숙사 생활을 시작하면서 야식 습관이 생겼고, 식사 시간이 불규칙해졌다. 우육면, 매운 생선, 탕수육 같은 고염, 고지방, 고칼로리 음식을 즐겼고, 차가운 음료와 얼음물을 좋아했으며, 아이스크림 한 통을 단번에 먹어 치우곤 했다. 20대의 이런 습관 때문에 생리통, 만성 위염, 역류성 식도염 등 몸 곳곳에서 다양한 위험 신호가 나타났다.

30대 중반이 넘어가자 얼음물을 끊고 따뜻한 음식을 먹기 시작하면서 체질이 서서히 바뀌었고, 그때부터 새로운 습관을 들이기 시작했다.

첫 번째 습관은 유산소 운동과 근력 운동을 병행하는 것이다.
나는 매주 4~5회, 고강도 유산소 운동과 함께 근력 및 기구 훈련을 병행

한다. 유산소는 칼로리를 태우고, 무산소는 근육을 키워 신진대사를 높인다. 또한 나는 일상생활 속에서도 작은 운동 습관을 실천하고 있다. 걸어서 갈 수 있는 거리는 차를 타지 않고, 엘리베이터 대신 계단을 이용하며, 한 시간마다 5분씩 목과 눈을 풀어 준다. 물론 "저는 운동할 시간이 없어요"라고 말하는 사람도 있을 것이다. 모든 사람에게 시간은 한정되어 있기에, 우선순위에 따라 움직이기 마련이다. 나에게 가장 중요한 것은 일, 가족과의 시간, 운동이다. 만약 다른 일이 이 셋과 충돌한다면 다른 모든 일을 과감히 줄일 준비가 되어 있다. 자신이 가장 중요하게 여기는 일이 무엇인지 곰곰이 생각해 볼 필요가 있다.

두 번째 습관은 당을 줄이고 비정제 탄수화물을 섭취하는 것이다.

나는 빵과 밥을 정말 좋아해서 탄수화물을 완전히 끊을 수는 없었다. 그래서 아침, 점심, 저녁에 각기 다른 식단을 적용했다. 아침은 달걀, 유제품과 함께 빵이나 만두로 입맛을 달래고, 점심은 닭고기, 생선, 달걀에 통곡물을 곁들인다. 저녁에는 저지방 우유 한 잔과 치아시드 또는 옥수수나 오트밀로 가볍게 먹고, 저녁 6시 전에 모든 식사를 끝냈다.

매주 하루는 '치팅 데이'로 아침과 점심을 자유롭게 즐기되, 저녁은 여전히 적게 먹는다. 포도나 석류 같은 고당도 과일이나 가당 음료, 과자, 튀긴 음식은 최대한 피한다.

세 번째 습관은 나만의 신체 리듬을 찾는 것이다.

나는 매일 4시 45분에 일어나 공복 체중을 기록하고, 식단과 생리 주기를 체크한다. 생리 주기를 활용하는 것이 나의 다이어트 비법이다. 생리 후 일주일은 몸이 혈액을 보충하며 조직을 분해하고 생성을 촉진한다. 이 시기에 지방 섭취를 줄이면서 비타민 C를 충분히 섭취하면 다이어트에 도움이 된다. 고기 대신 버섯이나 두부를 먹고, 철분이 풍부한 음식을 많이 먹는 것이 좋다.

나는 주로 저녁에 운동을 한다. 나에게 저녁 운동은 수면에 도움이 되지만, 사람마다 체질이 다르기 때문에 누군가에게는 오히려 수면에 방해가 될 수도 있다. 중요한 건 언제 운동을 하든 자신에게 맞는 리듬과 시간대를 찾는 것이다.

나는 20대엔 꿈도 꾸지 못했던 '쉽게 살 빠지는 체질'을 40대에 들어서야 비로소 갖게 되었다. 친구들은 가끔 "너는 도대체 무슨 재미로 사는 거야?"라며 농담 섞인 핀잔을 던지지만, 나에게 가장 큰 즐거움은 건강 그 자체다. 불량 식품은 겉은 화려해 끌리지만, 속은 텅 빈 '나쁜 남자'처럼 느껴지고, 건강한 음식은 언뜻 평범하고 심심해 보일지 몰라도 든든하고 믿음직한 '착한 남자'와 같다. 20대 시절엔 나쁜 남자와의 연애처럼 순간의 짜릿함을 좇았고, 상처를 받아도 젊음의 회복력으로 금세 털어냈다. 하지만 40대에 접어든 지금은 다르다. 감정도, 건강도 소중히 아껴 가며 다뤄야 하는 시기가 온 것이다.

"오래 함께하는 것이 진정한 고백이다."라는 말이 있다.

내 몸은 나와 평생을 함께할 가장 가까운 동반자다.

그래서 나는 스스로 다잡으며, 진정한 자유를 누릴 수 있는 삶을 선택했다.

024 나를 갈고닦는 시간, 딥 워크

○
●

'왜 많은 시간을 일에 쏟는데 효율이 오르지 않는 걸까?'

이런 고민에 빠져 있던 나에게 칼 뉴포트Cal Newport의 『딥 워크Deep Work』는 큰 전환점을 가져다주었다. 특히 그가 제시한 세 가지 방법이 인상 깊었다.

첫 번째 방법은 '딥 워크'와 '얕은 작업Shallow Work'을 경계 짓는 것이다. 칼 뉴포트는 "반복적이고 단순한 얕은 작업을 최소화하고, 중요한 일에 집중할 수 있는 딥 워크 시간을 확보하라."라고 강조한다. 이메일 확인, 뉴스 훑기, 간단한 문서 정리 같은 얕은 작업들은 전화가 오거나 메시지가 와도 큰 흐름이 끊기지 않는다. 반면, 딥 워크는 깊은 몰입을 요구하는 시간이다. 방해 요소를 철저히 차단해야 그 진가를 발휘할 수 있다.

작가인 나에게 글쓰기는 전형적인 딥 워크다. 기획안을 구상하거나 강의를 준비할 때도 마찬가지다. 그래서 이런 작업에 들어갈 때는 휴대전화를 아예 끄고, 문 앞에 '업무 중, 잠시 기다려 주세요'라는 작은 표지판을 걸어 둔다.

누군가의 질문에 답하느라 5분을 쓴다고 해도, 그 짧은 방해가 몰입의 흐름을 깨뜨리면 다시 제자리로 돌아오는 데 30분 이상이 걸릴 수 있다. 어떤 사람들은 '승진해서 높은 자리에 오르면 시간을 자유롭게 쓰고 방해도 덜 받겠지'라고 생각할지도 모른다. 하지만 현실은 다르다. 외부의 간섭을 줄이려면 내가 지금 무엇에 집중하고 있는지를 주변에 분명히 알려야 한다. 헤드셋을 착용하거나 사내 메신저 상태를 '업무 중'으로 바꾸는 사소한 행동도 효과적이다. 이런 습관을 꾸준히 유지하다 보면, 주변 사람들도 자연스럽게 내 리듬을 존중하게 된다.

두 번째 방법은 일의 중요성과 희소성을 점검하는 것이다.
내가 하는 일이나 연습 중인 기술이 정말 중요한지, 그리고 그것이 나를 얼마나 독보적으로 만들어 줄 수 있는지 냉정하게 평가해 보는 과정이 필요하다. 만약 많은 시간을 들이지만, 모두가 할 수 있는 평범한 기술을 익히고 있다면, 그건 나를 특별히 빛나게 하지 못한다. 딥 워크의 핵심은 '무엇을 하는가'에 있다. 내가 보기에 우선순위가 높은 업무는 두 가지로 나눌 수 있다. 첫째는 창의성과 전문성을 요구하는 프로젝트의 핵심 작업이다. 소프트웨어 엔지니어, 작가, 그래픽 디자이너처럼 기술과 감각이 필요한 역할이 여기에 해당한다. 둘째는 프로젝트 전체를 조율하고 관리하는 일이다. 부서장, 프로젝트 매니저, 총괄 책임자 같은 포지션이 이 범주에 속한다.

딥 워크를 통해 이 두 분야의 역량을 키우면, 내가 하는 일의 가치는 점점 커지고 성취감도 따라온다. 이 성취감은 다시 깊은 몰입으로 이어지는 선순환을 만든다. 결과적으로 업무의 질이 높아지며, 그에 따른 인정과 보상도 자연스럽게 뒤따르게 된다.

세 번째 방법은 좋아하는 사람과 함께 일하는 것이다.

"상사가 나를 좋아하든 말든, 내가 그를 좋아하든 말든 상관없어, 배울 게 있으면 충분해"라는 말을 하는 사람도 있다. 하지만 나는 이 생각에 동의하지 않는다. 아무리 배울 점이 많은 상대라도, 함께 일하는 게 너무 힘들다면 몰입은커녕 일 자체가 고역이 될 수 있다.

만약 관계가 맞지 않아 계속 부딪힌다면, 차라리 팀을 바꾸거나 이직을 고민하는 편이 낫다. 억지로 버티며 인간관계를 유지하려 애쓰다 보면, 그 스트레스가 업무에까지 영향을 미치고 딥 워크는 꿈도 꾸기 어려워진다. 좋아하는 사람과 일할 때 비로소 마음이 편안해지고, 그 안에서 깊은 집중과 성장이 가능하다.

좋고 싫음은 좁게 보면 단순히 감정의 문제로 보일 수 있지만, 조금 더 들여다보면 결국 가치관의 차이로 이어진다.

사람은 몰입 상태에 들어가면 평소보다 10배, 혹은 20배 더 높은 효율을 낼 수 있다. 나 역시 글쓰기에 온전히 집중할 때는 한 시간에 2,000자를 술술 써 내려갈 수 있지만, 마음이 산란한 날에는 100자 쓰는 것도 버겁다.

> *인생의 길이를 늘이는 건 우리 손에 달린 일이 아니지만,*
> *그 깊이를 더하는 건 충분히 가능하다.*
> *딥 워크는 바로 그 깊이를 위한 도구다.*
> *나를 갈고닦는 시간을 통해, 하루하루의 의미를 더 단단히 쌓아 갈 수 있다.*

025 '비효율적 성실함'에 속지 마라

○
●

독자들에게서 이런 말을 자주 듣는다.

"다른 사람들이 열심히 사는 걸 보면 괜히 불안해져요."

그럴 때마다 나는 이렇게 답한다.

"불안해할 필요 없어요. 그들의 성실함이 '비효율적'일 수도 있으니까요."

'비효율적 성실함'이란 겉으로는 열심히 움직이는 것처럼 보이지만 실질적인 성과는 내지 못하고, 오히려 주변에 불필요한 긴장감이나 압박만 전염시키는 상태를 말한다. 이런 성실함의 결과는 결국 미미한 성과와 극심한 피로감, 이 두 가지로 귀결된다.

효율적인 성실함을 발휘하려면 무엇보다 목표를 명확히 세우고, 그에 맞는 구체적인 방향을 잡는 게 중요하다.

물론 지식을 쌓는 것은 중요하다. 그래서 많은 이가 매일 책을 읽고, 강의를 들으며 학습에 시간을 쏟는다. 하지만 문제는 학습량의 부족이 아니라, 방향이 모호하다는 데 있다.

배운 내용을 금방 잊어버리는 것도 큰 걸림돌이다. 독일 심리학자 헤르만 에빙하우스Hermann Ebbinghaus의 '망각 곡선'에 따르면, 학습 후 하루 안에

복습하지 않으면 75%가량이 기억에서 사라진다고 한다. 영어 공부가 좋은 예다. 일상에서 영어를 쓸 일이 없다면 아무리 열심히 단어를 외워도 실력은 제자리걸음이다. 목표가 뚜렷하지 않거나 실천으로 이어지지 않는 노력은 그 가치를 오래 유지하기 어렵다.

그래서 나는 구체적인 과제를 중심으로 목표를 세우고 학습하는 방식을 추천한다. 특정 시간 동안 한 분야에 집중해 지식을 쌓고, 이를 빠르게 실전에 적용하면서 '입력 → 출력 → 성과'로 이어지는 흐름을 만들어야 한다. 예를 들어, 내가 팀의 리더로 승진해서 다섯 명의 팀을 이끌게 됐다고 상상해 보자. 이때 목표는 명확하다. '어떻게 팀을 잘 관리할 것인가' 이 질문을 안고 리더십 관련 책을 읽으면, 이론을 바로 적용해 볼 수 있고, 경험 속에서 부족한 부분을 채워 갈 기회도 생긴다.

'방향성이 정확한 노력'의 모범은 중국의 원로 과학자 위안룽핑袁隆平 선생님에게서 찾을 수 있다. 그의 비서 신예원은 20년 넘게 선생님을 보좌하며 그의 독서 습관을 누구보다 잘 알고 있었다. 신예원의 말에 따르면, 위안 선생님은 폭넓은 독서를 즐기면서도 특정 분야에서는 깊이 파고드는 스타일이었다. 이런 습관은 그의 삶을 풍요롭게 했을 뿐 아니라, '교잡 벼 품종 개발'이라는 전문 분야에서 놀라운 성과를 낳았다.

위안 선생님의 책상 위에는 늘 중국 지도, 세계 지도 같은 지도책이 놓여 있었고, 《풍자와 유머》 같은 잡지도 애독했다. 비서들은 그가 끝없이 유머러스한 이야기를 풀어 놓는 모습을 보며 "선생님은 마치 코미디 작가 같아요"라고 말하기도 했다. 게다가 그의 기억력은 놀라울 정도로 뛰어났다. 시간이 한참 지나도 이야기의 디테일까지 생생히 떠올리곤 했다. 폭넓은 독서와 다양한 관심사는 그의 시야를 넓혀 주었고, 경험만으로는 채울 수 없는 지식의 빈틈을 메웠다.

무엇보다 그가 가장 공들인 건 전문 분야였다. 영어 논문과 자료를 탐독하는 데 시간을 아끼지 않았다. 신예원은 두 가지 이야기를 전했다.

첫째, 위안 선생님은 매일 잠들기 전 30분 동안 전문 서적을 읽었다. 특히 《라이스 투데이 Rice Today》 같은 잡지를 읽는 일은 그의 일과에서 빠질 수 없는 부분이었다. 둘째, 어느 날 갑자기 헤밍웨이의 책을 구입한 일이다. 신예원은 처음엔 그가 서점에서 우연히 책을 발견했거나 특정 문장에 끌렸을 거라 짐작했다. 하지만 실제 이유는 달랐다. 위안 선생님은 헤밍웨이가 어떻게 위대한 작가가 됐는지, 왜 그가 결국 스스로 생을 마감했는지 궁금해 헤밍웨이의 사고 변화와 작품 속 단서를 세심하게 탐구했다. 한번 관심이 생기면 끝까지 파고들어 원인을 밝혀내는 성격이었던 것이다.

이것이 바로 효율적인 성실함이다. 구체적인 프로젝트나 문제를 중심으로 연구하고 탐구하는 것이지, 방향 없이 맹목적으로 달려가는 게 아니다.

> *중요한 건 자신의 리듬을 지키며*
> *타인의 페이스에 흔들리지 않는 자세다.*
> *사람마다 목표와 속도가 다르니,*
> *굳이 남과 같은 길을 억지로 따라갈 필요는 없다.*

026 결국은 걱정이 없는
　　　　걱정 상자

○
●

　나는 '걱정 상자'라는 나만의 특별한 도구를 갖고 있다. 미래에 대한 불안이 마음을 어지럽힐 때마다, 그 걱정을 작은 쪽지에 적어 상자 속에 넣는다. 쪽지에는 보통 이런 내용이 적혀 있다.

　　　"글이 안 써져서 머리카락이 다 빠질 것 같아!"
　　　"출장 때문에 딸이랑 함께하지 못해서 너무 속상해!"
　　　"주름이 더 깊어진 것 같아. 정말 짜증 나!"
　　　"OO에게 뒤처지고 싶지 않아!"
　　　"팀원들이 내 말을 이해 못 해서 일이 진행이 안 돼!"
　　　"엄마의 잔소리가 또 시작됐어!"

　이런저런 푸념과 불안이 뒤섞인 글들이다. 하지만 나는 그 쪽지를 '걱정 상자'에 넣기만 하고, 보통 한 달, 때로는 더 긴 시간이 흐른 뒤에야 다시 열어 본다. 신기하게도 막상 뚜껑을 열고 들여다보면 그때 적었던 고민은 대부분 현실이 되지 않았거나, 이미 해결돼 더 이상 신경 쓸 일이 아닌 경우가 태반이다.

이 작은 상자는 내게 중요한 깨달음을 안겨 주었다. 아직 일어나지도 않은 일을 미리 걱정하는 것이야말로 스트레스의 가장 큰 씨앗이자, 불안의 뿌리라는 점이다. 우리는 하루에도 셀 수 없이 많은 생각을 떠올리지만, 그 하나하나를 붙잡고 끝없이 곱씹다 보면 정작 삶을 제대로 살아갈 힘을 잃기 쉽다.

펜실베이니아 주립대학교의 연구도 이 점을 뒷받침한다. 연구에 따르면, 사람들이 걱정하는 일의 79%는 결국 일어나지 않고, 16%는 적절한 대처로 해결 가능하며, 어떤 수를 써도 피할 수 없는 일은 고작 5%에 불과하다고 한다.

> 아직 오지 않은 미래를 앞당겨 고민하기보다,
> 지금, 이 순간 내가 할 수 있는 일에 마음을 쏟는 게
> 훨씬 더 지혜로운 길이다.

027 나를 빠르게 성장시킨 다섯 가지 능력

○
●

1. 한 가지 일을 꾸준히 하기

운동, 악기 연주, 그림 그리기, 춤, 독서, 아침 일찍 일어나기, 노래 부르기, 심지어 포커 게임까지, 어떤 취미든 10년 이상 꾸준히 하면 그 결과는 놀라울 정도로 빛을 발한다. 대부분 열정은 3분, 인내심은 5분, 끈기는 7분을 넘기지 못하고 흩어진다. 하지만 꾸준함은 처음엔 눈에 띄는 변화가 없어 보이더라도, 시간이 쌓일수록 기하급수적으로 열매를 맺는다.

경제학의 '연못 효과'가 이를 잘 보여 준다. 연못 위의 연잎이 첫째 날 한 장, 둘째 날 두 장씩 늘어나면 연못 절반을 덮는 데 49일이 걸리지만, 나머지 절반을 채우는 데는 단 하루면 충분하다. 연잎이 단순히 더해지는 게 아니라 배로 늘어나기 때문이다.

의미 있는 일은 단기간에 성과를 내기 어렵다. 나는 초등학생 때부터 글을 써 왔고, 30대 중반에 이르러서야 직업 작가가 됐다. 사실 인생의 길은 생각보다 한산하다. 끝까지 꾸준히 걷는 사람은 많지 않기 때문이다.

2. 욕구 분배하기

나는 운동도 좋아하고, 맛있는 음식도 좋아한다. 하지만 '좋은 몸매'라는 장기적인 목표를 위해 먹고 싶은 욕구를 한 발 뒤로 물린다. 드라마 몰아보기도 즐겁지만, 건강을 위해 밤샘 대신 규칙적인 생활을 택한다. 쇼핑의 유혹도 크지만, 저축이 주는 안정감이 더 소중해 꼭 필요한 물건이 아니면 사지 않고, 매달 수입과 지출을 꼼꼼히 계획한다.

자기 관리는 의지력과의 전쟁이 아니라 욕구의 균형을 찾는 기술이다. 의지력은 한정된 자원이라 함부로 낭비해서는 안 된다. 욕구를 잘 배분하면 삶이 더 부드럽게 굴러간다.

3. 나 자신에게 선물하기

수입이 생길 때마다 나는 나에게 작은 선물을 건넨다. 꽃 한 송이, 향초, 과일, 화분, 전자기기, 귀걸이 등 비싼 것도 있고 소박한 것도 있다. 특히 책은 망설임 없이 산다. 읽을까 말까 고민되더라도 일단 장바구니에 담는다. 책은 가성비가 최고로 좋은 선물이기 때문이다. 책을 통틀어 단 한 문장만 영감을 준다고 해도 그걸로 충분하다고 믿는다.

물질적인 선물뿐 아니라 나는 스스로 자주 다독인다.

'넌 의지력이 대단해!'
'넌 정말 대단한 일을 해냈어!'

우리는 자신을 끊임없이 칭찬하고 격려해야 한다. 남에게 친절해지려 애쓰듯, 나 자신에게도 따뜻한 마음을 건네는 게 당연하지 않을까?

4. 뻔뻔해지기

"얼굴이 두꺼워야 성공한다"라는 말이 있다. 뻔뻔해지기로 마음먹은 뒤,

나는 부당한 요구에 단호히 "아니요"라고 말하고, 무례한 태도엔 즉시 맞선다. 사람들에게 미움받는 걸 두려워하지 않게 되니 새로운 기회도 과감히 잡는다. 누가 새로운 제안을 하면 망설이지 않고 "좋아요!"라고 답한다.

지나친 자존심은 내려놓고, 즐길 수 있을 때 인생을 만끽하자. 뻔뻔함은 인생을 더 자유롭게 한다.

5. 다른 의견 수용하기

나는 "최고는 없다, 다만 다를 뿐이다"라는 말을 좋아한다. '최고'라는 단어를 내려놓으면 다른 사람과 불필요한 다툼을 벌일 필요가 없어지고, 주류의 잣대에 얽매여 피라미드 꼭대기를 향해 숨 가쁘게 달려야 할 것 같은 강박도 사라진다. 억지로 남의 의견을 따를 필요는 없다. 쓸데없는 논쟁을 줄이는 건 나를 아끼는 일이 되고, 이는 자연스레 성장으로 이어진다.

성장은 늘 일정한 속도로 오지 않는다. 그래서 가끔 이런 생각이 들 때가 있다.

'이렇게 열심히 했는데 왜 아무런 변화가 없지?'

그럴 때는 이 말을 떠올려 보자.

> "모든 뛰어난 사람에겐 침묵의 시기가 있다. 큰 노력을 쏟아도 보답받지 못하는 시간, 우리는 이를 '뿌리내림'이라 부른다."

✴ 느리고 답답한 시간을 지나면,
어느 순간 혼잡한 도로를 벗어나 고속도로에 올라탄 듯 깨달음이 찾아온다.
그때부터 속도가 붙고, 목표는 어느새 손에 닿을 듯 가까워져 있을 것이다.

028 본질에 집중하는 삶, 미니멀리즘

○
●

요즘 인플루언서는 많은 이에게 선망의 대상이자 꿈의 직업처럼 여겨진다. 소셜 미디어에서 자신의 관심사와 일상을 공유하며 월수입 수백만 원을 버는 파워 블로거들의 이야기는, 조금만 노력하면 누구나 그 자리에 오를 수 있을 것 같은 환상을 심어 준다. 하지만 그 화려한 겉모습 뒤에는 절대 만만치 않은 현실이 숨어 있다.

내 독자 중 한 명인 샤오징은 그 현실을 몸소 겪은 사람이다. 은행원으로 일하던 그녀는 인테리어와 홈 스타일링에 푹 빠져 집을 꾸미는 과정을 블로그에 기록하기 시작했다. 수도와 전기 공사 팁부터 가구와 가전제품 선택까지 실용적인 이야기를 솔직하게 풀어냈고, 점차 팔로워가 늘면서 협찬과 광고 제안이 쏟아졌다. 그렇게 그녀는 홈 스타일링 블로거로 자리 잡았다.

처음엔 모든 게 성공처럼 보였다. 하지만 시간이 흐를수록 예상치 못한 무게가 그녀를 짓눌렀다. 협찬받은 제품들이 쌓이면서 집은 점점 비좁아졌고, 결국 더 큰 집으로 이사 갔지만 새 공간도 금세 물건으로 넘쳐 났다. 블로그 관리를 위해 더 많은 시간과 돈을 쏟아붓다 보니 일상은 피로와 스트레스로 얼룩졌다.

결국 그녀는 스스로 질문을 던졌다. '이게 정말 내가 원했던 길일까?' 블로거로서의 성장은 반갑지만, 수익 대비 지출이 터무니없이 커졌다는 걸 깨달았다. 회사 근처에 살던 시절엔 걸어서 출퇴근했지만, 이사 후엔 교통비와 임대료가 크게 늘었고, 콘텐츠를 위해 필요 없는 물건까지 사들이면서 추가 지출이 눈덩이처럼 불어났다. 어느새 블로그 관리는 더 이상 '부업'이 아니라 부담이 되어 있었다.

깊은 고민 끝에 샤오징은 과감히 방향을 틀었다. 촬영용 물건들을 정리하고, 임대한 집을 비운 뒤 원래 살던 집으로 돌아왔다. 가전제품과 꼭 필요한 소품만 남긴 공간은 다시 깨끗해졌고, 그 안에서 그녀는 잃었던 평온을 되찾았다. 블로그 관리는 취미로만 이어 가기로 했다. 매주 촬영에 얽매이지 않고, 수익이 생기면 기쁘게 받되 그것을 목표로 삼지 않기로 마음먹었다.

그녀는 현실을 냉정히 돌아보며 본업인 금융업에 집중하는 게 더 현명하다는 결론에 이르렀다. 블로거 활동은 자부심을 주었지만, 본업을 희생하면서까지 매달릴 가치는 아니었다. 샤오징은 말했다. "부업으로 매달 천만 원을 안정적으로 번다면, 그건 부업이 아니라 직업이에요. 부업이 커지면 사업이 되는 거죠. 하지만 취미나 부업으로 좋은 삶을 꾸리기란 결코 쉽지 않더라고요."

샤오징의 이야기는 일본 작가 야마시타 히데코의 『버리는 즐거움 断捨離』을 떠오르게 한다. 이 책은 단순히 물건을 덜어내는 데서 끝나는 게 아니라, 불필요한 집착을 내려놓고 삶의 본질에 다가가는 법을 이야기한다. 히데코는 '물건, 사건, 관계'를 다시 살피며 더 나은 삶을 위해 정리하는 과정을 강조한다.

샤오징 역시 단순히 집을 정리한 것이 아니었다. 그녀는 자신을 깊이 들여다보며 무엇이 중요한지 다시금 고민했다. 물건뿐만 아니라 시간과 에너지도 정리하며 더 가벼운 삶을 선택했다. 그녀의 변화는 단순한 인테리어 교체가 아니라 삶의 방향을 재정립한 여정이었다.

미니멀리즘은 물건을 넘어 인간관계에서도 깊은 의미가 있다. 나 역시 과거엔 인연을 붙잡으려 애썼던 때가 있었다. 가까운 친구나 동료와의 관계를 오래 유지하고 싶었고, 한때 소중했던 사람이 멀어지면 쉽게 받아들이지 못했다.

몇 년 전, 깊은 신뢰를 쌓았던 파트너와 함께 여러 프로젝트를 성공적으로 마무리한 적이 있다. 하지만 그녀가 개인 사정으로 다른 도시로 떠나면서 협업은 자연스레 끝났다. 이후 그녀는 베이징, 상하이, 광저우를 오가며 바쁜 삶을 살았고, 나 역시 내 일에 몰두하며 우리의 접점은 점점 흐려졌.

처음에는 아쉬움이 컸지만, 시간이 지나며 깨달았다. 사람마다 목표와 우선순위가 다르고, 그것은 언제든 변할 수 있다. 어떤 관계는 흐릿해지고, 어떤 인연은 끝나기도 한다. 하지만 이런 변화가 반드시 부정적인 것만은 아니다. 때론 각자의 길을 걷다 다시 목표가 맞닿아 만날 수도 있다.

실제로 올해 새 프로젝트를 준비하며 그녀가 가장 먼저 떠올랐다. 조심스레 연락을 건넸더니, 마침 그녀도 시간적 여유가 있는 시기였다. 우리는 다시 손을 잡았고, 과거의 신뢰 덕에 단 두 번의 화상 회의로도 프로젝트의 방향과 실행 계획을 빠르게 잡아갈 수 있었다.

이 경험을 통해 다시금 확신했다. 인간관계의 미니멀리즘은 단절이 아니라 유연함이다. 관계는 갑자기 끊어지는 게 아니라, 서로의 궤적이 달라지며 일시적으로 멀어지는 것일 뿐이다. 그리고 때가 맞으면 억지로 애쓰지 않아도 자연스레 이어진다.

　사람과 사람의 관계는 흐르는 강물과 같다. 강물을 억지로 막는 것은 불가능할 뿐 아니라, 자연스러운 흐름을 방해하는 일이다. 오히려 관계를 가볍게 흘려보내고 각자 더 넓은 방향으로 나아간다면, 언젠가 다시 교차할 순간이 올지도 모른다. 이런 유연함이 관계를 더 건강하고 단단하게 만든다.

정보와 물질이 넘쳐나는 시대에,
우리는 이미 무언가를 얻는 능력은 충분히 갖췄다.
이제 정말 중요한 건 정리하고, 선별하고, 내려놓는 힘을 기르는 일이다.
이것이야말로 진정한 미니멀리즘이며, 우리를 더 평온하고 단단한 삶으로 이끄는 길이다.

029   매일 아침 한 시간이
         나를 바꾼다

○
●

나는 매일 새벽 4시 45분에 일어나 간단히 세수와 양치를 마친다. 휴대전화는 손도 대지 않는다. 외부의 정보를 철저히 차단한 채 곧바로 컴퓨터 앞에 앉아 글을 쓰거나 업무를 시작한다. 나에게 가장 중요한 일은 책 집필과 영상 대본 작업이다. 한 시간 동안 1,500자 정도를 작성하고 나면 시계는 오전 6시를 가리킨다. 하루가 본격적으로 시작되기도 전에 이미 중요한 일을 끝낸 성취감 덕분에 뇌에서 도파민이 솟는다. 이런 긍정적인 기운은 남은 업무를 더 힘차고 효율적으로 풀어내는 원동력이 된다.

반면, 기상 후 첫 한 시간을 게임이나 유튜브 영상에 할애한다면, 하루 종일 집중력이 흐트러지고 의욕 없이 시간을 흘려보내기 쉽다.

이 방법은 이케다 치에池田千惠의 『내 삶을 업그레이드하는 혼자만의 시간』에서 깊이 다룬 이야기다. 꾸준히 실천하면 공허함과 불안이 눈에 띄게 줄어들고, 삶에 잔잔하면서도 확실한 변화를 불러올 것이다.

✶ 작은 한 시간은 나의 하루를, 일주일을, 일 년을 바꾼다.
   이 미미한 변화를 맞이하는 순간, 인생은 놀라울 정도로 밝아질 것이다.

030   '가짜 자기 관리'의 고통

○
●

얼마 전 헬스장에서 한 여성을 만났다. 그녀는 문을 열고 들어오자마자 거침없이 셀카를 찍기 시작했다. 운동 기구를 옮겨 다니며 다양한 각도로 사진을 남기던 그녀는 러닝머신에서 내려온 나에게 헐레벌떡 다가와 말했다.

"언니, 사진 좀 찍어 주세요. 다리가 길게 나오게 찍어 주셔야 해요!"

나는 성심껏 찍어 줬고, 그녀는 사진을 보며 만족스러운 미소를 띠었다. 그러더니 바로 능숙하게 보정한 뒤 SNS에 올렸다.

"#자기 관리가 곧 자유다."

게시물이 올라가자마자 수많은 '좋아요'가 쏟아졌다.

그녀는 잔뜩 신이 난 얼굴로 휴대폰을 내게 보여 주며 말했다.

"언니, 사람들이 '좋아요'를 엄청 많이 눌렀어요!"

나는 물었다.

"여기까지 오느라 시간 많이 걸렸죠?"

그녀가 대답했다.

"네. 좀 멀어서 차 끌고 왔어요. 근데 언니, 그렇게 땀 흘리며 운동하면 안 힘들어요?"

나는 부드럽게 되물었다.

"사진만 찍으려고 운전해서 여기까지 온 건 안 힘드세요?"

그녀는 입을 살짝 삐죽이더니 아무렇지 않다는 듯 말했다.

"요즘 SNS에서 이 헬스장이 핫하거든요. 유명한 운동 기구도 많고 블로거들이 추천하길래 사진 찍으러 왔죠. 다들 자기 관리 하는 척하니까요. 진짜 자기 관리는 너무 힘들어서 못 하겠더라고요."

사실 자기 관리는 고통스러운 게 아니다. 오히려 그것을 가장하려 애쓸 때 마음이 무거워진다. SNS에 올리기 위해 만들어진 이미지나 타인의 기대에 얽매인 '가짜 자기 관리'는 결국 자신을 속이는 일일 뿐이다. 진짜 삶은 화려한 게시물 속에 있지 않다. 있는 그대로의 순간을 돌보는 삶은 지치지 않지만, 보여 주기 위해 꾸미는 삶은 피로하고 허무할 따름이다.

진정한 자기 관리는 남에게 과시하려는 전시물이 아니기에 관객도, 박수도 필요 없다. 나 자신만이 주인공이자 유일한 관객인 삶, 그게 진짜다.

✳ 만약 자기 관리라는 이름으로 타인의 시선을 의식하며 연극을 이어 간다면, 그건 자유가 아니라 스스로 얽어 놓은 굴레일 뿐이다.

4장 자기 수양

내가 '나'를 다스릴 수 있게

031 유리 멘털을 극복하는 방법

○
●

 누구나 마음속에 '유리 멘털'을 건드리는 부분을 조금씩 품고 있다. 그런 순간이 닥치면 우리는 때로 '선택적 무시'라는 방어막을 쓴다. 친구들 사이에서 낯선 주제가 오갈 때 소외감을 떨치려 일부러 흘려들은 적이 있는가? 직장 동료가 생일 파티에 나만 빼놓고 초대했을 때, '내가 그에게 별 볼 일 없는 존재인가' 하고 고민에 빠진 적은 있는가? 남자친구가 기념일을 잊어버렸을 때, 그의 사랑이 부족하다고 느끼며 관계를 다시 생각해 본 적은?

 '유리 멘털'은 때로 지나친 예민함에서 비롯되지만, 반대로 과도한 자만심에서 싹틀 수도 있다. 이런 태도가 습관이 되면 세상을 객관적으로 바라보기가 어려워지고, 건강한 인간관계를 쌓는 데도 걸림돌이 된다. 하지만 걱정할 필요는 없다. 유리 멘털은 충분히 관리할 수 있다. 나 역시 유리 멘털을 다스리기 위해 두 가지 방법을 꾸준히 실천해 왔다.

 첫 번째는 자기 합리화에서 벗어나는 것이다. 자기 합리화는 우리를 점점 더 나약하게 만들고, 목표를 향한 진정한 발걸음을 방해할 뿐이다. 이는 원하는 것을 이루지 못했을 때 스스로 위로하거나 불편한 현실을 외면하려는 심리적 방어 기제다. 순간적인 위안은 될 수 있어도, 결국 성장을 가로막는 족쇄가 된다.

자기 합리화는 주로 세 가지 모습으로 나타난다.

첫째, '신 포도 심리'다. 얻지 못한 것의 가치를 깎아내리며 마음을 달래는 방식이다. 예를 들어, 우수 사원으로 뽑히지 못한 직원이 '어차피 상품도 달랑 숙박 티켓 하나 받는 것뿐이야, 여행지도 별로라던데'라며 애써 아쉬움을 감추는 경우가 그렇다.

둘째, '단 레몬 심리'다. 실망스러운 현실을 부정하며 지금이 더 낫다고 자신을 속이는 태도다. 중요한 프로젝트에서 제외된 직원이 '오히려 잘됐어, 이 팀이 나한테 더 잘 맞아'라며 스스로 다독이는 경우가 그렇다.

셋째, '책임 전가 심리'다. 자신의 실수를 인정하지 않고 부서나 타인에게 원인을 떠넘기는 모습이다. 업무 평가에서 낮은 점수를 받은 직원이 '저 상사는 특정 직원들만 편애하잖아!'라고 불평하는 경우가 이에 해당한다.

슈테판 츠바이크Stefan Zweig의 『낯선 여인의 편지』는 '단 레몬 심리'의 극단을 보여 주는 작품이다. 이 소설은 왜곡된 사랑과 자기기만이 삶에 어떤 흔적을 남기는지 섬세하게 그려낸다.

열세 살인 소설 속 주인공은 이웃에 사는 작가를 보고 첫눈에 반한다. 그녀의 사랑은 순수하고 강렬했지만, 정작 작가는 그녀의 존재조차 알지 못했다. 그럼에도 그녀는 그의 모든 말과 행동에 의미를 부여하며 자신만의 세상에서 사랑을 키웠다. 이 환상은 청춘을 고통으로 물들였지만, 그녀는 그 사랑이 삶을 지탱하는 유일한 빛이라 믿었다.

하지만 현실은 냉혹했다. 작가는 무책임한 바람둥이였고, 수많은 여성에게 매력을 어필했지만, 누구에게도 진심을 주지 않았다. 그녀는 이 사실을 알면서도 받아들이지 못했다. 사랑이 실패로 끝났음을 인정하기보다

'단 레몬 심리'로 자신을 속이며 환상을 붙잡았다.

결국 그녀는 작가의 아이를 낳았지만, 그에게 알리지 않은 채 홀로 아이를 키웠다. 여전히 그의 마음속에서 특별한 존재이길 꿈꿨지만, 작가는 끝내 그녀를 기억조차 하지 못했다. 끝내 그녀는 죽음을 앞두고 긴 편지를 남겼는데, 이마저도 그녀의 환상이 담긴 마지막 몸부림일 뿐이었다.

『낯선 여인의 편지』는 '단 레몬 심리'가 인간의 내면에 얼마나 깊이 뿌리내릴 수 있는지를 강렬하게 보여 준다. 현실을 왜곡하며 자신을 속이는 행위는 잠시 고통을 덮을지 몰라도, 결국 더 깊은 상처를 남긴다. 이 작품은 단순한 비극적 사랑 이야기가 아니라, 자신의 치부와 결핍을 외면할 때 우리는 자기기만에 빠질 수 있음을 경고한다.

비록 현실에서 이 소설처럼 극단적인 자기 합리화의 사례를 마주치는 일은 드물지만, '신 포도 심리' '단 레몬 심리' '책임 전가 심리'는 우리가 사람과 사물을 제대로 판단하는 데 큰 영향을 미친다. 현실을 외면하고 억지로 위로를 찾기보다, 사실과 진실을 마주할 용기를 내는 순간 유리 멘털은 비로소 극복의 첫걸음을 뗀다.

두 번째 방법은 '둔감력'을 키워 불필요한 감정노동을 피하는 것이다. 일본 작가 와타나베 준이치渡辺淳一는 『나는 둔감하게 살기로 했다』라는 책에서 이렇게 조언한다.

> "현대인은 지나치게 예민하게 반응하지 않는 '둔감력'을 키워야 한다."

둔감력이 부족하면 사소한 일에도 쉽게 흔들리고, 나약한 사람으로 비친다. 미국 사회학자 앨리 러셀 혹실드Arlie Russell Hochschild는 이를 '감정노동'이라는 개념으로 설명한다. 그는 신체 노동, 두뇌 노동 외에 현대인이 겪는 세 번째 노동으로 감정노동을 정의했다. 처음엔 판매원이 억지로 친절한 태도를 유지하거나 간호사가 인내심을 발휘하는 등 직업적 상황에 한정된 개념이었지만, 혹실드는 『감정노동: 노동은 우리의 감정을 어떻게 상품으로 만드는가The Managed Heart』에서 이를 확장하며, "사람과 상호 작용하는 모든 일에는 감정노동이 따른다."라고 밝혔다.

감정은 두 가지 차원으로 나뉜다. 하나는 우리가 실제로 느끼는 '감정 감수성', 다른 하나는 그 감정을 외부에 드러내는 '감정 표현'이다. 이 둘 사이의 간극이 클수록 감정노동의 무게도 커진다.

감정노동에서 특히 주의해야 할 두 가지가 있다.

<u>첫째, 과도한 감정노동은 삶을 망가뜨릴 수 있다.</u> 미국 캘리포니아대학의 심리학자들은 1950년대 한 여대의 졸업 사진을 분석했다. 150명의 학생을 대상으로 그들의 웃음을 근육 특성에 따라 '인위적인 미소'와 '자연스러운 미소'로 나눴다. 전자는 승무원이 예의상 짓는 미소처럼 억지로 만든 것이고, 후자는 진심에서 우러난 웃음이다. 반세기 동안 이 여성들의 삶을 추적한 결과, 진심으로 웃던 이들이 더 만족스러운 결혼 생활을 유지했으며, 인위적인 미소를 짓던 이들은 더 많은 감정노동을 해야 했다는 결론을 내렸다.

<u>둘째, 감정노동이 반드시 보상으로 이어지지 않는다.</u>

예를 들어, 고객과 일주일 넘게 인내하며 협상했지만, 계약이 무산될 수

도 있다. 기대했던 결과가 나오지 않으면 부정적인 감정이 쌓이고, 유리 멘털은 금세 무너진다. 이를 막는 방법은 두 가지다.

첫째, 감정 표현 방식을 바꿔 기분 좋은 척하며 진짜 감정을 숨기는 것이다. 하지만 이 경우 감수성과 표현의 괴리를 키워 감정노동의 부담이 커지기도 한다. 둘째, 감정 감수성을 조절해 스스로 다독이고 긍정적인 감정을 끌어내는 것이다. 이는 감정노동의 부담을 줄이는 데 더 효과적이다. 예를 들어, 고객과 일주일 동안 협상했지만, 계약을 성사하지 못했다면, 단순히 좌절로 끝내지 말고 이렇게 생각해 보자.

'이번 경험으로 결정이 더딘 고객의 유형을 알게 됐고, 이런 고객을 어떻게 대처해야 할지 배울 수 있었어.'

불필요한 감정노동을 덜어내려면 감정을 바라보는 시각부터 바꿔야 한다. 긍정적인 마음을 의식적으로 가꾸고, 일상에서 둔감력을 키우며 감수성과 표현의 간극을 좁히는 게 중요하다.

작가라는 직업 탓에 사람들은 나를 감성적인 'F'로 볼지 모르지만, 나는 기자와 광고부장으로 일하며 지극히 'T'적인 면모를 다져 왔다. 기자 시절, 인터뷰가 늘 즐겁지만은 않았다. 특히 부정적인 기사를 쓸 때는 강한 반발과 비난이 따랐고, 그 장애물을 하나씩 넘으며 마무리하는 과정 자체가 유리 멘털을 단련시켰다. 광고부장으로서의 판매 업무는 수익과 이익이 정확한 숫자로 드러나는 냉정한 세계였다.

이 경험들 덕분에 나는 깨달았다.

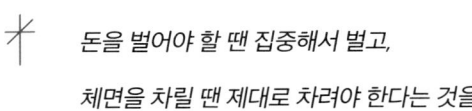
돈을 벌어야 할 땐 집중해서 벌고,
체면을 차릴 땐 제대로 차려야 한다는 것을.

032   '미모'라는 치명적인 덫

○
●

　20년 전, 저녁 식사 자리에서 마치 영화 속 주인공 같은 여성을 만났다. 그녀는 내가 본 사람 중 가장 매혹적인 사람이었다.

　아름다움은 그녀에게 특별한 선물처럼 보였다. 영업직이었던 그녀는 평범한 이들이 애써 얻을 기회를 손쉽게 거머쥐었고, 밥 한 끼, 차 한 잔으로도 성과를 냈다. 많은 사람의 관심과 스포트라이트를 자연스럽게 즐기는 듯했다.

　5년 후, 그녀를 다시 만났다. 그런데 그 자리에서는 그녀보다 젊고 빛나는 여자들이 눈에 들어왔다. 그녀도 그들을 은연중에 견제하는 기색이 역력했다. 한때 모두의 시선을 사로잡던 그녀가 이제는 어딘가 불안해 보였다.

　그리고 다시 2년 후, 친구와 쇼핑하던 중 한 여성이 다가와 친구에게 반갑게 인사를 건넸다. 그녀가 나를 스쳐 지나가자 친구가 물었다.

　"어? 너 왜 인사 안 했어? 방금 지나간 사람이 그 ○○야. 예전에 그렇게 예뻤던 ○○ 말이야!"

　나는 순간 말을 잃었다.

　"정말? 너무 많이 변했네. 예전엔 그렇게 눈부셨는데…."

　차마 "그랬던 그녀가 이젠 늙고 평범해졌다"라는 말은 꺼낼 수 없었다.

친구가 한숨을 내쉬며 말했다.

"걔는 너무 예쁘게 태어난 게 화근이었어. 젊고 아름다울 땐 그 덕에 쉽게 살았지. 일에서도, 연애에서도 늘 우위에 있었으니까. 그런데 나이 들수록 기회는 줄고 성격은 더 까칠해지니까, 삶이 점점 불만으로 가득 차게 된 거야."

아름다움은 때로 미인을 함정에 빠뜨린다. 평범한 사람들은 인생 초반에 고난을 겪으며 이를 악물고 성장한다. 반면, 미모에 기대 살아온 이는 늘 쉬운 길을 택하다가, 그 길이 끝나면 험난한 길을 걷게 된다. 내가 아는 여성 중 빼어나게 아름다웠던 이들보다 적당히 예뻤던 이들이 오히려 더 안정적인 삶을 살았다. 이유는 단순하다. 지나치게 예쁘지 않아 손쉬운 지름길을 택할 수 없었고, 대신 책을 읽고, 공부하고, 자신만의 노력으로 길을 만들어 갔다.

 세상에 진짜 지름길은 없다.

지름길처럼 보였던 길이 결국 가장 먼 길로 이어지곤 한다.

외모가 뛰어나지 않아도 충분히 멋진 삶을 살 수 있다.

운동, 메이크업, 자신감, 경제적 독립을 통해

누구나 자신만의 아름다움을 만들어 갈 수 있다는 걸 잊지 말자.

033   번개 같은 단호함으로, 보살의 마음을 드러내라

○
●

어느 날, 한 어린 독자가 고민을 털어놓았다. 사회생활을 막 시작한 그녀는 주변 사람들이 자꾸 집안 사정을 캐묻는 게 불편하다고 했다.

"부모님은 뭐 하세요?" "집은 어디예요?" "회사엔 어떻게 들어갔어요?"

의도가 있든 없든 이런 질문이 계속되자, 그녀는 당황스러웠다. 착하고 솔직한 성격 탓에 거짓말은 할 수 없었고, 그렇다고 속 시원히 털어놓기도 꺼려졌다.

"이럴 때 어떻게 해야 하나요?"라는 그녀의 질문에 나는 이렇게 답했다.

"그럴 땐 부드럽게 되물어 보세요. '입 무거운 편이세요?'라고요. 상대가 '당연하죠, 저는 입이 꽤 무겁습니다'라고 하면, '저도 역시 입이 무겁습니다'라고 말하면 돼요. 아니면 그냥 미소만 지으며 침묵해도 괜찮고요. 이렇게 몇 번 살짝 찔러 주면 더 이상 묻지 않을 거예요. 나쁜 사람을 상대할 때는 그들의 방식을 조금 빌려 오는 것도 필요해요."

내가 사회생활을 처음 시작했을 때, 옆 부서 영업팀에 감정 기복이 심한 팀장이 있었다. 그는 직원들과의 친밀도에 따라 업무 분담을 하곤 했는데, 유독 한 여성 영업 사원 앞에선 꼼짝 못 했다. 그녀는 뛰어난 실력을 갖추고 있었을 뿐 아니라, '강단 있다'라는 평을 들을 만큼 단호한 사람이었기 때문이다. 부당한 일을 겪으면 그녀는 주저 없이 팀장실로 찾아가 논리적으로 따졌다. 언쟁이 끝난 뒤엔 사람들 앞에서 농담처럼 이렇게 던지곤 했다.

"우리 팀장님, 대인배시잖아요. 설마 저랑 실랑이했다고 평가에 손대진 않으시겠죠? 그러면 다들 '팀장님이 공사 구분 못 하네' 할 텐데, 팀장님은 그런 분 아니시죠. 그렇죠?"

그런 성격을 쉽게 흉내 낼 순 없지만, '착한 사람' 콤플렉스에 갇혀 '나쁜 사람'에게 휘둘릴 필요는 없다.

청나라 말기 명신 증국번은 원래 학문에 몰두하던 문인이었다. 하지만 뜻하지 않게 전쟁의 소용돌이에 휘말리며 깊은 고민에 빠졌다. 그때 절친 호림익胡林翼이 주련柱聯(기둥이나 벽에 장식으로 붙이는 글귀)을 선물하며 한마디를 남겼다.

"번개 같은 단호함으로, 보살의 마음을 드러내라."

세상을 살아가는 데 가장 중요한 건 강인함과 부드러움을 함께 갖추는 것이다. '번개 같은 단호함'은 일을 다루는 방식이다. 문제를 해결하는 데 필요한 능력을 갖추고, 필요하면 나쁜 사람들의 방식을 빌려 단호하게 맞서야 한다. 반면 '보살의 마음'은 사람을 대하는 태도다. 어떤 문제를 마주하든 선한 마음에서 출발해야 하며, 절대 일부러 누군가를 해쳐선 안 된다.

✳ 복잡한 세상에서 가장 먼저 배워야 할 건 스스로 지키는 힘이다.
단호함과 따뜻함을 겸비할 때, 우리는 비로소 흔들리지 않는 마음을 가질 수 있다.

034 트렌드를 읽고
감각에 투자하라

○
●

　나는 탄수화물과 디저트를 정말 좋아한다. 새로운 디저트 가게를 찾아다니며 신상 메뉴를 맛보는 건 내게 큰 즐거움 중 하나다. 가끔은 내가 좋아하는 빵 하나를 더 먹기 위해 2km를 더 걷기도 한다. 지난 10년간 입소문을 탄 디저트 가게들을 보면, 사회·경제적 변화와 소비자들의 새로운 요구가 고스란히 반영되어 있다. 그 흐름은 매번 새로운 트렌드와 규칙을 만들어냈다. 트렌드를 읽은 이들은 폭발적인 성장을 이뤘고, 놓친 이들은 옛 방식을 고집하다 뒤처졌다.

　10년 전, 내가 가장 사랑했던 디저트 가게는 '창위안暢元'이었다. 도심 한복판에 자리 잡아 접근성이 좋았고, 독특한 재료와 사진 찍기 좋은 세련된 인테리어로 젊은 층의 마음을 사로잡았다. 다른 베이커리보다 가격대가 높았지만, 그 덕에 개성과 삶의 질을 중시하는 도시 직장인들이 주 고객층으로 자리 잡았다.

　미디어 업계에 인맥이 넓었던 창위안 사장은 지인들에게 사진과 위치 태그를 SNS에 올려 달라고 부탁하며 입소문 마케팅을 펼쳤다. 이 전략은 금세 효과를 봤고, 창위안은 짧은 시간 안에 두터운 단골층을 만들어냈다.

그러나 얼마 지나지 않아 위챗 블로그가 인기를 끌면서 판도가 달라졌다. 일부 베이커리들은 공식 계정을 만들어 신제품을 소개하고, 먹음직스러운 사진으로 고객을 끌어모았다. 이 시기 '은행나무銀杏'와 '블루벨藍風鈴'이 특히 두각을 나타냈다.

'은행나무'는 할인 이벤트와 온라인 쿠폰을 적극 활용해 오프라인 방문을 유도하며 고객을 늘렸다. 반면 '블루벨'은 더 치밀한 전략을 썼다. 매장에서 결제 시 QR코드를 스캔해 채널을 추가하면 빵 하나를 무료로 주는 혜택을 제공했고, 매일 저녁 남은 신선한 빵을 반값에 판매하는 초특가 이벤트를 열어 재고를 거의 완벽히 소진했다. '하루 지난 빵은 절대 안 판다'라는 브랜드 이미지를 굳히며 합리적인 가격에 만족한 단골들이 자발적으로 입소문을 냈다.

'은행나무'도 뒤늦게 채널 운영에 뛰어들었지만, '블루벨'이 이미 시장을 장악한 후였다. 변함없는 품질과 꾸준한 신제품 출시로 '블루벨'의 재구매율은 압도적이었다.

이 두 가게와 달리, '창위안' 사장은 새로운 트렌드에 전혀 관심을 두지 않았다. 그는 "좋은 디저트를 만들기 위해서는 장인 정신이 중요하다"라거나 "매장만 잘 운영하면 충분하다"라며 과거 방식을 고집했다. 초기에 앞서 있던 '창위안'은 당장 큰 차이를 느끼지 못했지만, 그 간극은 서서히 벌어졌다.

2016년, 판세는 완전히 뒤바뀌었다. '블루벨'이 배달 플랫폼에 입점하며 소셜 커머스를 시작한 것이다. 기존 커뮤니티와 계정 사용자들이 자연스레 첫 타깃이 됐다. 예전엔 생일 케이크를 예약하려면 매장에 가서 카탈로그를 뒤적여야 했지만, 이제 스마트폰으로 간편하게 주문할 수 있었다.

반면 '창위안'은 고객 관리의 중요성을 외면하고 소셜 커머스에 회의적인 태도를 고수했다. SNS와 디지털 흐름을 이해하지 못한 채 오프라인 매장에만 의존하던 '창위안'은 코로나 팬데믹으로 직격탄을 맞았다. 방문객이 급감하면서 본점을 제외한 모든 매장이 문을 닫았다.

'블루벨' '은행나무' '창위안'은 모두 내가 즐겨 찾던 디저트 가게였다. 사실 품질과 맛만 놓고 보면 큰 차이는 없었다. 그런데 어째서 불과 3~4년 만에 '블루벨'이 나머지 둘을 저만치 따돌리고 지역 시장 점유율 1위에 오를 수 있었을까?

답은 간단하다. '블루벨'이 트렌드를 정확히 읽고 재빨리 움직였기 때문이다. SNS가 뜨기 시작하자 공식 계정을 만들어 오프라인 고객을 온라인으로 끌어들이고 커뮤니티를 키웠다. 이어 다양한 마케팅으로 온라인 사용자를 다시 매장으로 유도하며 구매를 늘리는 선순환을 만들었다.

두 번째 결정적 트렌드는 배달 비즈니스의 폭발적 성장이었다. 2016년 중국의 온라인 배달 이용자는 6,300만 명이었지만, 2019년엔 4억 2,300만 명으로 급증했다. 이 기간은 '블루벨'이 가장 가파르게 도약한 시기였다. 배달 플랫폼을 활용해 소셜 커머스를 완벽히 구축하고, 기존 커뮤니티와 계정의 선점 효과를 더해 시장을 장악했다.

한번은 '블루벨' 커뮤니티에서 고객이 "혼자 살면서 토스트 한 봉지는 너무 많아서 다 못 먹고 버리게 돼 아깝다"라고 투덜댔다. 또 다른 고객은 "잼 병이 너무 커서 몇 번 먹다 질려 냉장고에 뒀더니 유통 기한이 지났다"라고 썼다. 사소한 불만이었지만, '블루벨'은 이를 놓치지 않았다. 수십 개 커뮤니티에 설문을 올려 고객의 나이, 성별, 직업, 빵 구매 패턴을 조사했다. 결과는 명쾌했다. 고객의 50%는 미혼 여성으로, 아침엔 시간이 없어 빵으로 식사를 대신하거나, 오후엔 업무 피로를 달래려고 디저트를 찾았다. 다이어트에 신경 쓰는 이들은 칼로리 높은 빵 대신 통밀빵, 바게트 같은 부담이 적은 메뉴를 선호했다.

이에 '블루벨'은 즉각 반응했다. 대용량 빵 생산을 줄이고, 삼각형 토스트, 미니 바게트, 소포장 잼과 치즈를 추가했다. 또 시내 오피스 건물을 조사해 유동 인구가 많은 세 곳을 골라 소규모 분점을 열었다. 매장은 작았지만 판매량은 크게 뛰었다.

사실 '블루벨'의 빵이 '점점 더 작아진' 현상은 그들만의 변화가 아니었다. 최근 몇 년 동안 많은 것이 작아지고 있다는 것을 여러분도 눈치챘을 것이다. 그 이면엔 빅데이터가 있다. 예를 들어 중국 내 미니 전자레인지 판매량은 970%, 미니 세탁기는 630%나 늘었다. 미니 가전 전문 기업들은 이 흐름을 타고 급성장했다.

돌이켜 보면, 이 시기는 '1인 경제'가 본격적으로 떠오른 때였다. 2018년 중국의 성인 1인 가구는 2억 명을 넘었고, 2021년엔 3억 명에 달했다. '블루벨'은 이 트렌드를 정확히 읽고, 고객의 라이프 스타일에 맞춰 감각적으로 대응한 덕에 시장을 이끌 수 있었다.

모든 트렌드는 비즈니스 모델의 혁신을 통해 시장을 키우고, 수요와 공급의 불균형 속에서 기회를 낳는다. 예를 들어, 사람들이 인터넷 쇼핑에 눈을 뜨기 시작했을 때, 대부분 상인은 그 가치를 알아채지 못했지만, 이 기회를 일찍 포착한 소수의 상인은 큰 혜택을 받았다. '블루벨'도 그런 경우였다.

기업뿐 아니라 개인도 마찬가지다. 지속적인 수익과 자유로운 삶을 꿈꾼다면, 투자 감각을 기르고, 트렌드에 촉을 세우며 정확한 판단으로 기회를 포착해야 한다.

트렌드의 변화를 적절히 포착해서 그 흐름을 타면 다행이지만, 놓쳤다고 낙심할 필요는 없다. 트렌드가 형성되는 과정을 뒤늦게 깨닫고도 재빠르게 따라잡는 이가 더 많기 때문이다.

만약 내가 오픈 플랫폼의 성장 기회를 놓쳤거나, 쇼츠 영상을 만들지 않았다면 내 책과 나를 더 많은 독자에게 알릴 기회는 없었을 것이다. 글쓰기에만 익숙했던 나에게 플랫폼 운영과 영상 제작은 낯선 도전이었다. 수많은 시행착오를 겪었지만, 그 덕에 새로운 문이 열렸다.

어느 날 우연히 앱에서 내 학습 기록을 봤는데, 지난 4년간 108개의 강의를 듣고 615권의 책을 읽은 걸 확인했다. 직업 작가로서 학습은 일의 연장선이었고, 덕분에 다른 직업군보다 훨씬 많은 시간과 에너지를 지식과 트렌드 탐구에 쏟을 수 있었다. 이건 내게 큰 행운이었다.

이 글은 겉보기에 돈 버는 법이나 비즈니스에 관한 이야기로 보일 수 있다. 하지만 사실은 우리가 자유롭고 편안한 삶을 누릴 수 있는 근본적인 이유에 관한 이야기다. 그 이유는 우리의 감각과 재정적 능력이 일정 수준에 이르렀기 때문이다. 삶이 더 이상 좁고 답답하게 느껴지지 않는 것도 그 덕분이다.

> 무엇에 투자할지 막막할 때는 감각에 투자하라.
> 그것이야말로 실패하지 않는 유일한 재테크다.

035 이익을 쟁취하는 세 가지 핵심

○
●

과거의 나는 내가 원하는 조건을 분명히 말하는 데 서툴러 자주 손해를 봤다. '손해'라는 단어조차 속물처럼 느껴져 입에 담기 꺼렸고, '나는 대인배야'라며 스스로 다독였다. 하지만 시간이 지나자 그 생각이 얼마나 어리석었는지 깨달았다. 이익은 저절로 굴러오지 않고, 모든 편의와 권리는 스스로 쟁취해야 손에 쥘 수 있다. 인생을 겪으며 나는 몇 가지 소중한 원칙을 하나씩 터득해 갔다.

첫 번째 원칙은 '답변을 미루는 기술'이다. 예를 들어, 세 든 집 계약이 아직 끝나지 않았는데 집주인이 갑자기 "일주일 안에 이사 가세요"라고 통보했다고 치자. 이럴 때는 당황한 채 바로 반응하기보다 최대한 침착하게 말하는 게 좋다. "갑작스러운 일이니 며칠 더 생각할 시간을 주세요."

이렇게 시간을 벌어 이사에 드는 비용과 시간, 보증금 조정 가능성 등을 차분히 따져 본다. 그 후 유리한 조건을 만들어 집주인과 협상하면 된다.

갑작스레 어려운 상황에 처하면, 우리는 본능적으로 즉각 대응하려 든다. 하지만 중요한 건 상황을 뒤바꾸는 힘이다. 과거의 나는 '바로 답해야 한다'라는 강박에 시달렸고, 그때마다 불리한 결과를 맞았다. 상대가 예상치 못한 문제를 들이밀면 바로 받아치지 말고 답변을 미루는 게 핵심이다. 시간을 늦추는 건 단순한 지연이 아니라, 수동적인 상황을 주도적으로 바꾸는 전략이다.

두 번째 원칙은 '조건 교환'이다. 동료가 자주 복사나 팩스 전송을 부탁하거나 배달 음식을 가져오게 하면서 고맙다는 말 한마디 없다면? 그땐 내가 원하는 걸 당당히 요구해야 한다. "커피 한 잔만 부탁할게. 전에 내가 너 대신 배달 음식을 여러 번 가져왔잖아."

만약 상대가 거절한다면, 다음부터는 그 사람을 도와줄 필요가 없다.

예전에는 사람들이 알아서 서로 도움을 주고받는다고 생각했지만, 현실은 그렇지 않았다. 세상에는 이기적인 사람도 많다. 분명히 말하지 않으면 상대방은 계속 모른 척할 수도 있다. 내가 베푼 모든 노력과 도움은 결코 '무료 봉사'가 아니며, 그에 상응하는 감사, 선의, 도움, 보상이 따라야 한다.

세 번째 원칙은 '증거를 남기는 것'이다. 힘들게 쟁취한 조건은 반드시 문자나 음성, 영수증 등 다양한 형태로 증거를 남겨야 한다. 구두로만 주고받으면 시간이 지나 상대가 말을 뒤집거나 책임을 떠넘길 가능성이 크다. 특히 중요한 사안이라면 문서로 정리해 상대의 서명을 받는 게 안전하다. 이는 단순한 기록 이상의 것으로, '이해의 일치'를 확인하고 '결과의 조정'을 보장하는 장치다.

> 세상엔 선의를 악용해 이득을 챙기려는 사람도 있다.
> 그런 이들에게 휘둘리지 않으려면, 스스로 보호할 구체적인 방법을 익히고 실천하는 노력이 필요하다.

4장. 자기 수양

036 아무리 치열한 곳에도 틈새는 있다

○
●

　대학 졸업 후, 나는 유명 광고회사 채용 공고를 보고 지원서를 냈다. 경쟁은 치열했고, 특히 창의력, 기획력, 문장력을 요구하는 크리에이티브 직군은 더욱 그랬다. 나는 이력서를 꼼꼼히 검토한 끝에 비서 직군을 선택했는데, 이건 두 가지 전략적 판단에서 나온 결정이었다.

　첫째, 내가 졸업한 학교는 소위 명문대가 아니었다. 국문학과를 전공하며 글쓰기 대회에서 여러 번 상을 받았지만, 명문대 출신들과 비교하면 문서 작성이나 기획력만으로 우위를 점하기 어려웠다. 하지만 비서직은 달랐다. 이 직군 지원자들 사이에선 학력과 글쓰기 능력이 오히려 돋보일 수 있었다.

　둘째, 비서직은 총괄 책임자와 가까이 일하는 자리였다. 능력을 잘 보여준다면 상사가 금방 알아챌 테고, 그건 더 큰 기회로 이어질 거라 확신했다.
　이 전략은 적중했다. 필기시험과 면접을 통과하며 나는 입사에 성공했다. 특히 운 좋게도 사장님과 '케미'가 잘 맞았다. 게다가 비서직은 모든 부서와 협업하는 역할이라, 기획, 마케팅, 고객 관리 등 다양한 업무에 참여할 기회가 열렸다. 그 과정에서 내가 글쓰기뿐 아니라 자원 조율 능력에서도 강점이 있음을 발견했다. 전에는 알지 못했던 나만의 경쟁력이었다.

결국, 16명의 비서 중에서 나는 가장 빨리 승진한 신입이 되었다. 진심으로 축하해 주신 사장님께 지금도 깊은 감사의 마음을 갖고 있다.

어느 날, 사장님이 물었다.

"비서직은 인기 없는 직군인데 왜 지원했어? 야망이 있는 사람들은 보통 꺼리는 자리잖아."

나는 솔직하게 대답했다.

"회사 분위기가 좋아서 끌렸어요. 그리고 탈락하고 싶지 않아서 '전기새마田忌賽馬' 전략을 썼죠. 그게 합격 확률을 높일 거로 생각했거든요."

'전기새마' 전략이란 이렇다. 춘추전국시대, 제나라의 장수 전기田忌는 제나라 위왕魏王과 말 경주를 했다. 전기는 자신의 하품下品 말로 위왕의 상품上品 말과 경주해 한 판을 졌지만, 중품中品 말로 위왕의 하품 말을, 상품 말로 위왕의 중품 말을 이겼다. 세 판 중 두 판을 이겨 전략적 승리를 거둔 것이다. 이 이야기의 교훈은 어떤 경쟁 상대와 시합을 하거나 내기를 할 경우 그 상대보다 우월한 전력을 갖추는 것이 가장 중요하지만, 만약 그렇지 않다면 전략을 잘 세워 승리할 수 있다는 것이다.

이에 사장님은 웃으며 말했다.

"전기새마 전략은 어디에나 통하지."

취업을 예로 들자면, 사람들은 대부분 좋은 회사나 플랫폼을 노린다. 하지만 그런 곳은 경쟁이 치열해 명문대 출신도 아닌 데다, 경력마저 부족하다면 면접 문턱조차 넘기 어렵다. 이때 전기새마 전략, 즉 '강등 전략'을 활용하면 경쟁에서 우위를 점할 수 있다. 진입 장벽이 낮은 직무로 들어가 좋은 플랫폼의 틈을 노리는 것이다.

'전공을 살려야 한다'라는 고정관념을 버리고, 진입 장벽이 낮은 자리에서 시작해 방향을 잡는 것도 성공적인 커리어 전략이다.

※ 인생은 단거리 경주가 아니라 마라톤이다.
출발선이 어디든 크게 중요하지 않다.
일단 출전 자격을 얻고, 모든 기회를 활용해 끝까지 달리는 게 관건이다.
결국 결승선을 가장 먼저 통과하는 사람이 승리하는 법이다.

037   '학생적 사고'에서 벗어나기

○
●

성장하면서 나는 문제를 바라보는 태도에 큰 변화를 겪었다.

<u>첫째, 목표 의식을 가지고 행동하게 되었다.</u>
이제 기분이나 감정에 휘둘리지 않고, 원하는 결과를 먼저 그린 뒤 거꾸로 계획을 세워 행동한다. 그리고 스스로 끊임없이 묻는다.

'이렇게 하면 어떤 결과가 나올까? 그 결과는 나에게 유리할까? 다른 사람에게도 도움이 될까? 최악의 상황은 무엇일까?'

이런 '결과 지향적' 사고 덕분에 충동적으로 행동하는 일이 줄었고, 말과 행동에 여유가 생겼다. 예전엔 "안 돼요"라며 쉽게 선을 그었지만, 이제는 "좀 생각해 볼게요"나 "조금 뒤에 답해 드릴게요"라고 말한다. "우린 의견이 달라요"라는 직설적인 표현 대신 "생각이 조금 다르긴 하지만, 당신 의견도 고려해 볼게요"라고 부드럽게 다듬는다. "이번엔 협업할 수 없어요"라는 단호함도 "다음 기회에 함께해 봅시다"로 순화한다.

표현만 바꿨을 뿐인데 상대방은 편안함을 느끼고, 나 또한 긍정적인 이미지를 유지하게 되었다.

둘째, 신중하게 말하는 법을 배웠다.

과거에는 내가 솔직하고 직설적으로 말하면 나를 좋아하는 사람은 이런 내 모습도 받아들일 테니, 나를 싫어하는 사람에게 굳이 잘 보이려고 노력할 필요가 없다고 생각했다. 하지만 이제는 조금 다른 시각을 갖게 되었다.

모두의 비위를 맞출 필요는 없어도, 굳이 직설적으로 표현해서 원래 중립적인 사람들까지 불쾌하게 할 이유는 없다. 사람의 감정은 '좋아함'과 '싫어함'이라는 두 극단만 있는 게 아니라, 그 사이 넓은 중간 지대가 있다. 적절한 말투와 태도로, 중립적인 이들의 호감과 지지를 얻을 여지는 충분하다.

예를 들어, 누가 "이 문제에 대해 어떻게 생각해?"라고 물으면, 예전에는 내 의견을 바로 쏟아냈지만, 이제는 상대방의 생각을 먼저 묻는다.

"이 부분은 내가 가진 정보가 부족한데, 너는 어떻게 봐? 참고할 만한 의견이 있으면 들려줄래?"

이런 방식은 상대에게 신중함과 존중의 태도를 전달하고, 나에겐 생각을 정리할 시간을 준다.

셋째, 복기하는 습관을 들였다.

지난 일을 되돌아 보고 교훈과 실수를 복기하는 건 무척 중요하다. 지난 경험을 책에서 읽은 사례나 원칙과 비교하며 나 자신을 돌아보고 반성하는 것이다.

과거의 나는 불안감이 컸고, 그 불안을 끊임없이 분석하다 보니 스트레스만 쌓였다. 하지만 시간이 지나 깨달았다. 불안을 다스리는 최고의 방법은 '사소한 일부터 집중하는 것'이다. 바닥을 닦거나 책상을 정리하는 단순한 행동이 불안을 잠시 잊게 해 줄 수 있다.

사실 이는 자기계발서에 흔히 나오는 이야기지만, 나는 알면서도 실천하지 못했다. 불안에 사로잡혀 책 읽기조차 무의미하다고 불평하기에 바빴다. 돌이켜 보니 그 불안은 내가 만든 고통이었다.

　책을 읽는 것은 분명 도움이 된다. 하지만 더 중요한 건 배운 지식을 현실에서 실천하는 것이다. 아는 데서 멈추지 않고 행동으로 옮기는 것, 그것이야말로 자기계발의 본질이다.

✳ '학생적 사고'나 '학생 같은 기질'이 꼭 나쁜 것만은 아니다.
　지식과 경험이 부족했던 어린 시절의 자연스러운 모습일 뿐이다.
　나이를 먹고 경험을 쌓으며,
　순수함을 내려놓고 현실과 타협하는 과정도
　또 다른 배움이자 성취의 시간임을, 나는 이제야 알게 됐다.

038   사람들은 능력 있는 자에게 관대하다

○
●

딸이 유치원에 다니던 시절, 내 커리어는 바닥을 치고 있었다.

당시 나는 신문사에서 하루도 쉬지 않고 바쁘게 일했지만, 전통 미디어의 쇠퇴라는 현실 앞에서 미래는 암울하기만 했다. 딸의 등·하원을 제대로 챙기지 못하다 보니, 유치원에서 만나는 학부모들은 나를 볼 때마다 물었다.

"요즘 많이 바쁘신가 봐요?"

그럴 때마다 괜히 마음이 불편했다. 마치 '아이한테 신경 좀 쓰지'라며 손가락질하는 것 같았다. 한껏 위축된 나는 고개를 숙이며 대답했다.

"네, 일이 많아서 정신없네요."

가끔 마주치는 할머니, 할아버지들은 한술 더 떠 충고를 건네기도 했다.

"엄마가 됐으면 아이가 우선이지. 일은 언제든 다시 시작할 수 있지만, 애들 크는 건 놓치면 끝이야."

속이 상했다. '무슨 자격으로 내 삶에 이래라저래라 하는 거야?'라는 생각이 들었지만, 당시엔 자신감도, 반박할 여유도 없었기에 억눌린 감정을 삼키며 억지 미소를 짓기만 했다. 그렇게 나에겐 '굳이 해명하지 않는' 습관이 생겼고, 그저 묵묵히 내 일을 할 수밖에 없었다.

그렇게 몇 개월이 지난 뒤, 첫 책 『영혼이 향기로운 여인』이 출간되었다. 뜻밖에도 연말 신간 베스트셀러 1위에 오르며 큰 주목을 받았고, 나는 더 바빠졌다. 자연히 딸의 등·하원을 챙길 시간은 더 줄어들었다.

그런데 놀라운 변화가 생겼다. 학부모들의 태도가 180도 달라진 것이다. 그들은 반갑게 다가와 말했다.

"그 책 정말 재미있게 읽었어요. 시간 되면 사인 좀 부탁드려도 될까요? 친구한테 선물하고 싶어서요."

얼떨결에 사인을 약속했지만, 마음 한구석이 찝찝했다.

'사람들이 이렇게 변한 건 단순히 속물근성 때문일까?'

그렇게만 볼 순 없었다. 누구나 성과를 낸 사람에게 호의를 보이기 마련이다. 만약 내가 밤낮없이 일했어도 성과가 없었다면? 그리고 여전히 아이도 챙기지 못했다면? 아마 나를 가볍게 봤을 것이다. 어쩌면 그것이 냉정하지만, 현실적인 진리일지도 모른다.

세상은 능력 있는 사람에겐 관대하고, 부족한 사람에겐 가혹한 '이중 잣대'를 들이댄다. 메타Meta의 CEO 마크 저커버그Mark Zuckerberg가 매일 같은 회색 티셔츠를 입는다면, 사람들은 "불필요한 선택을 줄이고 본질에 집중한다"라며 칭찬할 것이다. 반면 평범한 직장인이 매일 같은 옷을 입고 다닌다면? "경제적 여유가 없다 보니 너무 무신경하고 게으르다"라며 얕잡아 볼 것이다.

문제를 해결하는 근본적인 방법은 타인의 평가에 일일이 신경을 쓰거나 감정을 소모하는 것이 아니라, 자신의 능력을 키우는 데 전념하는 것이다.

"내가 약해지면 나쁜 사람들이 도처에 널린다."

이건 세상이 악인으로 가득해서가 아니다. 내가 약할수록 외부를 감당할 힘이 떨어져 작은 움직임도 폭풍처럼 느껴지고, 사소한 기회 하나를 놓쳐도 치명적인 재앙처럼 다가오기 때문이다.

능력이 부족할수록 감정은 예민해진다. 무심코 던진 말 한마디가 공격처럼 들리고, 작은 시선에도 주눅 든다. 이나모리 가즈오稻盛和夫는 이렇게 말했다.

"1층에 서 있으면 누가 나를 욕하는 소리가 선명히 들려 화가 난다. 10층으로 올라가면 그 소리가 희미해져 인사하는 것처럼 느껴진다. 100층에 서면 욕하는 사람은 보이지도, 들리지도 않는다."

타인의 엄격함을 탓하기보다 100층으로 올라가는 게 낫다.
그러면 모든 잡음은 마법처럼 사라지게 될 것이다.

039 운명의 가호를
　　　　감사히 여겨라

○
●

　중국 정법대학의 뤄샹羅翔 교수는 미국 유학 시절 겪은 충격적인 이야기를 전했다. 캘리포니아대학교 버클리에서 열리는 수련회에 가던 중, 좁은 도로를 달리다 무의식적으로 브레이크를 밟았다. 그 순간 한쪽 바퀴가 절벽 끝에 아슬아슬하게 걸쳐 있었다. 정상적인 반응이라면 핸들을 틀어야 했지만, 바로 그때 옆 차선에서 다른 차가 획 하고 빠르게 스쳐 지나갔다. 만약 핸들을 틀었다면 그는 옆 차와 부딪혀 절벽 아래로 떨어졌을 것이다.
　뤄샹은 그 일을 떠올리며 말했다.

　　"운명이 나를 지켜 주지 않았다면, 그 순간 모든 게 끝났을지도
　　몰라요. 삶, 꿈, 계획… 전부 한순간에 사라졌을 거예요."

　유명 기자인 주이쥔朱亦君은 개인 펀드 매니저인 지인에게 들은 흥미로운 이야기를 전했다.
　평소 부유층과 자주 접촉하는 지인에게 주이쥔이 물었다.
　"부자들은 어떻게 그렇게 큰돈을 벌었나요?"
　지인은 답했다.

"세 가지 유형이 있어요. 첫째는 스티브 잡스Steven Jobs처럼 창의력으로 기업을 일군 창업가, 둘째는 상속받은 사람들, 셋째는 맥킨지Mckinsey 같은 글로벌 기업의 하이엔드 직장인이죠."

"특별한 비결이라도 있나요?"라는 질문에 그는 한 가지 공통점을 꼽았다.

"바로 '운'이에요."

이 대답은 묘한 허탈감을 안겼다. 인생에서 운이 70%라면, 결국 우리의 삶은 운을 향해 '네가 나를 선택한 게 옳았다'라고 증명하는 과정에 불과한 걸까?

노력은 물론 중요하다. 하지만 스티브 잡스 같은 천재라고 해서 반드시 성공과 부를 손에 쥐는 것은 아니며, 열심히 한다고 모든 것이 보장되는 것도 아니다. 때로는 순전히 운이 뒷받침돼야 하는 순간도 있다. 성공을 전부 노력의 결실로만 여긴다면 자만에 빠지기 쉽고, 그러다 보면 사회적 약자나 실패한 이들을 '노력이 모자랐다'라고 단정하며 그들의 상황을 외면하게 된다.

마이클 조던Michael Jordan은 농구 역사상 가장 위대한 선수로, 그의 치열한 노력만큼은 모두가 인정한다. 하지만 그가 스포츠가 외면받는 시대나, 농구가 주목받지 못하는 나라에서 태어났다면, 과연 지금과 같은 영광을 누렸을까? 만약 르네상스 시대의 이탈리아에서 태어났다면, 농구공 대신 붓을 드는 편이 나았을지도 모른다.

2009년 8월, 홍콩 방송국에서 방영된 〈빈부 대작전窮富翁大作戰, Rich Mate Poor Mate〉은 부자들이 5일간 가난한 삶을 살아 보는 리얼리티 쇼였다. 100억 자산을 가진 재벌 2세는 청소부로, 40억 자산의 변호사는 밀크티 가게 알바생으로 근무했다. 실리콘밸리 출신 CEO는 쓰레기를 주우며 하루를 버텼고, 골프와 와인을 즐기던 부유층 자녀는 다리 밑에서 노숙을 했다.

이 프로그램의 메시지는 간단했다. 하루아침에 '금수저'라는 특권이 사라진다면, 그들은 현실을 잘 헤쳐 나갈 수 있을까?

가장 먼저 백기를 든 건 마이클 텐田北辰이었다. 그는 홍콩 '강남 사대 가문' 출신으로, 하버드대학 MBA를 졸업하고 G2000 브랜드를 세계 700개 매장으로 키운 엘리트였다. 하지만 '가난 체험' 이틀 만에 그는 이렇게 한탄했다.

"정말 이상했어요. 이틀 내내 먹을 것만 떠올랐죠. 아무런 계획도, 희망도 없고, 오직 다음 끼니를 어떻게 해결할지만 고민했어요. 미래는 생각조차 할 수 없었어요."

이 체험은 그에게 깊은 깨달음을 주었다. 과거 상류층의 시각으로 '노력하지 않는 이들은 죗값을 받는다'라고 여기던 그는 이제 이렇게 말한다.

> "사회는 공부 못한 사람들을 가혹하게 처벌한다."

이 말은 우리에게 이러한 의미를 시사한다.

> "타인의 도움과 운명의 가호가 없다면, 우리는 아무것도 아니다."

✴ 재능을 소중히 여기고 노력하되, 운에 감사하며 겸손함을 잃지 말아야 한다. 세상엔 헛된 수고도, 물거품처럼 사라지는 기회도 많고,

평범한 이들에겐 선택의 여지조차 주어지지 않는 경우가 부지기수다.

어쩌면 우리가 일상에서 마주하는 '성공'은

실은 '우연'의 옷을 입고 있을지도 모른다.

040 저자세로 인간관계를 맺지 마라

○
●

어린 시절, 나는 전통적인 가정교육을 받으며 자랐다. 여자아이가 지나치게 나서는 건 품위 없는 행동이고, 공격적이거나 욕심 많다는 오해를 낳을 수 있다고 배웠다. 부모님은 내가 온화하고 겸손한 사람으로 자라길 바랐고, 나도 상대의 호감을 얻으려 자연스레 저자세를 취하게 됐다. 하지만 그런 방식으로 사람을 대하며 살아 보니, 크고 작은 시행착오가 끊이지 않았다.

첫 직장에서 사장님의 비서로 일할 때였다. 시간이 지나면서 사소한 행정 업무까지 내게 몰리기 시작했다. 동료들은 마치 내가 전 사원의 비서인 것처럼 함부로 대했고, 내가 친절하게 응할수록 일은 점점 늘어났다. 결국, 밤새워 일하다가 병이 났고, 이를 본 사장님이 의아한 얼굴로 물었다.

"내가 너에게 맡긴 일이 그렇게 많았니?"

숨김없이 사실을 털어놓자, 사장님은 이렇게 말했다.

"이전 비서들도 비슷한 일을 겪었어. 신입이라는 이유로 온갖 잡일을 떠안았던 거지. 하지만 명심해. 사람들은 본능적으로 강한 사람을 따르는 법이야. 자신의 '경계'를 분명히 보여 주는 강한 사람만이 존중받아. 그러니 네 뜻을 확실히 밝히고, 부당한 요구엔 단호하게 선을 그어. 저자세를 취한다고 동료들이 널 친절하고 겸손하다고 여기지 않아. 오히려 만만하게 보고 부리기 쉬운 대상으로 여길 뿐이지. 적당한 공격성을 갖추는 게 더 큰 존중을 얻는 길이란다."

그 한마디에 내 태도는 완전히 뒤바뀌었다.

몇 년 전, 한 인터뷰에서 남자 게스트가 불쾌한 표정을 지으며 말했다.
"작가님 책은 읽을 수가 없어요. 심지어 혐오감이 들기도 하죠."
객관적인 비판이나 건설적인 조언이라면 흔쾌히 들었을 테지만, 그의 말엔 감정적인 날카로움이 묻어 있었다. 순간 발끈한 나는 단호하게 받아쳤다.
"제 책을 좋아하는 사람의 80%는 여성이고, 20%는 여성을 존중하는 남성들이죠. 그런데 당신은 둘 다 아닌 것 같네요."
나는 그의 눈을 똑바로 응시했고, 그도 시선을 피하지 않았다.
딸을 낳고 나서, 나는 딸이 적당한 공격성을 지닌 사람으로 자라길 바랐다. 무례한 이들 앞에서 예의와 공손함은 오히려 약점으로 비칠 수 있기 때문이다.

> 예민함과 섬세함이 괴롭힘의 구실이 돼선 안 된다.
> '네가 강한 만큼 나도 강하다'는 태도는 자신감의 증거다.
> 아무 말도 못 하고 남들에게 끌려다니는 순종적인 사람은
> 결코 존중받을 수 없다.

5장 　　　　　　　 **자기 일관성**

내가 '나'와 조화를 이룰 수 있게

041   성공적인 프레젠테이션을 위한 여섯 가지 팁

○
●

나는 발표에 타고난 재능이 있는 사람이 아니다. 그래서 남들보다 더 애를 썼고, 그 과정에서 효과적인 프레젠테이션을 위한 몇 가지 실용적인 팁을 알게 됐다.

1. 원고를 치밀하게 준비한다

원고는 발표의 논리적 뼈대를 세우고 성공을 좌우하는 가장 기본적인 요소다. 이에 관한 윈스턴 처칠Winston Churchill의 한 일화가 있다. 어느 날 연설을 앞두고 현장에 도착했을 때, 운전기사가 차 문을 열어 주었지만 처칠은 내리지 않았다. 이유를 묻자 그가 이렇게 말했다.

"잠시만요, 지금 즉흥 연설문을 보고 있는 중이에요."

즉흥 연설이란 정말 즉석에서 떠오르는 것일까? 그렇지 않다. 뛰어난 연설은 치밀한 준비와 끊임없는 연습의 결과물이다. 준비 없이 탁월한 발표를 해내는 경우는 드물다. 천재적인 연설가로 알려진 처칠조차도 철저한 준비와 연습을 거친 후 무대에 올랐다.

2. 소리 내어 연습한다

원고를 육성으로 읽으면 어색한 문장이나 단어를 금세 알아챌 수 있다. 논리의 흐름이 매끄러운지, 청중의 마음을 움직일 수 있을지도 점검할 수 있다.

문어체와 구어체는 본질적으로 다르다. 문어체는 간결하고 명료해야 하지만, 말로 풀 때는 부드럽고 자연스러운 톤이 필요하다. 예를 들어, 불안한 심정을 표현할 때 '앉지도 서지도 못하는 마음'은 청중이 직감적으로 느낄 수 있는 표현이지만, '매우 불편한 마음'은 다소 추상적이고 전달력이 떨어질 수 있다.

원고를 소리 내어 연습하며 이런 미묘한 차이를 잡아내다 보면 말의 흐름을 다듬는 감각이 생긴다.

3. 녹음해서 듣는다

자신의 발표를 오디오로 녹음해 반복해서 듣는 방법은 두 가지 장점이 있다. 첫째, 내용을 더 확실하게 숙지할 수 있다. 이동 중이거나 문서에 집중할 여유가 없을 때도 오디오를 들으며 자연스럽게 내용을 익힐 수 있다. 둘째, 제삼자의 시선으로 자신을 평가할 수 있으며, 말의 속도, 강세, 억양 등을 점검하며 개선해야 할 부분을 찾을 수 있다.

4. 거울 앞에서 연습한다

거울을 보는 건 자아도취가 아니라 자기 점검이다. 표정과 제스처를 확인하며 불필요한 동작을 줄이고, 청중과 눈을 맞추는 연습을 할 수도 있다. 이는 발표에 생동감을 더하면서도 침착함을 유지하는 데 효과적이다.

5. 현장을 미리 살핀다

중요한 프레젠테이션이라면 현장을 사전에 방문해 보는 게 좋다. PPT, 빔 프로젝터, 단상, 프롬프터 등의 위치를 파악해 두면, 당일 예상치 못한 변수에도 당황하지 않고 차분히 대응할 수 있다. 작은 준비가 큰 안정감을 준다.

6. 외모에 신경 쓴다

프레젠테이션에서 첫인상은 매우 중요하며, 청중은 발표자의 외적인 모습에서도 신뢰를 느낀다. 배경과 겹치지 않는 색상의 의상을 선택하고, 여분의 옷을 챙기는 것도 현명하다. 얼룩이 생기거나 다른 연사와 겹칠 경우를 대비한 작은 배려다.

> 누군가 발표를 자연스럽게 해낸다면,
> 그 이면엔 보이지 않는 노력이 숨어 있을 것이다.
> 성공적인 프레젠테이션을 꿈꾼다면
> 그 과정을 철저히 준비하는 자세가 필요하다.

042   애매한 물음에 좋은 세 가지 답변

○
●

인간관계에서 대화할 때 뭔가 확실한 대답을 하기도 애매하고 오히려 신중하게 고른 대답이 오해를 불러일으키기도 한다. 그럴 때 필요한 좋은 답변 세 가지가 있다.

1. "잘 모르겠어요"

상대와 의견 충돌이 예상될 때, 굳이 부정적인 비판으로 날을 세울 필요는 없다. 나에게 큰 의미 없는 사람이나 일에 감정을 쏟는 건 시간 낭비일 뿐이다. 괜한 논쟁을 피하고 싶다면 "잘 모르겠어요"라고 가볍게 답하며 대화를 정리하는 편이 현명하다. 단순한 한마디로 상황을 깔끔하게 마무리할 수 있다.

2. "그 점 알아주셔서 감사합니다"

칭찬을 받았을 때 당황하거나 어색하게 넘길 필요 없다. 급하게 상대를 칭찬하며 대갚음하려는 것도 부자연스럽다. 그런 반응은 오히려 자신감 부족으로 보이거나 칭찬받을 자격이 없다고 스스로 낮추는 듯한 인상을 줄 수 있다. 미소를 띠며 "그 점 알아주셔서 감사합니다"라고 답하면 자연스럽고 품위 있게 들릴 뿐 아니라, 상대가 내 장점을 알아준 데 대한 진심 어린 감사를 전할 수 있다.

3. "한번 생각해 보겠습니다"

도움 요청을 받았을 때 즉시 "네"나 "아니요"로 답하기보다 잠시 여유를 두는 게 낫다. 너무 빨리 승낙하면 성급해 보이고, 바로 거절하면 차갑게 느껴질 수 있다. "한번 생각해 보겠습니다"라고 말하면 예의와 여유를 갖추면서도 부담 없이 내 입장을 전달할 수 있다.

이 세 가지 답변은 겉보기엔 단순하지만, 몸에 익히는 데는 꽤 오랜 시간이 걸렸다.

> 작은 습관들이 쌓이면서 나는 불필요한 감정 소모 없이
> 상대와 조화를 이루는 법을 배웠고,
> 나 자신을 지키는 데도 한결 능숙해졌다.

043 권위를 높이는 세 가지 열쇠

○
●

친근함은 분명 매력적인 덕목이다. 하지만 그것이 권위와 어우러질 때 비로소 진정한 영향력을 발휘한다. 『논어論語』에 나오는 "가까이하면 예의가 부족해지고, 멀어지면 원망하게 된다近之則不孫, 遠之則怨."라는 말은 이를 잘 보여 준다. 지속적인 관계를 위해선 사랑과 더불어 경외심, 즉 '두려워하는 마음'이 필요하다. 여기서 두려움은 공포가 아니라 깊은 내면에서 우러나는 존중을 뜻한다. 이것이 바로 권위의 본질이다.

그렇다면 어떻게 권위를 키울 수 있을까?

1. 핵심 경쟁력을 다져라

'핵심 경쟁력'이란 누구도 쉽게 흉내 낼 수 없는, 나만의 독보적인 능력을 말한다. 특정 분야에서 뛰어난 실력을 갖춘 사람은 아무리 친절하고 겸손해도 가볍게 보이지 않는다. 이런 겸손은 단순한 낮춤이 아니라 진정성과 깊이가 담긴 '겸허함'으로 다가간다.

권위는 난폭함이나 허세가 아닌 실력에서 샘솟는다. 예를 들어, 중국의 전설적인 다이빙 선수 궈징징郭晶晶은 온화한 성품과 함께 압도적인 업적으로 존경받았다. 많은 이가 그녀가 결혼을 매개로 명문가에 입성했다고 보지만, 실은 그녀의 실력이 명문가를 끌어들였다. 열네 해 동안 서른한 개의 챔피언 타이틀을 거머쥔 그녀의 기록은 순전히 노력으로 쌓아 올린 성취였고, 누구도 넘보기 힘든 경지였다. 진정한 권위는 이렇게 실력에서 드러난다.

2. 감정의 안정을 유지하라

"무無감정이 최고의 감정"이라는 말은 과장이다. 사람이라면 누구나 감정을 느낀다. 여기서 '감정의 안정'이란 감정을 없애는 게 아니라 그 기복을 줄이는 것을 뜻한다. 슬퍼할 일은 슬퍼하되 오래 끌지 않고, 화가 나도 쉽게 터뜨리지 않으며, 예민해도 변덕으로 흐르지 않는다. 불안 속에서도 스스로 다스릴 줄 안다.

감정이 안정된 사람은 자신과 타인에게 신뢰를 심어 준다. 그리고 이 신뢰가 권위의 뿌리가 된다. 불확실한 세상에서 흔들리지 않는 모습은 그 자체로 강력한 권위를 만든다.

3. 말을 줄이고 생각을 깊게 하라

성격이 지나치게 드러나 한 번의 만남으로 모든 것이 읽히는 사람은 권위를 쌓기 어렵다. 중국판 탈무드라 불리는 『증광현문增廣賢文』에는 "귀인은 말을 아끼고, 가난한 자는 말을 많이 한다."라는 구절이 있다. 지혜로운 이는 불필요한 말을 삼가고, 한마디를 해도 의미를 담는다. 반면 말이 많은 이는 쓸데없는 이야기로 시간을 흘려보내거나 타인을 갈라 놓기도 한다.

말이 많아지면 행동할 시간이 줄고, 결국 성취는 멀어진다. 권위는 일을 해내는 능력에서 비롯된다는 점을 잊지 말아야 한다.

044 대화에서 자연스럽게 반응하는 법

○
●

대화 중에 어떻게 하면 자연스럽고 빠르게 응답할 수 있을까? 상대의 말에 어색함 없이 매끄럽게 답하며 흐름을 이어 가는 비결이 있을까?

나는 원래 말이 빠르거나 즉흥적인 스타일이 아니라서, 대화가 끊기거나 어색한 순간을 겪곤 했다. 그래서 말을 잘하는 사람들을 유심히 관찰했고, 그들에게서 몇 가지 공통된 기술을 발견했다. 그중 특히 실용적이고 효과적인 두 가지 방법을 나누고자 한다.

1. 반응 시간을 여유롭게 확보하기

즉각적으로 대응하지 못하는 가장 큰 이유는 적절한 대답이 바로 떠오르지 않기 때문이다. 말을 잘하는 사람들은 대화를 멈추지 않으면서도 생각할 여유를 확보하는 법을 안다.

20년 전, 싱가포르 출신 강사에게 수업을 들은 적이 있다. 그는 우리에게 이런 질문을 던졌다.

"강사로서 어려운 질문을 받으면 어떻게 대처하시겠습니까?"

교실은 순식간에 조용해졌고, 모두 머뭇거렸다. 그러자 그는 지혜로운 해법을 제시했다.

"저라면 이렇게 하겠어요. '아, 정말 좋은 질문이네요. 여러분의 생각을 먼저 들어 보고 싶습니다. A 학생, 어떻게 생각하나요? 흥미로운 관점이네요. B 학생은요? 네, 그 의견도 아주 타당하군요. 자, 이제 제 생각을 말씀드리겠습니다.'"

그의 강점은 답변을 서두르지 않고 여유를 갖는 데 있었다. 시간을 벌면 더 명확하고 설득력 있는 답을 떠올릴 수 있다.

또 다른 방법은 상대의 말을 자연스럽게 되새기거나 되묻는 것이다. 예를 들어, 상대가 "자율성은 의지력에 전적으로 의존하지 않는다고 생각해요"라고 말하면 이렇게 답할 수 있다.

"자율성이 의지력에 전적으로 의존하지 않는다고 하셨죠? 흥미로운 생각이네요. 좀 더 자세히 설명해 주실 수 있을까요?"

상대가 설명하는 동안 나도 차분히 생각을 정리할 여유가 생긴다. 이 간단한 기술로 대화는 끊임없이 부드럽게 흐르게 된다.

2. 질문을 우아하게 되돌리기

어려운 질문에 직면했을 때, 즉시 답하기보다 상대에게 자연스럽게 공을 넘기는 것도 훌륭한 전략이다.

중국 배우 마이리馬伊俐가 시상식에서 사회자 천룽陳蓉에게 받은 질문을 떠올려 보자.

"부녀, 부부, 연인 역할 중에서 장궈리張國立(중국의 중년 영화배우) 선생님과 함께하고 싶은 역할은 무엇인가요?"

다소 민감할 수 있는 질문이었지만, 마이리는 당황하지 않고 미소를 지으며 이렇게 답했다.

"그건 장궈리 선생님께 여쭤봐야 할 것 같아요. 선생님은 저와 어떤 역할을 해 보고 싶으신지 궁금하네요."

그녀는 상대를 존중하면서도 부담스러운 대답을 우아하게 넘겼다.

또 다른 예로, 중국의 총통인 장제스의 부인 쑹메이링宋美齡과 윈스턴 처칠의 일화가 있다. 두 사람은 원래 사이가 좋지 않았는데, 특히 쑹메이링은 제2차 세계대전 당시 처칠이 중국을 차별적으로 대했다고 생각했다. 카이로 회담 때 마주친 자리에서 처칠이 그녀에게 물었다.

"여사님, 혹시 저를 까다로운 노인이라고 생각하시나요?"

쑹메이링은 잠시 생각한 뒤, 부드러운 미소와 함께 되물었다.

"각하께서는 자신을 어떻게 보시나요?"

처칠은 잠깐 고민하더니 대답했다.

"저는 제가 나쁜 사람은 아니라고 생각합니다."

그러자 쑹메이링은 잔잔히 웃으며 짧게 답했다.

"그렇다면 다행이네요."

그녀는 대화의 주도를 상대에게 넘기며 갈등을 피하고, 곤란한 상황을 품위 있게 풀어냈다.

대화에서 빠르게 반응하기 어려운 건 '꼭 답변을 해야 한다'라는 압박감 때문이다. 하지만 사실 우리는 답을 강요받지 않을 권리가 있고, 주제를 부드럽게 돌릴 자유도 있다.

✱ 반응 속도가 느린 것을 단점으로 여길 필요 없다.
'빠름'과 '느림'은 각기 다른 대화의 색깔일 뿐,
중요한 건 자신만의 리듬을 찾아
상대와 조화를 이루며 대화를 즐기는 마음이다.

045 선의를 대하는
         세 가지 원칙

○
●

　한때 나는 남에게 신세 지는 게 불편해서 두 가지 습관을 고집했다. 하나는 누가 선물을 주면 곧바로 비슷한 값어치의 선물로 답례하는 것이었고, 또 하나는 최대한 부탁을 삼가는 것이었다. 상대에게 폐를 끼치는 듯해 미안한 마음이 앞섰기 때문이다.

　하지만 시간이 지나며 깨달았다. 이런 태도는 진정한 친구와 선의를 나누는 데 어울리지 않는다는 것을. 그 이유는 세 가지로 정리된다.

　첫째, 받은 선물과 똑같은 가치의 물건을 바로 되돌려 주는 것은 우정을 계산적인 '거래'로 전락시킨다. 상대에게 '나는 빚지고 싶지 않아, 너도 나에게 기대지 마'라는 차가운 신호를 줄 수 있다. 선물은 마음을 주고받는 행위이지, 빚을 갚는 수단이 아니다.

　둘째, 선물을 받은 뒤 서둘러 답례하는 것은 상대의 따뜻한 마음을 부담으로 치부하는 듯한 인상을 준다. '네 선물이 나에게 무거운 짐이야'라는 느낌을 전할 수도 있고, 자칫 상처를 남길 위험도 있다. 이런 비유가 떠오른다.

"사탕을 받았다고 다른 사탕으로 갚는 사람과는 협력은 가능해도 친구가 되긴 어렵다."

우정은 상업적 계산과 달리 여유롭고 따스한 법이다. 같은 가치를 맞추려는 태도는 예의가 아니라 오히려 거리감을 키운다.

<u>셋째, 답례가 받은 선물과 반드시 등가일 필요는 없다.</u> 그렇다고 지나치게 비싼 선물로 보답하는 것이 존중을 의미하는 것도 아니다. 선물은 비교의 대상이 아니라, 진심을 나누는 행위임을 잊지 말아야 한다. 예를 들어, 내 생일은 8월 3일이고, 두 명의 친한 친구는 8월 말과 9월 초에 생일을 맞는다. 나는 그들의 생일에 내가 받은 선물의 70%에서 80% 정도의 값어치로 답례한다. 사실 우리 관계는 생일 선물에만 얽매이지 않는다. 평소에도 식사를 함께하거나 작은 선물을 주고받으며 우정을 이어 간다. 이런 자연스러운 흐름이 오랜 인연을 가능하게 했다.

예전엔 선의가 균형 잡힌 주고받기라 생각했고, 예의와 선물 가격에 지나치게 신경 썼다. 그러다 친구들이 나를 '차갑게 느낀다'라는 걸 알고 오래 고민한 끝에 깨달았다. 사람 사이의 진정한 친밀함은 딱딱한 등가 교환이 아니라, 따뜻하고 자연스러운 교감에서 피어난다.

> 진심으로 나누고, 할 수 있는 만큼 돕고,
> 적당히 서로를 의지하는 것,
> 그것이 바로 우정의 본질이다.

046   핵심부터 말하는
역 피라미드 구조

○
●

기자 시절, 나는 '역 피라미드 구조'로 기사를 썼다. 가장 중요한 내용을 맨 앞에 배치하고, 두 번째로 중요한 내용을 그다음 단락에, 덜 중요한 내용은 마지막에 두는 방식이다. 마치 거꾸로 선 피라미드처럼 중요도가 점차 줄어드는 형태다.

'역 피라미드 구조'는 대화에서도 매우 유용하다. <u>핵심을 먼저 던지고 불필요한 설명을 덜어내니 대화가 간결하고 명료해진다.</u>

예를 들어, 친구가 "〈옹정황제의 여인〉이라는 드라마 어때? 재밌어?"라고 물었을 때, 역 피라미드 구조로 대답하면 이렇게 된다. 먼저 핵심 결론인 "그거 정말 재밌어"를 먼저 말한다. 말을 지루하게 하는 사람은 보통 결론을 맨 뒤로 미루고, 그 결론에 도달하기까지 긴 설명을 늘어놓으며 듣는 이를 지치게 한다.

직장에서 회의할 때도 마찬가지다. "오늘 회의는 주간 업무 정리입니다" 또는 "오늘은 연례회의 계획을 논의하려고 합니다"처럼 목적을 먼저 밝히는 게 효과적이다. 핵심부터 말하면 흐름이 단단해진다.

핵심을 전달한 뒤에는 드라마의 매력을 구체적으로 풀어낸다.

"이 드라마는 전형적인 궁중 암투극이지만, 전혀 진부하지 않아. 우정의 환멸이나 당파 갈등, 화해 등 다양한 요소가 담겨 있고, 인간 심리에 대한 통찰이 깊어. 특히 캐릭터가 입체적이야. 악역조차 단순하지 않고 각자의 사연과 고뇌가 있어서 몰입하게 돼." 이렇게 말이다.

마지막 단계는 결론을 간단히 되새기며 여운을 남기는 것이다. 옛사람들은 글을 쓸 때 '봉두鳳頭(봉황의 머리), 저두豬肚(돼지의 배), 표미豹尾(표범의 꼬리)'라는 설법을 사용했다. 즉, '서두로 관심을 끌고, 본론에서 풍성히 채우며, 결론으로 날카롭게 마무리하라'라는 뜻이다. 일상적인 대화에서는 말을 마무리할 때 의견을 정리하되 상대가 이어 갈 여지를 주는 게 좋다.

"결론적으로 나는 이 드라마를 너무 재밌게 봤어. 다른 사람들은 어땠대? 너도 볼 생각 있어?" 이렇게 하면 내 입장을 분명히 하면서도 대화의 문을 열어 두게 된다.

말을 잘하는 사람들은 주제를 꽉 닫지 않고, "다른 후기는 어때? 너도 볼 거야?" 같은 힌트로 상대를 자연스럽게 끌어들인다.

✴ '역 피라미드 구조'를 자주 사용하다 보면
말솜씨뿐 아니라 사고력도 날카로워진다.
핵심을 먼저 꿰뚫고, 불필요한 군더더기를 덜어내는 습관이
몸에 배기 때문이다.

047 자신감을 연기하라

○
●

여러분은 타고난 자신감을 가진 사람인가? 나는 아니었다. 그래서 오랫동안 자신 있는 척 연기하며 살았다. 그런데 놀랍게도, 그 연기를 계속하다 보니 점차 그 모습에 몰입하게 되었고, 어느새 진짜 자신감을 느끼게 됐다.

프랑스 정신과 의사 프레데릭 팡제 Frederic Fanget는 그의 저서 『당당함이 내 인생을 결정한다』에서 이렇게 말했다.

"연기를 오래 하면 진짜가 된다."

즉, 자신감을 꾸준히 연기하다 보면 결국 내면까지 바뀐다는 뜻이다. 나는 원래 내면이 단단해야 자신감이 생긴다고 믿었지만, 팡제 박사의 생각은 달랐다. 그는 "행동으로 자신감을 표현하면 타인의 긍정적인 반응을 얻고, 그 피드백이 내면의 인식까지 변화시킨다."라고 했다. 쉽게 말해, 되고 싶은 모습을 흉내 내다 보면 정말 그렇게 된다는 것이다.

자신감 있는 사람을 연기하면서 나는 스스로 이렇게 묻곤 했다.

'진짜 자신감 있는 사람은 어떻게 말할까?'

첫 번째 방법은 말하는 속도를 늦추는 것이었다. 일상 대화에서 사람들은 분당 약 240자를 말하지만, 전문 방송인은 320자 정도를 빠르게, 그러면서도 명료하게 전달한다. 하지만 너무 빠르면 조급하거나 불안해 보일 수 있어 나는 말하는 속도를 조절하는 연습을 시작했다.

방법은 간단했다. 신문에서 500자 분량의 뉴스 기사를 골라 읽으며 스마트폰으로 녹음한 뒤, 1분 동안 몇 자를 읽는지 확인하며 템포를 다듬었다. 뉴스 기사는 논리적이고 간결해서 핵심만 짚는 습관을 길러 주었다. 익숙해지면 에세이, 인터뷰, 토론 프로그램을 보며 다양한 상황에서의 말투를 관찰했다. 이런 연습을 거듭하면서 나만의 자연스러운 말투가 자리 잡았다.

두 번째는 불필요한 표현을 줄이는 것이다.

"음…" "아…" "그런데 말이야" "뭐랄까" 같은 말버릇은 문장을 산만하고 어설프게 만든다. 예를 들어, "오늘 날씨가 너무 좋아서 제 기분까지 좋아지네요"라는 문장에 군더더기가 붙으면 이렇게 된다. "오늘, 이 날씨가 말이죠, 음… 아주 좋고, 그럼 제 기분도, 뭐랄까, 덩달아 좋아지네요" 흐름이 끊기고 어색함만 남는다.

이런 습관을 고치려면 자신의 평소 대화를 녹음해서 들으며, 불필요한 말버릇을 찾아 의식적으로 줄이는 것이 효과적이다.

세 번째는 문장 사이에 잠깐 멈추는 습관을 들이는 것이다.

예전엔 말을 끝내야 한다는 강박에 사로잡혀 성급하게 내뱉곤 했다. 그러다 보니 속도만 빨라지고 생각이 따라가지 못해 말을 더듬거나 실수했다. 문장 사이 2~3초 멈추기를 연습하자 말이 정돈되고 신뢰감이 더해졌다. 그 짧은 여백이 말에 무게를 실어 주었다.

네 번째는 복잡한 내용을 3단계로 나누는 '123 법칙'이다.

논점을 1, 2, 3단계로 간단히 나눠서 정리하면 메시지가 명료해지고, 듣는 이는 쉽게 따라오며, 말하는 이는 더 당당해 보인다. 구조화된 말은 자신감을 자연스럽게 돋보이게 한다.

그렇다면 자신감 있는 사람은 어떻게 행동할까? 그들은 몸짓이 안정적이고, 불필요한 동작이 없다. 시선은 차분하며 상대의 눈을 자연스럽게 마주한다. 키가 크든 작든 어깨를 펴고 절대 몸을 웅크리지 않는다.

이런 태도는 운동, 자세 교정, 거울 보기, 영상 촬영으로 충분히 다듬을 수 있다. 하지만 진짜 자신감은 내면에서 피어난다. 자신을 있는 그대로 받아들이고 단점까지 품을 줄 아는 사람이야말로 진정한 자신감을 지니게 된다.

언제나 여유롭고 편안한 인상을 주는 대만 배우 서기舒淇의 인터뷰가 문득 떠오른다. 그녀는 이렇게 말했다.

> "자신감도 연기예요. 레드 카펫을 걸을 때 저도 불안할 때가 많아요. 이 옷이 어울리는지, 내가 이곳에 맞는 사람인지 고민하죠. 하지만 자신감은 숱한 불안이 쌓인 끝에 나오는 거예요. 그 불안을 넘어서야 진짜가 돼요."

놀랍지 않은가? 레드 카펫에서 빛나는 그녀조차 자신감을 연기하며 불안을 다스렸고, 그 과정에서 진짜 자신감을 얻었다.

자신감은 타고나는 게 아니라 연습과 경험으로 길러진다. 처음엔 연기로 시작해도 타인의 긍정적인 반응을 받으며 점차 내 것으로 만드는 것이다.

흥미롭게도 남성은 여성보다 자신감 연기에 능숙한 경향이 있다. 사회적 인정과 남성적 이미지를 위해 자신감을 과시하며 자아를 포장한다. 그런데 2010년 한 연구(Johansson-Stenman & Nordblom, 2010)에서 남녀의 자신감 수준에 유의미한 차이가 없음을 밝혔다. 즉, 남성의 '불가사의한 자신감'은 타고난 게 아니라 학습된 연기일 가능성이 크다는 것이다. 또 다른 연구(Risse, Farrell & Fry, 2018)는 남성들의 이런 연기가 소득 수준에도 영향을 미친다고 했다.

겉으로 자신감이 넘쳐 보인다고 해서 그것이 전부는 아니다.
유명인이든 일반인이든 상관없이,
자신감은 후천적으로 갈고닦는 기술이다.
누구나 연습과 경험을 통해 자신감을 키워낼 수 있음을 기억하자.

048 질문에 답하기 전 상대의 의도를 파악하라

○
●

누군가 질문했을 때, 바로 답하기 전에 질문자의 진짜 속내를 파악하는 게 중요하다. 그렇지 않으면 자칫 불리한 상황에 빠질 수 있다.

예를 들어, "퇴근 후 뭐 하세요?"라는 말은 저녁을 같이 먹자는 제안이 아닐 수도 있다. "별일 없어요"라고 성급히 대답했다가, "잘됐네요, 물건 옮기는 거 도와주시겠어요?"라는 본심을 마주할 수 있다. "주말에 뭐 할 거예요?"에 "특별한 계획 없어요"라고 하면, "제가 결혼식 가야 해서 이 일 좀 대신해 주세요"라는 요청이 날아올 수도 있다.

이렇게 덜컥 대답하다 보면 곤란한 처지에 놓이기 쉽다.

<u>질문을 받으면 "무슨 일이죠?"라며 의도를 먼저 확인하고, 신중히 응대하는 편이 낫다.</u> 불필요한 오해나 불편을 피할 수 있는 현명한 길이다.

사장님의 비서로 일할 때, 결재받으러 온 직원들을 자주 마주했다. 아무리 친한 동료라도 나는 늘 "결재받으실 내용이 뭔가요?"라고 먼저 물었다. 프로젝트 신청서, 재무 정산서, 업무 보고서 등 구체적인 답을 들으면, "이따 사장님께 전달해 드리고 나서 다시 연락드릴게요"라고 말했다. 비서의 역할은 단순히 요청을 전달하는 데 그치지 않는다. 상사의 시간과 에너지

를 효율적으로 관리해 업무가 매끄럽게 흐르도록 돕는 게 핵심이다.

때로는 사람들이 무례한 질문을 던지기도 한다.

"아버지와 사장님이 친하다면서요?"

"남자친구 있어요?"

"연말 보너스로 얼마 받아요?"

이런 질문을 받으면 나는 "왜 그런 질문을 하시는 거죠?"라고 가볍게 반문하며, 상대가 선을 넘었음을 간접적으로 인식시킨다.

　　인생은 단답형 시험이 아니다.
　　급히 답할 필요 없이, 여유를 갖고 생각한 뒤
　　준비된 말을 꺼내는 게 중요하다.
　　이렇게 하면 말과 행동에서 더 주도적으로 상황을 이끌 수 있다.

049 귀를 기울이고, 열린 질문을 던져라

○
●

내가 기자로 첫발을 내디뎠을 때, 선배들이 입을 모아 건넨 조언이 있다.

> "대화의 달인은 말이 많은 사람이 아니라, 두 가지를 잘하는 사람이다."

그 두 가지는 바로 이것이다.

1. 많이 듣기

인터뷰에서 이상적인 듣기와 말하기의 비율은 '듣기 70%, 말하기 30%'이다. 상대가 주도적으로 이야기를 풀어 가고, 나는 그 흐름을 받쳐 주는 역할에 집중한다. 이때 중요한 건 고개를 끄덕이거나 상대의 말을 간단히 되새기며 '경청하고 있다'라는 신호를 보내는 것이다. 예를 들어, "그렇군요"라거나 "그때 기분이 어땠어요?" 같은 반응은 상대를 편안하게 하고, 더 많은 이야기를 끌어낸다.

이 방식은 낯선 환경에서도 빛을 발한다. 새로운 상황에서 섣불리 나서기보다 귀를 열고, 주변을 살피며, 메모한 뒤 입을 여는 편이 효율적이다.

말이 많은 사람과 대화할 때 말이 서툰 사람은 긴장해서 더 침묵하게 된다. 대화가 한쪽의 독백으로 흘러가면 듣는 이는 결국 불편함을 느끼게 되는데, 많이 듣는 습관은 이런 불균형을 막아 준다.

2. 개방형 질문 던지기

저널리즘에서 자주 나오는 '개방형 질문'과 '폐쇄형 질문'의 차이를 알면 대화가 한결 부드러워진다. 폐쇄형 질문은 "네"나 "아니요"로 끝나는 단순한 물음이다. "어제 부탁한 일 했어?" "오늘 숙제 다 했어?" "오늘 출근했어?"와 같은 질문에는 단답으로 응대해 흐름이 끊기기 쉽다.

반면, 개방형 질문은 상대가 생각을 풀어 놓게 만든다. "너희 동네에 가 볼 만한 카페가 있어?" "숙제를 정말 꼼꼼하게 했네, 어떤 자료를 가지고 했어?" "어떤 업종에서 일해?" 같은 질문이 그렇다. 기자 시절, 나는 이런 식으로 물었다. "이 일에 대해 어떻게 생각해?" "그때 무슨 일이 있었어?" "어려운 순간은 어떻게 버텼어?" 이런 질문은 상대의 깊은 이야기를 끌어내는 열쇠였다.

개방형 질문은 대화를 끊지 않으면서 상대의 말을 풍성하게 만든다. 이는 자연스럽고 생기 있는 대화를 만드는 비결이라 할 수 있다.

> *많이 듣고, 열린 질문을 던지는 건 단순한 기술이 아니라*
> *진정성 있는 태도다.*
> *상대에게 진심으로 귀 기울일 때, 긍정적인 반응이 저절로 따라온다.*
> *진정성이 담긴 대화는 그렇게 시작된다.*

050 대화의 이타성

○
●

어느 날, 한 사람이 목사에게 물었다. "기도할 때 담배를 피워도 되나요?" 목사는 단호히 답했다. "절대 안 됩니다. 그건 불경스러운 행동이에요." 이번엔 다른 사람이 질문을 바꿔 물었다. "담배를 피울 때도 기도할 수 있나요?" 이번에는 목사의 대답이 달랐다.

"물론이죠. 언제든 기도할 수 있습니다."

같은 내용의 질문이지만, 표현 방식에 따라 전혀 다른 반응이 나왔다. 이는 말의 순서와 전달 방식이 대화의 흐름을 얼마나 좌우하는지를 보여준다. 그래서 나온 것이 '대화의 네 가지 황금 법칙'이다.

> 첫째, 상대가 듣고 싶어 하는 말을 하라.
> 둘째, 상대가 받아들일 수 있는 말을 하라.
> 셋째, 내가 해야 할 말을 하라.
> 넷째, 내가 하고 싶은 말을 하라.

십여 년 전, 신문사 광고부 부장으로 일할 때였다. 팀에 영입하고 싶은 한 여직원이 있었는데, 능력은 뛰어났지만 경력이 부족하다는 점이 유일한 걸림돌이었다. 나는 '대화의 네 가지 황금 법칙'을 떠올리며 사장님과의 대화를 준비했다.

첫째, 상대가 듣고 싶어 하는 말로 시작하라.

사장님은 회사의 성장과 성과에 관심이 많았다. 그래서 나는 이렇게 입을 뗐다.

"올해 9월부터 12월까지 광고 사업이 크게 성장할 가능성이 있습니다."

사장님의 눈이 반짝였고, 대화는 자연스럽게 물꼬를 텄다. 이처럼 대화를 시작하기 전에 상대의 관심사를 먼저 건드리면 문이 열린다.

둘째, 상대가 받아들일 수 있는 말을 하라.

이어서 나는 성과를 위한 구체적인 방안과 필요한 지원을 설명하며, 그 여직원의 역량을 강조했다. "그 여사원이 이번 성장의 핵심 역할을 맡을 수 있어요." 사장님은 내 제안이 합리적이고 그녀가 적합한 인재라는 점을 자연스럽게 받아들였다.

셋째, 내가 해야 할 말을 분명히 하라.

마침내 본론으로 들어갔다. 나는 솔직히 밝혔다.

"그 직원을 팀원으로 영입하고 싶습니다. 개인적인 호감이 아니라, 순전히 업무적 필요로 그 여사원을 추천하는 것입니다. 부족한 경력은 더 높은 목표를 설정해 충분히 보완할 수 있습니다. 채용은 공정하게 진행하겠습니다."

다행히도 사장님은 긍정적인 반응을 보였다.

넷째, 내가 하고 싶은 말로 마무리하라.

대화는 부드럽고 긍정적인 여운으로 끝맺는 것이 좋다. 그래서 나는 이렇게 마무리했다.

"올해 판매 목표를 초과 달성하기 위해 최선을 다하겠습니다. 오늘 공유한 모든 계획은 그 목표를 순조롭게 달성하기 위한 밑그림입니다."

사장님은 여유로운 미소를 지으며 몇 마디 농담까지 건넸다. 며칠 후, 나는 사업 계획과 해당 직원의 채용이 모두 승인되었다는 통보를 받았다.

그 후 몇 년간, 나는 실망스러운 소통 또한 적잖이 겪었다. 한번은 한 영업 사원과 실적 하락 문제를 회의하던 중, 그가 말했다. "이 바닥 전체가 다 하락세예요. 다른 회사들은 더 심하던데요, 뭘."

이런 역경 속에서도 해결책이 있을지 물었지만, 그는 생각도 하지 않고 툭 내뱉었다. "어렵죠."

이런 태도는 참기 힘들다. 질문 하나를 던지면 변명은 열 가지가 쏟아지지만, 그 안에 '내 노력이 부족했다'라는 단 하나의 반성도 없다. 오직 '업계 탓이지, 내 잘못이 아니야'라는 이기적인 방어뿐이다.

'대화의 네 가지 황금 법칙'은 단순한 대화 기술이 아니라, 이타적인 태도에서 출발한다. 상대의 입장을 먼저 헤아리고 그들의 생각을 읽어, 같은 주파수에서 공감하는 것이 먼저다.

✶ 충분한 이해가 이루어진 후에 자신의 요구를 제시하고,
그것이 합리적임을 증명함으로써 상대의 지지를 얻을 수 있다.
이 흐름이 단단히 받쳐 줄 때,
공동의 목표를 향한 건설적인 대화가 가능해진다.

6장 관계성

내가 '나'를 억압하지 않게

051 대립을 협력으로 전환하는 방법

○
●

한때 나는 모든 일이 뜻대로 풀리지 않는다는 느낌에 사로잡힌 적이 있었다.

- 주말 외출 계획을 세웠는데 딸이 갑자기 집에서 역할놀이를 하자고 조른다.
- 팀원들과 일주일간 공들인 제안을 고객이 새 아이디어를 요구하며 뒤엎는다.
- 이사회에서 투자자들이 내가 야심 차게 준비한 신사업 프로젝트를 단칼에 부정한다.

마치 온 세상이 나에게 맞서는 것만 같았다.

'대립을 협력으로 바꿀 방법은 없을까?'

고민 끝에 나는 깨달았다. 내 뜻과 어긋나는 상황은 사고의 경직에서 비롯되며, 관점을 바꾸면 길이 열린다는 사실을. 그래서 세 가지 마인드셋을 시도했고, 그 효과는 놀라웠다.

<u>첫 번째는 역발상이다.</u> 반대하는 이를 설득하려 애쓰기보다 동맹을 먼저 찾는 게 낫다.

우리는 직장에서 다양한 사람들을 만난다. 협력하기 쉬운 이도 있고, 자주 의견이 부딪치는 이도 있으며, 아예 손잡기 힘들어 보이는 이도 있다. 정면 대결은 서로를 지치게 하고 조직의 조화도 깬다. 그래서 나는 한발 물러서는 길을 택했다. 진심과 가치를 담아 다가가자, 팽팽했던 긴장이 풀리며 대립이 협력으로 전환되는 경우가 많았다.

몇 년 전, 집필하던 책이 거의 마무리 단계에 이르렀을 때, 책의 제목이 다른 작가의 것과 겹친다는 사실을 알게 되었다. 설상가상으로 두 책의 출간 시기도 거의 맞물려 있었다. 그 순간, 나는 내가 아닌 상대의 관점에서 먼저 생각해 보기로 했다.

'그 작가는 이미 홍보 자료를 준비했을까? 제목을 바꾸는 데 드는 비용은 얼마나 될까? 내가 제목을 변경하면 더 나은 선택지가 생길 수도 있지 않을까?'

몇 가지를 고민한 끝에, 나는 제목을 바꾸기로 결심했다.

그날 저녁, 편집자와 긴급회의를 열어 원고, 구성을 재정비해 제목에 대해 논의했다. 그러던 중 뜻밖에도 더 좋은 아이디어가 떠올랐고, 책에 대한 이해도 한층 깊어지는 느낌이었다. 출간 일정은 15일 정도 미뤄졌지만, 수정 작업 덕에 책의 완성도가 눈에 띄게 높아졌다.

결국 두 책 모두 좋은 성과를 거두었다. 역발상 전략이 제대로 통한 순간이었다.

제목 충돌은 그저 우연일 뿐 누구의 잘못도 아니었다. 만약 그때 '왜 내가 양보해야 하지?'라며 고집을 부렸다면, 상대 사정도 모른 채 서로 손해만 봤을 것이다.

이 경험을 통해 나는 확신했다. 우리가 '적'이라고 생각하는 존재는 실은 우리의 상상 속에만 있을지도 모른다. 이익과 목표가 다를 뿐, 열린 마음으로 다가가면 대립을 협력으로 바꿀 길은 언제나 있다.

두 번째는 열린 마음으로 공통점을 찾고 차이를 존중하는 것이다. 결혼 전문가들은 오랫동안 건강한 결혼 생활을 유지하는 부부들은 보통 '열정형'이 아닌 '친구형' 관계를 유지한다고 말한다. 실제로 부부 사이에 의견이 일치하는 부분은 약 30%에 불과하며, 나머지 70%는 갈등의 씨앗이 될 가능성이 크다. 각자의 개성이 강할수록 협력의 중요성이 더욱 커진다. 서로의 차이를 외면한다면, 아무리 가까운 사이라도 대립으로 흘러가기 쉽다.

중국에서 실시한 결혼 관련 조사에서 '배우자 선택의 핵심 조건'을 물었더니, 젊은 여성의 61%, 남성의 46%가 '삼관일치三觀一致', 즉 세계관, 인생관, 가치관의 조화를 꼽았다. 삼관일치라고 해서 반드시 같은 취미나 관심사를 가져야 한다는 뜻은 아니다. 서로의 차이를 인정하고 이해하며 존중하는 태도가 본질이다.

예를 들어, 나는 영화를 좋아하고 상대방은 게임을 좋아한다고 해서 삼관이 어긋난다고 볼 수는 없다. 하지만 영화를 좋아하는 나에게 상대가 "영화는 예술인 척하는 허세야"라고 비아냥거린다면, 이것이야말로 삼관의 충돌이다.

주변을 보면 성향이 달라도 행복하게 사는 부부나 연인이 적지 않다. 홍콩 배우 류가령劉嘉玲과 양조위梁朝偉가 대표적인 예다. 두 사람은 성격도,

삶의 방식도 극과 극이지만, 오랜 세월 안정적이고 따뜻한 관계를 이어 왔다. 특히 예술적 감성이 풍부한 양조위는 현실에서 만나기 드문 독특한 성향을 갖고 있다.

류가령은 한 리얼리티 쇼에서 그를 떠올리며 말했다.

"사람들은 빛나는 양조위만 보지만, 저는 그의 부족함까지 알죠."

불평이 아닌 깊은 이해와 존중이 담긴 한마디였다. 그녀는 남들이 보지 못하는 그의 결핍이 오히려 그를 더 특별하게 만든다고 생각했다.

실제로 두 사람의 결혼식부터 집의 인테리어까지 모든 것은 류가령이 직접 주도했다. 결혼 준비 과정에서 무엇을 했냐는 질문에 양조위는 능청스럽게 답했다.

"저는 그냥 즐기기만 하면 됩니다."

인테리어 공사가 시작되자 그는 짐을 싸서 떠났고, 공사가 끝난 후 다시 돌아왔다. 사교에 서툰 그는 연회에서도 조용히 혼자 앉아 있는 때가 많았다. 반면 류가령은 사교적인 성격으로 원만한 대인관계를 유지했다. 양조위는 런던에서 비둘기에게 먹이를 주는 데서 즐거움을 찾고, 류가령은 같은 시간, 광고 촬영과 투자 활동에 열정을 쏟는다.

양조위의 생일, 류가령은 SNS에 이런 글을 남겼다.

"사랑은 상대를 변화시키는 것이 아니라, 옆에서 기다려 주는 것이다."

그녀는 그의 순수함을 지켜 주려 했고, 양조위도 그녀에 대한 신뢰를 솔직히 드러냈다.

"많은 일에서 그녀의 조언이 필요해요."

서로의 차이를 끌어안고 존중하며, 두 사람은 각자의 방식으로 완벽한 조화를 이루었다.

심리학자 데이비드 슈나처David Schnarch는 그의 저서 『열정적인 결혼Passionate Marriage』에서 이렇게 말했다.

"성공적인 결혼의 핵심은 인정받고 싶은 욕구에서 이해받고 싶은 욕구로의 전환이다."

류가령은 남편의 부족함마저 특별함으로 받아들였고, 양조위는 그녀의 신뢰를 삶의 버팀목으로 삼았다. 서로 다른 성향을 존중하는 열린 마음이 두 사람을 깊이 이어 준 것이다.

세 번째는 공감으로 상호 이익을 도모하는 것이다. 몇 년 전, 직장에서 "참거나, 밀어붙이거나, 아니면 떠나라"라는 말이 유행했다. 얼핏 들으면 꽤 강단 있어 보이지만, 이런 태도로 일하다 보면 정작 중요한 본질을 놓치게 된다.

직장에서 생기는 갈등과 대립은 대개 이해관계 충돌이나 관계의 미숙함에서 비롯된다. 특히 감정을 조절하지 못하거나 타인의 감정을 오해할 때 갈등은 더욱 깊어진다.

미국의 심리학자 칼 로저스Carl Rogers는 '공감empathy'이라는 개념을 처음 제시했다.

"공감이란 상대의 감정과 생각을 헤아리고, 그들의 관점에서 문제를 바라보며 해결책을 찾는 능력이다."

이는 타고나는 게 아니라 후천적으로 충분히 키울 수 있는 기술이다.

공감은 대립의 뿌리를 파헤치고, 서로를 잇는 접점을 찾아 협력의 문을 열어 준다.

가끔 누군가 나를 무시하는 듯한 태도를 보일 때가 있다. 이는 상대가 내 능력이나 경험이 부족하다고 오해했기 때문일 것이다. 아니면 내가 하는 일이 그들의 이익을 위협한다고 느꼈거나, 내 말투와 행동이 그들에게 불편하게 다가갔을 수도 있다.

이런 상황에 부딪히면 당황스럽고 억울할 수 있지만, 약간의 사고 전환이 필요하다. 상대의 관점에서 나를 바라보면, 그들의 감정이 조금씩 이해되기 시작한다.

우리는 어릴 때부터 비교와 경쟁의 환경 속에서 자라왔다. 시험 성적에서부터 대학 진학, 취업까지, '네가 넘어져야 내가 앞선다'라는 사고가 자연스럽게 몸에 배었다. 모든 에너지를 경쟁에 쏟다 보면 관계를 망가뜨리고, 나 자신도 지치게 된다.

스티븐 코비Stephen Covey는 『성공한 사람들의 7가지 습관』에서 성공을 이루기 위한 세 가지 습관으로, '상호 이익을 추구하는 사고방식' '상대를 먼저 이해하고 나를 이해하기' '시너지 창출'을 꼽았다.

이 원칙들은 한 가지 공통된 전제를 갖는다. '타인의 협력 없이는 결코 성공에 이를 수 없다는 것'. 직장은 혼자만 잘한다고 돌아가는 곳이 아니다. 아무리 뛰어난 능력을 갖췄어도 협력의 가치를 깨닫지 못하면 결국 한계에 부딪힌다.

공감은 그 협력의 첫걸음이다. 상대의 감정과 입장을 들여다보며 문제를 함께 풀어 가면, 갈등의 원인이 드러나고, 해결의 실마리가 잡힌다. 물론 사람마다 느끼는 방식과 우선순위가 다르기에, 공감이 언제나 완벽한 이해로 이어지진 않는다. 그래도 다른 시각을 열어 주고, 대립을 풀어 갈 실질적인 방법을 찾아가는 데 공감만큼 좋은 도구는 없다.

물론 모든 대립을 협력으로 바꿀 수 있는 건 아니다. 여러 방법을 시도해도 관계가 풀리지 않는다면, 더 애쓸 필요는 없다. 세상에는 '무관심한 무심함'이라는 거리감도 존재하기 마련이다. 어떤 관계든 절대적으로 대체 불가능한 경우는 드물고, 의미 없는 대립에 매달리는 건 집착일 뿐이며 상처만 남긴다.

> *어떻게 해도 풀리지 않는 관계나 일은 과감히 내려놓자.*
> *마음을 비우고 새로운 길을 찾는 게*
> *나를 살리는 현명한 선택이 될 수도 있다.*

052 곤란한 순간의 페이지를 넘기는 법

○
●

우연히 알게 된 한 사람이 있었다. 그런데 그를 만날 때마다 늘 난감한 상황이 벌어지곤 했다. 말이 너무 많아서 내가 끼어들 틈조차 찾기 어려웠기 때문이다. 그렇다고 중간에 말을 끊자니 예의에 어긋날 것 같아 망설여졌다. 그러던 중, 자연스럽게 대화의 흐름을 바꿀 방법을 떠올렸다. 바로 물건을 떨어뜨리는 것이었다. 나는 열쇠나 펜, 휴지 같은 작은 물건을 일부러 툭 떨어뜨린 뒤, 그것을 주우며 자연스럽게 내 이야기를 꺼냈다. 이 방법을 쓰면 상대의 말을 억지로 끊지 않으면서도 대화를 부드럽게 전환할 수 있었다.

누군가가 화를 낸다면 어떻게 대처해야 할까? 똑같이 감정을 쏟아내기보다는 침착함을 유지하는 게 핵심이다. 그러면 상대는 점차 기세가 꺾이며 당황하기 시작한다. 만약 상대의 분노가 가라앉지 않고 더 격해진다면, 아예 반응하지 않는 것도 하나의 방법이다. 책을 펼치거나 책상을 정리하거나, 가방을 챙겨 조용히 자리를 뜨는 식으로 말이다. 상대는 화를 내며 상황을 장악하려 하지만, 내가 전혀 동요하지 않으면 그 흐름이 깨지고 결국 주도권은 내게 넘어온다.

남을 험담하는 게 과연 쓸모 있을까? 사실 험담이 가장 큰 타격을 주는 대상은 다름 아닌 그 말을 하는 사람 자신이다. 심리학에서는 이를 '무의식적 특성 전이'라고 부른다. 누군가를 칭찬하면 듣는 이는 자연스레 말하는 사람에게서도 그런 특성을 찾으려 한다. 반대로 남을 깎아내리면 그 부정적인 이미지는 험담하는 사람에게도 덧씌워진다. 그러니 남을 비난하는 말은 삼가고, 부정적인 소식을 전하는 사람이 되지 않는 게 현명하다.

중요한 자리에서 갑자기 긴장감이 몰려오면 어떻게 해야 할까? 내가 찾은 가장 간단하면서도 확실한 방법은 껌을 씹는 것이다. 동물은 안전한 상태에서만 먹이를 먹기 때문에, '씹는 행위'는 몸이 안전하다는 신호로 작용해 자연스럽게 긴장을 완화한다. 게다가 순간적인 긴장감을 분산시키는 데도 제격이다. 그래서 나는 강연이나 중요한 행사를 앞두고 늘 껌을 챙긴다.

누군가가 내 도움을 받고 고마워한다면, 어떻게 답하는 것이 좋을까? 예전에는 이렇게 말하곤 했다. "아니에요, 별거 아니니까 신경 쓰지 마세요"

하지만 이 말은 적절하지 않다. 내가 한 일이 하찮게 들릴 뿐 아니라, 상대방의 부탁마저 가볍게 여겨질 수 있기 때문이다. 대신 이렇게 답하는 게 더 좋다.

"천만에요. 다음에 저도 도움이 필요하면 부탁드릴게요."

상대와의 관계에서 자연스럽게 여지를 남기면서도
호의를 주고받는 분위기를 만들어라.
그러면 상대는 나를 더 기꺼이 돕고 싶어질 것이고,
이는 긍정적인 관계로 이어진다.

053   친밀한 관계
= 개방성 + 반응성

○
●

    타인과 좋은 관계를 유지하려면 어떻게 해야 할까?

    스탠퍼드대 경영대학원 조직행동학 교수 칩 히스Chip Heath와 듀크대 사회기업 개발센터 연구원 댄 히스Dan Heath 형제는 이를 간단한 공식으로 정리했다.

'친밀한 관계 = 개방성 + 반응성'

    먼저, '개방성'은 신뢰를 바탕으로 마음의 벽을 허물고 상대를 더 깊이 이해하려는 태도다. 화려하고 멋진 모습만 보여 주는 게 아니라, 부족한 부분이나 실수했던 순간까지도 솔직하게 나눌 수 있어야 한다. 가면을 쓰지 않아도 되는 편안함이 개방성을 통해 만들어진다.

    예를 들어, 내가 감정 기복이 심하고 눈물이 많은 성격이라고 고백했을 때, 상대가 "나는 사람 많은 곳에서 유독 긴장하는 사회성 불안이 있어"라고 털어놓는다면 어떨까? 이런 '약점 교환'은 두 사람 사이의 거리를 단숨에 좁혀 준다. 가벼운 일탈을 함께 겪은 이들이 유독 가까워지는 것도 같은 맥락이다. 다만, 약점은 사소한 단점 정도로 한정하는 게 좋다. 깊은 후회나 무거운 비밀은 굳이 꺼내기보다 마음에 묻어 두는 편이 현명하다.

그렇다면 친밀한 관계를 지속하려면 무엇이 필요할까? 바로 '반응성'이다. 사회심리학자 해리 라이스Harry Reis는 2007년 연구에서 좋은 관계의 본질을 '서로를 민감하게 느끼고 반응하는 것'으로 정의했다. 그는 반응성을 세 가지 요소로 설명한다.

◆ 이해 – 단순히 상대를 아는 것을 넘어, 상대가 자신을 어떻게 바라보는지, 무엇을 소중히 여기고 무엇을 꺼리는지까지 헤아리는 것.
◆ 수용 – 상대가 원하는 것과 상대의 존재 자체를 존중하는 마음. 꼭 동의하지 않더라도 인정하는 태도.
◆ 배려 – 상대가 필요로 할 때 기꺼이 손을 내밀고 진심으로 돕는 것.

반응성이 부족하면 관계는 금세 흔들린다. 당연한 말 같지만, 현실에서는 이를 놓쳐 관계가 어긋나는 경우가 많다.

밸런타인데이를 예로 들어 보자. 그날이 다가오면 많은 남성이 고민에 빠진다.

'왜 여자친구는 내가 고른 선물을 좋아하지 않을까?'

답은 간단하다. 여자친구의 취향을 제대로 모르기 때문이다. 여행을 좋아하는지, 가방을 선호하는지조차 파악하지 않은 채 그저 '괜찮아 보이는' 선물을 고를 뿐이다. 심지어 가방을 좋아한다는 이유로 '허영심이 강하다'고 단정 짓기도 한다. 하지만 여성들에게 가방은 단순한 소품이 아니다. 립스틱, 열쇠, 티슈, 향수, 수첩, 생리대까지 담는 '작은 집' 같은 존재다.

이해와 수용이 부족하면 배려도 빗나가기 쉽다. 여자친구가 가방을 원한다는 신호를 읽지 못한 남자친구는 엉뚱한 색의 립스틱이나 책을 선물하고, 결국 기대에 못 미치는 선물에 여자친구가 실망하는 상황이 반복된다.

> 친밀한 관계는 개방성과 반응성이 어우러질 때 빛을 발한다.
> 개방성은 신뢰의 또 다른 이름이다.
> 상대의 장점뿐 아니라 단점까지 받아들이고,
> 나 역시 완벽한 모습만 보여 주려 애쓰지 않아도 되는 편안한 상태다.
> 반응성은 이해와 수용의 결실이다.
> 상대가 나와 다른 생각을 품더라도 고치려 들지 않고,
> 내 취향을 강요하기보다 상대에게 맞는 방식으로
> 관심과 배려를 전하는 것이다.
> 이 두 가지가 어우러질 때, 관계는 더 단단하고 따뜻해진다.

054 건강한 인간관계의
　　　여섯 가지 특징

○
●

"어떤 사람과 교류해야 가치가 있을까?"

이 질문은 오랫동안 내 머릿속을 떠나지 않았다. 그러다 미국 심리학자 헨리 클라우드Henry Cloud의 『타인의 힘The Power of the Other』을 읽고 나서 어렴풋이 답을 찾았다. 그는 건강한 관계를 여섯 가지 특징으로 정리하며, 우리가 어떤 관계를 만들어 갈지 고민할 기준을 제시한다.

1. 서로를 위해 자연스럽게 움직이는 마음

좋은 관계에서는 상대의 필요와 행복을 저절로 고민하게 된다. 이해관계가 엇갈릴 때도 '어떻게 하면 우리 둘 다 잘될까?'라는 생각이 먼저 떠오른다. 반면, 건강하지 않은 관계에서는 자신의 이익만을 위해 상대를 희생시키려는 태도가 두드러진다.

창업으로 바빠 숨 쉴 틈 없던 시절, 늘 먼저 연락하는 친구가 있었다.

"네가 더 바쁘니까 내가 먼저 챙겨야지."

그 한마디에 담긴 따뜻함은 이루 말할 수 없었다. 건강한 관계에서는 한쪽이 일방적으로 배려하는 게 아니라, 서로 자연스럽게 주고받는 흐름이 생긴다.

2. 진정한 배려가 깃든 대화

지금까지 나는 많은 관계를 정리해 왔다. 이유는 간단했다. 그 사람 앞에서 진짜 나를 꺼낼 수 없었기 때문이다. 상대는 내가 자신의 의견에 무조건 동의하기를 바라며, 조금이라도 반대하면 불편한 기색을 보이거나 비난하곤 했다.

건강한 관계는 다르다. 의견이 달라도 상대의 입장을 헤아리려 노력한다. 자신의 생각을 강요하거나 상대를 억지로 바꾸려 들지 않고, 있는 그대로 받아들인다.

3. 서로의 원칙을 존중하는 태도

진정한 관계란 "아니요"라고 말할 수 있고, 거절할 자유가 있는 관계다.

나는 쓸데없는 잡담을 좋아하지 않고, 성향상 남의 사생활을 캐묻지도 않는다. 이런 나를 상대가 존중해 주길 바라는 만큼, 나도 상대의 방식을 지켜 주려 한다. 남들이 보기에 조금 독특한 습관이라 해도 상관없다. 건강한 관계에서는 서로를 통제하거나 경계를 넘지 않는다.

4. 감정적 독립의 균형

20대 시절, 강압적인 남자친구를 만난 적이 있었다. 그는 내가 늘 그의 감정에 맞춰 공감해 주길 기대했다. 기분이 나쁘면 내가 달래 주는 걸 당연하게 여겼고, 어느새 그게 내 역할처럼 굳어졌다. 하지만 그의 모든 감정을 떠안는 건 너무나 버거웠다. 위로하고 싶어도 그의 모든 문제를 내가 해결해 줄 수는 없었다.

건강한 관계에서는 감정적으로 독립적이다. 자신의 감정을 상대에게 떠넘기거나, 상대가 모든 걸 책임져 주길 바라지 않는다.

우리는 타인을 억지로 웃게 할 의무도, 그들의 부정적인 감정을 대신 짊어질 책임도 없다. 누구나 스스로 행복을 가꿀 힘을 키워야 하며, 누군가가 나를 구원해 주길 바라는 마음은 내려놓는 것이 현명하다.

5. 적당히 기대는 편안함

건강한 관계에서 '독립'과 '의존'은 서로 충돌하지 않고 조화를 이룬다. '적당한 의존'이란 필요할 때 스스럼없이 도움을 청할 수 있는 것이다. 상대가 부담스러워할까 망설이기보다 솔직하게 손을 내밀 수 있어야 한다.

우리 아버지는 나이가 들면서 점점 소심해지셨다. 뭔가를 원해도 말로 표현하지 못하고, 그저 내가 알아서 채워 주길 기다리는 듯했다. 하지만 세대도 다르고 생활 방식도 달라 내가 아무리 신경 써도 모든 걸 눈치채긴 힘들었다.

어느 날 아버지와 허심탄회하게 이야기를 나눴다.

"아빠, 아빠는 제게 가장 소중한 사람이에요. 필요한 게 있으면 꼭 말씀해 주세요. 제가 할 수 있으면 최선을 다하고, 안 되면 솔직히 말할게요."

아버지는 멋쩍게 웃으며 대답하셨다.

"네가 바빠 보여서 말 꺼내기 어려웠지."

나도 웃으며 말했다.

"아빠가 참기만 하시면 오히려 제가 더 서운해요."

그 후 아버지는 내게 부탁하는 데 한결 편해지셨고, 나 역시 부탁을 자연스럽게 받아들이거나 거절할 수 있게 되었다. 그렇게 우리 관계는 더 단단해졌다.

6. 함께 성장한다는 느낌

서로를 통해 더 나은 사람이 되어 간다고 느끼는 것, 이것은 건강한 관계의 본질이자 가장 큰 선물이다.

일본 경영자 다나카 가즈오는 이렇게 말했다.

> "나를 위해 '떠나기'를 실천하세요. 누군가를 떠나는 건 그 사람이 나쁘기 때문이 아니라, 그와 함께 있으면 내 상태가 나빠지기 때문입니다. 상대가 내 약점이나 불안을 자극한다면, 그를 떠나는 게 최선입니다."

한때 나는 많은 관계를 붙잡으려 애썼다. 하지만 이 여섯 가지 기준으로 돌아보니, 무엇을 지키고 무엇을 놓아야 할지 명확해졌다.

✳ *우리는 삶 속에서 수많은 인연을 만난다.*
오랜 친구가 멀어질 수도 있고,
새로운 누군가가 기쁨을 가져다주기도 한다.
복잡하지 않고 건강한 관계야말로 행복의 뿌리라는 것을 잊지 말자.

055   귀인을 만나는
네 가지 길

○
●

1. 자신의 가치를 알고 이타적으로 다가가기

인간관계는 본질적으로 가치를 주고받는 과정이다. 모든 사람은 평등한 인격을 가졌지만, 자원의 분배는 그렇지 않다. 그러니 내가 무엇을 지녔고, 무엇이 부족한지 냉정히 파악하는 게 먼저다.

젊은 여성이라면 시간, 에너지, 잠재력, 감정적 공감 같은 강점이 있을 수 있다. 반면 자금, 정보, 기회는 상대적으로 부족할지도 모른다. 귀인을 만났을 때, 내 강점을 진심 어린 태도로 드러내고 '내가 이 사람에게 어떤 도움을 줄 수 있을까?'를 고민한 뒤 도움을 청하는 순서가 현명하다.

언젠가 IT 업계의 큰 인물에게 조언을 구한 적이 있다. 나는 여성 콘텐츠 분야를 오래 연구해 왔다고 말하며, 필요하면 관련 인사이트를 나눌 수 있다고 제안했다. 그 덕에 내가 궁금했던 답을 얻었고, 나중에 그가 책을 낼 때도 내게 의견을 물으며 자연스럽게 좋은 인연으로 이어졌다.

반면 이런 메시지도 받아 본 적이 있다.

"선생님, 안녕하세요. 저는 ○○ 스승님의 학생입니다. 선생님과 스승님의 대화를 듣고서 깊은 감명을 받았습니다. 꼭 직접 뵙고 가르침을 받고 싶습니다."

이런 접근은 상대를 움직이기 어렵다. 스승이 직접 연결해 주지 않은 이유는 차치하고, 그의 말에서는 만남의 가치를 느끼기보다 부담감만 전해졌다. 때로는 부드러운 말투 뒤에 '당신은 나에게 뭘 해 줄 수 있나요?'라는 의도가 숨어 있기도 하다.

2. 외모에 기대지 않기

외모로 귀인을 끌어들이려는 생각은 버리는 게 낫다. 외모로 한 번 길을 열었다면 똑같은 방식에 의존하기 쉽다. 하지만 세상에 비밀은 없다. 그런 접근이 알려지면 귀인을 만난다는 의도가 엉뚱한 오해로 변질될 수 있다.

3. 지나친 계산 내려놓기

귀인은 반드시 나보다 훨씬 부유하고, 높은 지위에 있으며, 유명해야 한다는 생각은 큰 착각이다. 세상에는 '숨은 고수'가 많다. 겉보기엔 평범해도 그들이 어떤 인맥을 쌓았는지, 어떤 기반을 닦았는지 알 수 없다.

> "꽃은 백 일 동안 붉을 수 없고, 사람은 천 일 동안 좋은 운을 누릴 수 없다."

오늘 화려한 귀인도 내일은 뜻밖의 시련으로 평범해질 수 있다. 인생은 길고, 누구나 오르막과 내리막을 지난다. 이익만 따지며 다가가면 얄팍한 속내만 드러날 뿐, 그렇게 맺은 인연은 쉽게 끊어지는 법이다. 귀인도 어려움을 겪을 때가 있다. 그때 진심 어린 관심을 보이면, 그들이 다시 일어설 때 나를 다른 눈으로 보게 될 것이다. 설령 과거의 성공을 되찾지 못해도, 서로 주고받은 도움과 우정은 그 자체로도 값지다.

내가 만난 이들 중 오랫동안 성공적인 인생을 유지한 사람들은 모두 뛰어난 인품과 이타성을 갖추고 있었다.

4. 인내심으로 나를 키우기

자신의 능력이 뛰어날수록 교환할 가치가 커지고, 만날 수 있는 귀인의 수준도 높아진다. '상향 인맥'의 핵심은 인내심을 가지고 자신을 최고의 귀인으로 만드는 데 있다. 가치 있는 사람이 되어야 가치 있는 이들을 만날 수 있다.

> 나에게 귀인은 꼭 나에게 도움을 주는 이가 아니다.
> 내가 도움을 주기도 하며, 그 도움으로
> 서로의 인생이 더욱 따듯해지는 관계,
> 그것이 곧 서로를 귀인으로 만드는 관계이다.

056 쉽게 용서하지 않는 지혜

○
●

　예전의 나는 사람을 쉽게 용서했다. 큰 잘못이든 사소한 실수든, "미안해"라는 한마디에 "괜찮아"라고 곧바로 답하곤 했다. 덕분에 '착한 사람'이라는 말은 들었지만, 정작 내 이익은 누구에게도 중요한 문제가 되지 않았다.

　내가 달라지기 시작한 건 15년 전, 영업팀 책임자가 되면서부터였다. 당시 우리 팀 담당자가 다른 부서에 고객을 빼앗겼다. 상대는 규정의 빈틈을 교묘히 이용했지만, 우리는 고객을 되찾을 충분한 명분이 있었다. 고민하던 중 상대 팀원이 사과하러 찾아왔다.

　"죄송합니다. 우리 팀이 이 고객과 더 잘 맞을 것 같아서요. 다음부터는 조심할게요." 나는 바로 되물었다. "'다음부터'라니요? 그럼 이번 일은 어떻게 책임질 건가요?"

　그는 태연하게 대꾸했다. "그래서 이렇게 사과했잖아요."

　사과 한마디로 모든 걸 무마하고 이익을 챙기려는 태도였다. 더는 묵과할 수 없어 나는 단호히 말했다.

　"조금 전 사과에는 진정성이 없었어요. '내가 사과했으니 받아들이지 않으면 네가 문제다'라는 식으로 도덕적 압박을 주려나 본데, 사과는 당신 선택이고, 받아들일지 말지는 제 선택입니다. 지금 저는 그 사과를 받아들일 마음이 없습니다. 이 문제의 해결책은 두 가지예요. 첫째, 이번 건의 실적은 우리 팀에 귀속되어야 합니다. 둘째, 성과 수당 역시 우리 팀원들에게 돌아가야 합니다."

그러자 그가 말했다.

"책도 좀 읽어서 교양 있는 사람인 줄 알았더니, 전혀 아니네요."

나는 웃으며 답했다.

"말에 어폐가 있네요. 책을 좋아하면 손해를 감수해야 하나요? 제가 책을 읽는 건 이런 불합리한 손해를 피하려는 이유도 있죠."

결국 우리는 고객을 되찾았다. 정당했고, 끝까지 싸울 각오가 있었기 때문이다. 이 일을 계기로 나는 회사에서 '건드리면 물불 안 가리는 사람'이라는 이미지가 생겼다. 하지만 오히려 그 덕에 나를 함부로 대하는 이가 줄었고, 나는 그 결과에 매우 만족했다. 영업팀 책임자로서 팀의 이익을 지키지 못하면 누가 나와 함께 일하려 하고, 누가 규칙을 따르려 하겠는가? "미안해" 한마디로 모든 걸 덮으려는 얄팍한 태도를 눈감아 줄 수는 없었다.

불합리한 상황을 너무 쉽게 용서하면 결국 스스로 하찮게 만든다. 문득 진싱金星 선생님의 말이 떠오른다.

"상대가 나를 해치지 않으면 나도 해치지 않는다. 한 번 해치면 삼분의 일을 양보한다. 하지만 두 번 해치면 뿌리째 뽑는다."

능력으로 쟁취할 수 있는 것을 스스로 포기하는 건 '관용'일 수 있다.
하지만 애초에 얻으려 하지 않는 건 '나약함'이다.
이 둘을 혼동해서는 안 된다.

057 '지나친 선함'의 함정

○
●

어릴 적 나는 무척 순한 아이였다. 부모님은 말을 잘 듣는 나를 자랑스러워하셨고, 주변 어른들도 "예의 바르고 말 잘 듣는 아이"라며 칭찬을 아끼지 않으셨다.

그러던 어느 날, 엄마의 동료가 딸을 데리고 우리 집에 놀러 오셨다. 그 아이는 내가 가장 아끼던 애착 인형을 보고 "언니, 나 이거 갖고 싶어"라고 말했다. 내가 단호히 "안 돼"라고 하자, 아이는 금세 울음을 터뜨렸다.

그 모습을 본 엄마는 여느 부모님처럼 나를 타이르셨다. "언니니까 동생에게 인형을 양보해야지. 우리 샤오이는 착하고 이해심 많은 언니잖아?"

결국 내 소중한 인형은 그 아이 손에 넘어갔다. 하지만 그 인형 없이는 잠을 잘 수 없던 나는 그날 밤 한참을 울다 겨우 잠들었다.

어른이 된 후, 이런 글을 읽은 적이 있다. 두 마리 강아지를 키우던 주인이 한 마리를 포기해야 하는 상황에 놓였다. 한 마리는 물건을 물어뜯는 말썽꾸러기였고, 다른 한 마리는 순하고 얌전했다. 결국 주인은 순한 강아지를 포기했다. 이유는 간단했다. "이 강아지는 순해서 누구든 데려갈 거야."

그 문장을 읽는 순간 눈물이 왈칵 쏟아졌다.

또 이런 말도 있다.

> "성격 좋은 사람은 억울함을 참고, 남의 마음을 헤아리는 사람은 자신의 감정을 삼키며, 남을 돌보는 사람에겐 자신을 돌봐 주는 이가 없다. 울고불고하는 사람에게는 단 것이 주어지고, 이해심 많은 사람은 누구도 아껴 주지 않는다."

이건 불평이 아니라, 냉정한 현실이다.

결혼하고 딸을 낳은 뒤, 나는 또 다른 깨달음을 얻었다. 내 딸은 수줍음이 많아 어릴 때부터 사람들에게 쉽게 다가가지 못했다. 다른 아이들처럼 '할아버지, 할머니, 아주머니, 아저씨'라고 어른들을 자연스럽게 부르는 것도 어려워했고, 낯선 사람과 눈이 마주치면 고개를 푹 숙였다.

주변 어른들은 "저렇게 예의가 없어서야…"라며 혀를 찼지만, 나는 그 말이 거슬렸다. 그래서 친척들을 만날 때면 먼저 나서서 말했다.

"우리 딸은 낯을 많이 가려요. 표현을 많이 하지는 않지만 속은 따뜻하고 착한 아이예요."

시간이 지나자 사람들은 딸의 성향을 이해하기 시작했다. 다행히 딸은 점점 밝아졌고, 중학교에 들어가면서부터 수줍음을 떨치고 자연스럽게 사람들과 어울렸다.

나는 가끔 딸에게 이렇게 말한다.

"도리는 지키되, 너무 착하고 이해심 많은 사람이 되진 마."

억울하면 참지 말고 꺼내라고, 하기 싫은 일은 억지로 하지 말라고 당부한다. "착하네"라는 칭찬을 듣기 위해 자신의 이익을 포기할 필요는 없다. 사람마다 기준이 다르니 모두를 맞출 수는 없다. 그동안 나는 지나친 이해심으로 모든 걸 감당하려는 사람들을 많이 봤다. 그들은 묵묵히 책임을 떠안지만, 어느새 그게 당연한 일이 되어 버린다. 결국 너무 착한 사람은 쉽게 배신당하기 마련이다.

 착함도 좋지만, 때로는 자신을 지킬 강인함이 필요하다.

058   왜 나는 인간관계에서
                항상 약자가 되는가

○
●

한 독자가 내게 물었다.

"작가님, 왜 저는 인간관계에서 늘 약자가 되는 걸까요?"

대인관계에서 손해를 보고 수동적인 입장에 놓이는 가장 큰 이유는 자신만의 원칙과 기준이 없기 때문이다. 이런 사람들은 타인이 나를 어떻게 대하든 신경 쓰지 않고, 까다롭거나 무례한 행동, 심지어 무심코 상처를 주는 말도 묵묵히 받아들인다.

인간관계는 한 번 정해진 채로 고정되는 게 아니라, 끊임없는 대화와 교류 속에서 조정되며, 때로는 서로를 탐색하고 신경을 곤두세우는 과정이기도 하다.

생각해 보자. 학창 시절 친구, 직장 동료, 주변 지인, 심지어 연인까지, 처음 만났을 때는 서로 예의를 갖추고 조심스럽게 대하지 않았던가? 그런데 시간이 지나며 내가 불리한 입장에 놓이는 이유는 뭘까? 심지어 하루 이틀 만에 상대가 나를 함부로 대하기 시작하는 까닭은 무엇일까? 그건 상대가 당신에게 원칙이 없음을 알아챘거나, 당신의 기준이 너무 쉽게 흔들리기 때문이다.

내 친구 중 한 명은 남편에게 이런 원칙을 세웠다.

"나 외의 다른 여자가 조수석에 앉는 건 용납할 수 없어."

그녀에게 조수석은 아내이자 연인의 자리였다. 반면 남편은 이를 대수롭지 않게 여기는 성격이라 그녀가 예민하다고 생각했지만, 친구는 물러서지 않았다. 어느 날, 남편의 여자 동료가 그의 차를 얻어 타며 조수석에 앉았고, 그 모습을 본 친구는 그 자리에서 차분하면서도 단호하게 말했다.

"여보, 이분을 배려해서 집까지 바래다주는 건 멋진 일이야. 하지만 다음부터는 조수석이 아니라 뒷좌석에 앉아 달라고 해 줘. 조수석은 내 자리야. 다른 여자가 거기 앉는 건 불편해."

순간 남편과 동료는 당황했고, 주변 사람들은 이런 그녀를 너무 깐깐하다고 생각했다. 하지만 친구는 흔들리지 않았고, 결국 남편도 그 원칙을 받아들였다.

나 역시 '일찍 자고 일찍 일어나기'라는 습관을 9년째 지키고 있다. 꾸준히 유지하기는 어렵지만, 이는 내 삶의 중요한 원칙이다.

한번은 업계 전문가들과 온라인 방송을 진행했는데, 예정된 종료 시각은 밤 9시였다. 하지만 대화가 깊어지며 10시를 넘겼고, 좀처럼 끝날 기미가 보이지 않았다. 결국 나는 조심스럽게 입을 뗐다.

"다들 즐겁게 이야기 나누고 계시는데 죄송하지만, 저는 여기서 먼저 빠질게요. 일찍 자는 습관이 있어서 이쯤 되면 집중력이 떨어지거든요. 여러분은 계속 대화 나누세요."

그제야 모두가 시간이 꽤 흘렀음을 깨달았다. 그래도 그들은 대화를 더 이어 가고 싶어 했지만, 나는 정중히 인사하며 자리를 떴다. 내 원칙을 지키면서도 상대의 선택을 존중한 것이다. 억지로 남아 있었다면 피로에 집중력을 잃고 나 때문에 분위기마저 어색해졌을지도 모른다.

태도는 유연해도 기준은 절대 흔들려선 안 된다.

자신만의 기준을 세우는 것과 상냥하고 배려 깊은 태도를 갖추는 건 모순이 아니라, 오히려 서로 보완하며 조화를 이루기 위한 방법이다. 다만 그 기준이 침범당했을 때는 자신의 입장을 분명히 밝힐 줄 알아야 한다. 사실 상대는 일부러 무례한 게 아니라 내 기준을 몰라서 그렇게 행동하는 경우가 많다.

늘 참으면 서운함이 쌓이고, 늘 용서하면 배신을 당하며, 늘 이해하면 오만한 사람을 만난다. 늘 맞춰 주면 이용당하고, 늘 양보하면 휘둘리며, 늘 기준을 낮추면 약자가 된다.

사소한 일은 조율할 수 있지만, 원칙만큼은 한 치도 물러서지 말아야 한다.

"나를 이렇게 대하는 건 용납할 수 없다."

*이 말은 특정 사람이나 상황에 국한된 게 아니라,
나를 대하는 모든 이에게 전해야 할 메시지다.*

059 어른들의 우정은
천천히 성장한다

○
●

스무 살 무렵, 내게는 큰 약점이 있었다. 누군가가 나에게 잘해 주면 감정을 주체하지 못하는 것이었다. 상대가 비밀을 털어놓거나 진심을 보이면, 나도 보답하듯 마음속 이야기를 거침없이 쏟아냈다. 그 시절 나는 '나쁜 말'에는 경계심을 가졌지만, '좋은 말'이나 '진심'에는 무방비 상태였다.

당시 사장님 비서로 일하며 '비밀 유지'가 직업적으로 얼마나 중요한지 잘 알고 있었다. 하지만 개인적인 영역에서 큰 실수를 저지르고 말았다.

어느 날 업무가 끝난 후, 텅 빈 사무실에 혼자 앉아 생각에 잠겨 있을 때였다. 한 동료가 들어왔고, 우리는 자연스럽게 대화를 시작했다. 연예인 가십부터 그녀의 연애사와 미래 계획까지. 이야기가 깊어지자 나도 모르게 속마음을 꺼냈고, 그러다 무심코 작은 비밀을 흘렸다.

"사실 나는 야근을 자주 해서 다른 직원들보다 교통비 보조를 조금 더 받아. 매달 몇백 위안 정도 더 받는 셈이지."

나는 그 대화가 우리만의 비밀로 남을 거라 믿었다. 하지만 일주일도 안 되어 사무실 전체에 퍼졌고, 결국 사장님 귀에까지 들어갔다. 큰 문제는 아니었지만, 동료들은 이를 작은 특권처럼 여기며 은근히 불만을 키웠다. 평소 무덤덤하던 이들도 내가 업무 요청을 하면 미묘하게 비협조적인 태도를 보였다. 얼마 지나지 않아 사장님이 나를 불러 호되게 꾸짖었고, 그 혜택은 사라졌다.

영국 작가 윌리엄 서머싯 몸William Somerset Maugham은 이렇게 말했다.

> "당신이 극복해야 할 것은 허영심, 과시욕, 그리고 늘 튀고 싶어 하는 얄팍한 마음이다."

이 문장을 읽고 나서야 깨달았다. 진정 똑똑한 사람들은 과묵하고 침착하다. 그들은 말을 아끼고 쉽게 마음을 열지 않는다. 적당한 거리와 신비로움이 자신을 지키는 방패가 되기 때문이다.

어른들의 우정은 어린 시절처럼 금세 피어나지 않는다. 서로를 알아 가며 탐색하고, 마음의 날카로운 모서리를 다듬는 시간이 필요하다. 그 과정을 거쳐야 신뢰와 안정감이 쌓이고, 비로소 진짜 속내를 나눌 수 있다.

평소 사람들에게 쉽게 마음을 여는 사람은
친밀함의 속도를 2배속이 아닌
0.75배속으로 늦추는 연습을 해야 한다.
천천히, 그리고 신중하게.

060 좋은 관계에는 거리를, 나쁜 관계에는 배려를

○
●

　예전에 두 명의 여사원이 동시에 회사에 입사했다. 같은 팀에 배정된 둘은 마치 한 몸처럼 붙어 다니며 돈독한 우정을 쌓았다. 그러다 1년 뒤, 승진 기회가 찾아왔고, 단 한 명만 선택될 수 있었다. 그러자 절친이었던 두 사람은 경쟁자로 돌변했고, 서로의 비밀이 상대를 공격하는 무기가 됐다. 결국 우정이 산산이 부서지면서 한 명은 회사를 떠났고, 남은 한 명도 얼마 지나지 않아 퇴사했다.

　젊은 시절, 나와 친하게 지냈던 두 친구가 있었다. 우리 셋은 자주 만나 밥을 먹고 이야기를 나누며 깊은 인연을 쌓았다. 하지만 두 친구가 함께 사업을 시작하면서 균열이 생겼다. 2년간 힘겹게 버텼지만 사업은 실패했고, 10년간 이어 온 우정도 허무하게 무너졌다. 한 친구가 나를 붙잡고 상대를 헐뜯었다.
　"걔는 너무 고집이 세고 독단적이야! 지능도 떨어지고 품위도 없지."
　나는 아무 대답도 하지 않았다. 뭐라고 말해야 할지도 몰랐고, 한쪽 편을 들어선 안 된다는 무언의 압박이 마음을 짓눌렀다.

반면 다른 친구는 사뭇 다른 태도를 보였다. 내 사무실을 찾아온 그녀는 아쉬운 목소리로 말했다.

"이제 셋이서 밥 먹을 일은 없겠네."

나는 조심스럽게 물었다.

"너는 걔가 안 미워?"

그 친구는 잠시 생각하더니 낮은 목소리로 답했다.

> "미워하지 않아. 미움은 결국 과거의 나를 미워하는 거야. 미울 만큼 강한 감정을 가졌다는 건 그만큼 깊이 아꼈다는 뜻이니까."

그녀는 끝내 상대를 비난하지 않았다. 나는 그 친구를 보며 속으로 다짐했다. '가까웠던 사이가 멀어져도 함부로 말하면 안 되겠구나.'

관계의 좋고 나쁨, 길고 짧음을 미리 예단할 수 있는 사람이 있을까?

사람 사이의 정은 거리 때문에 흐려지고, 이익에 얽혀 멀어지며, 때로는 이유 없이 변하기도 한다.

※ *우리네 인생은 기차와 같다.*
함께 탄 사람들은 스쳐 가는 인연일 뿐,
내가 돌아갈 진정한 고향은 결국 '나 자신'이다.
끝까지 함께할 사람은 손에 꼽을 만큼 드물기에,
그들과 나눈 순간은 그 자체로 소중하다.
그러므로 어떤 관계든 적당한 여백을 두는 게 현명하다.
설령 끝이 좋지 않더라도, 상대를 향한 최소한의 배려는 남겨 두자.

7장

자연스러움

나를 '있는 그대로의 나'로
받아들이게

061   **역경에서 살아남기**

○
●

상처 입은 작은 원숭이가 있었다. 어떤 사람이 그 상처를 보고 안타까워하며 지나가자, 원숭이는 '누군가 도와주겠지'라는 희망에 상처를 적극적으로 치료할 생각을 하지 않고 방치했다. 사람들은 잠시 걱정스러운 눈길을 보냈지만, 이내 아무 일 없었다는 듯 제 갈 길을 갔다. 결국 상처가 곪아 감염된 원숭이는 목숨을 잃고 말았다.

이 이야기가 전하는 메시지는 무엇일까?

> "내 상처의 깊이는 오직 나만 안다. 그건 내 몸에 있는 것이지 남의 몸에 있는 게 아니기에, 그들은 내 고통을 온전히 이해할 수 없다."

한 독자가 내게 물었다.

"작가님은 항상 웃고 다니시잖아요. 혹시 젊은 시절에 고생 한 번 안 해보신 거 아니에요?"

그럴 리가 없다. 하지만 그걸 굳이 말해야 할까? 그것도 나와 상관없는 사람들에게?

비슷한 질문을 여러 번 받은 적도 있다.

"어떻게 작가가 되셨어요?"

그때마다 나는 이렇게 대답했다.

"신문사 일이 줄면서 실업자나 다름없었어요. 사업도 해 봤지만 실패했고, 결국 집을 팔아 빚을 갚았죠. 통장에 단돈 100위안(원화 약 2만 원)조차 없던 시절도 있었어요."

부모님이 그 사실을 알게 된 건 5년이나 지난 후였다.

엄마가 물었다.

"왜 진작 말 안 했니?"

나는 이렇게 답했다.

"말해 봤자 뭐가 달라지겠어요. 부모님 연금으로 제 빚을 갚아 달라고 하겠어요?"

그때 나는 다 큰 어른이었다. 힘들었지만, 그 무게를 스스로 감당하고 싶었다. 적어도 그 순간만큼은 부모님을 비롯한 누구에게도 짐이 되고 싶지 않았다.

심리학에는 '과도한 재확인 추구Excessive reassurance seeking'라는 개념이 있다.

루쉰魯迅의 단편 소설 〈축복祝福〉에 나오는 샹린 아주머니처럼, 누구를 만나든 상대를 붙잡고 자신의 고통과 불행을 장황하게 늘어놓는 것이다.

어떤 이들은 '아픔을 털어놓으면 그 무게가 줄어들 거야'라고 생각할지도 모른다. 하지만 현실은 다르다. 고통을 말로 되새기는 순간, 그 강도는 오히려 커진다. 다시 한번 그 아픔을 온몸으로 느끼게 되기 때문이다. 물론 도움이 필요할 때는 요청해야 한다.

문제는 '누구에게 기댈 것인가'이다. 경험이 부족하거나 나보다 더 불안한 사람에게 기대면 상황만 더 꼬일 뿐이다. 내가 가장 힘들 때 부모님께 털어놨다면? 결과는 뻔하다. 온 가족이 걱정 속에서 발만 동동 구르며 밤잠을 설쳤을 것이다.

너무 힘든 순간에는 기댈 곳을 찾기보다 먼저 자신을 추스르는 시간이 필요하다.

남에게 하소연하는 데 쓰는 순간이 오히려 낭비일 수 있다. 차라리 그 시간에 나를 수렁에서 조금씩 끌어올리는 게 낫다.

평범한 관계라면 내가 아무리 힘들다고 털어놔도 상대는 예의상 "도와줄 일 있어?"라고 물을 뿐이다. 특별한 관계는 서로의 능력과 한계를 알기에, 상대가 도울 수 있을 때만 손을 내밀고, 도울 수 없는 상황이라면 애초에 입을 열지 않는다.

사랑하지만 도울 힘이 없는 현실만큼 가슴 아픈 게 있을까.
소중한 사람들이 그런 무력감을 느끼지 않기를, 나는 진심으로 바란다.

062 예기치 않은 상황에 유연하게 대처하기

○
●

2007년, 나는 처음으로 이집트 여행을 떠났다. 치안이 좋지 않다는 얘기에 여행사를 통해 예약했지만, 성수기라 방이 부족해서 낯선 여성 관광객과 같은 방을 써야 했다. 간절히 가고 싶었던 여행지라 그 조건을 받아들일 수밖에 없었다.

공항에 패키지 여행객들이 하나둘 모였고, 그곳에서 룸메이트를 처음 만났다. 나보다 나이가 많아 보이는 그녀는 편안한 옷차림에 화장기 없는 소박한 모습이었다. 말수는 적었지만 차분한 기운이 전해졌다.

출국 수속을 마치고 비행기에 올랐다. 자리에 앉아 각자 책을 꺼냈는데, 그녀는 에밀 루트비히Emil Ludwig의 『클레오파트라』를, 나는 애거사 크리스티Agatha Christie의 『나일강의 죽음』을 들고 있었다. 공교롭게도 둘 다 이집트를 배경으로 한 책을 가져왔다는 사실에 우리는 서로를 보며 미소 지었고, 다 읽고 나서 책을 바꿔 보기로 했다.

경유지를 거쳐 카이로의 호텔에 도착한 건 몇 시간 뒤였다. 지친 몸을 이끌고 서둘러 방 열쇠를 받아 든 우리는 문을 열자마자 뜻밖의 광경에 놀라지 않을 수 없었다. 먼지가 수북이 쌓인 가구들, 오랫동안 비어 있던 듯한 퀴퀴한 공기. 긴 여정 끝에 마주한 이 상황은 피곤함을 불쾌함으로 바꾸기에 충분했다. 나는 곧장 가이드를 찾아가 항의했다. 가이드는 호텔 측과 몇 차례 실랑이를 벌였지만 끝내 해결되지 않았고, 결국 자신의 방을 내주기로 했다. 그러나 그 방엔 침대가 하나뿐이었다. 낯선 땅에서 처음 만난 사람과 한 침대를 나눠 써야 한다는 사실에 잠시 망설이고 있을 때, 룸메이트가 피곤한 기색에도 부드럽게 미소 지으며 말했다.

"젊은 친구, 나는 잠을 아주 얌전하게 자서 뒤척이거나 코를 골지 않아요. 한 침대에서 함께 자도 괜찮겠죠?"

나는 웃으며 대답했다.

"네, 영광이죠."

방에 들어서자 그녀는 나에게 먼저 샤워를 권하고, 그사이 조용히 짐을 정리했다. 욕실에서 나온 순간, 나는 또 한 번 놀랐다. 방 안에는 은은한 라벤더 향이 감돌았고, 그녀의 짐은 한쪽에 정갈하게 정리되어 있어 내게도 넉넉한 공간이 남아 있었다. 침대 위에는 실크 잠옷과 베개, 안대가 가지런히 놓여 있었다.

그녀는 말없이 욕실로 들어갔다. 나를 방해하지 않으려는 듯 모든 움직임이 조심스러웠다. 그날 밤, 나는 쉽게 잠들지 못했다. 서로에게 공간을 주려 애쓰면서도, 보이지 않는 심리적 거리를 유지하려는 묘한 기류가 흘렀다.

이번 여행은 순탄하지 않았다. 당시 이집트는 경제적으로 낙후되어 있었고, 치안도 불안정했다. 시나이반도로 가는 동안, 우리가 탄 버스는 정부 군대의 호위를 받아야 했다. 호텔 상태는 들쭉날쭉했고, 버스는 자주 고장 났으며, 음식도 전혀 익숙하지 않았다. 이런 악조건 속에서 여행객들의 불만이 끊이지 않았다.

그럴 때마다 내 룸메이트는 분위기를 풀어 주려 애썼다.

"가이드도 최선을 다하고 있어요. 여행이란 원래 이런 거죠. 몸은 좀 고생해도, 눈은 행복하잖아요."

그녀의 말에는 억지스러움이 없었고, 묘한 설득력이 있었다. 덕분에 불평으로 가득 찼던 분위기가 조금씩 누그러졌다.

그녀는 우아하면서도 단단한 사람이었다. 그녀의 물건들은 하나같이 정갈했고, 옷차림은 세련되었지만 브랜드 로고 하나 없었다. 12일 동안 함께 지내며 그녀는 늘 나를 배려했다. 까다롭거나 예민한 모습을 단 한 번도 보인 적 없었고, 관광지에선 먼저 내 사진을 찍어 주거나 가방을 대신 들어 주었으며, 외출할 때면 내 몫의 물까지 챙겨 주었다.

나도 그녀의 세심한 배려에 보답하려 애썼다. 그녀는 내가 들려주는 이집트 역사, 파라오의 뒷이야기, 궁중 암투 같은 이야기에 유독 흥미를 보였다. 덕분에 여행 내내 대화와 웃음이 끊이지 않았다.

낯선 곳에서의 불편함과 예상치 못한 변수 속에서도, 이 여행이 유독 따뜻하게 기억되는 건 아마 그녀 덕분일 것이다.

시간이 지나며 우리는 점차 가까워졌고, 그녀는 자신의 이야기를 꺼냈다. 남편과 함께 제법 큰 회사를 일궜지만, 남편은 비서와 부적절한 관계를 맺었으며 둘은 갈라섰다. 그녀는 아이와 함께 살고 있으며, 매년 가족 여행 외에도 혼자만의 휴가를 꼭 챙긴다고 했다.

그 무거운 이야기를 담담히 털어놓았지만, 나는 그녀가 그 시간을 어떻게 버텼을지 감히 짐작조차 할 수 없었다. 그러자 그녀는 내 어깨를 가볍게 두드리며 말했다.

> "사람은 유연해야 해요. 넘어져도 깨지지 않도록. 이번 여행도 그렇잖아요. 좋은 일, 나쁜 일, 예상 밖의 순간들까지 유연하게 받아들이니까 결국 원했던 풍경을 만나게 되는 거죠. 세상이 늘 내 뜻대로 굴러가지는 않더라고요."

나는 '걸 크러시'라 불리는 강인한 여성들을 많이 봤지만, 진짜 강하다고 느낀 적은 드물었다. 오히려 그들은 늘 팽팽하게 긴장한 채 자신과 타인에게 지나치게 엄격했고, 굳은 표정을 벗지 못했다.

그런데 그녀는 진정한 강인함은 내면의 유연함에서 온다는 것을 내게 보여주었다. 강박 없이 선택지를 열어 두고, '이건 절대 안 돼'라는 선을 고집하지 않았다. 그래서 오히려 자신을 더 자유롭고 여유롭게 다스릴 수 있었다.

그녀는 피할 수 없는 현실에 저항하지 않았다. 오해, 노화, 바쁜 일상, 일시적이거나 영속적인 가난, 외도한 남편, 명문대는 꿈도 꾸기 힘든 평범한 아이들까지. 삶이 기대와 다를 수 있음을 받아들이면서도, 그녀는 스스로 더 나은 방향으로 나아가려 애썼다.

내면이 흔들리지 않으면 얼굴에 자연스러운 평온함이 묻어난다. 마치 내가 이집트에서 만난 그녀처럼.

지금도 기억이 생생하다. 여왕 신전 앞에서 푸른 하늘과 거대한 바위를 올려다보며 그녀가 조용히 말했다.

> "운명과 싸우는 건 달걀로 돌을 깨려는 것과 같아요. 힘껏 던져 봤자 돌은 멀쩡하고 달걀만 산산이 부서지죠. 하지만 삶은 달걀이라면 어떨까요? 살짝 던지면 금만 가고 끝날 수도 있어요. 그러다

보면 던지는 것 자체가 의미 없다는 걸 깨닫게 되죠."

'삶은 달걀'은 단단하면서도 유연하다. 그런 유연함이 있어야 지킬 수 있고 쉽게 깨지지 않으며, 때론 뜻밖의 선물을 얻기도 한다.

여행이 끝날 무렵, 우리는 서로에게 책을 선물했다. 나는 그녀에게 『나일강의 죽음』을, 그녀는 내게 『클레오파트라』를 건넸다.

우리는 그 후 자주 연락하진 않았지만, 함께한 순간들은 여전히 선명하다.

 시간의 유연함과 예기치 않은 만남이 남긴 따뜻한 흔적을
나는 오래도록 간직하고 있다.

063 까다로운 건 억지로
맞추지 않는다

○
●

나는 더 이상 까다로운 옷을 사지 않는다. 일 년에 한두 번 입고 옷장에 방치되는 옷, 주름 하나하나 공들여 다려야 하는 옷, 입을 때마다 구겨질까 봐 조심해야 하는 옷…. 마치 모셔 두어야 할 것처럼 부담스러운 옷은 이제 사양이다. 옷은 단순히 멋을 내기 위한 게 아니라, 기분을 좋게 하고 삶의 질을 높이는 것이어야 한다. 입었을 때 불편함이 즐거움을 넘어선다면, 그건 좋은 옷이 아니다.

인간관계도 마찬가지다. '진정한 우정'이란 '서로를 바라보며 돕는 관계'다. 평소에는 각자의 삶에 집중하지만, 필요할 때는 반드시 곁에 있어 주는 것이다. 어른들의 삶은 신경 써야 할 현실적인 일들이 너무 많기에, 친구의 감정을 24시간 살필 여력은 없다. 우리는 친구를 사귀는 거지, 조상님을 모시는 게 아니지 않은가.

✳ 세상에는 유난히 까다롭고 어려운 사람인데도
주변에서 극진히 모시는 경우가 있다.
이는 그 사람에게서 얻을 '이익'이 있기 때문이다.

064 '처세술이 좋다'는 칭찬이 아니다

○
●

한 지인이 협업을 제안했는데 내가 거절하자 가시 돋친 말투로 물었다.

"내가 네 절친 ○○랑 사이가 틀어져서 이러는 거지?"

나는 솔직하게 답했다.

"맞아. 그 친구는 내게 가장 소중한 친구야. 그래서 너랑 가까워지고 싶지도 않고, 함께 일하고 싶지도 않아."

그녀는 어이가 없다는 듯 웃으며 말했다.

"나이가 몇인데 아직도 어린애처럼 편 가르기를 하니?"

내가 이에 어떻게 반응했을지 이미 짐작한 사람도 있을 것이다. 그렇다. 나는 아무런 대꾸도 하지 않았다.

나는 어릴 때부터 반응이 느린 편이었다. 그래서 남보다 더 노력하며 세상 물정을 익히려 했지만 생각만큼 쉽지 않았다. 그러다 『증국번 가서曾國藩家書(증국번이 부모, 동생, 아들에게 보낸 편지)』에서 함풍咸豊 8년에 증국번이 동생 증국전曾國荃에게 보낸 편지를 읽게 되었다.

"나는 원래 정직한 사람이라 권모술수를 부릴 줄 몰랐다. 하지만

> 벼슬길에 나서면서 온갖 처세술을 배우다 보니 마음이 많이 혼탁해졌다. 그런데 우리 같이 둔한 사람은 그런 술수를 써도 결국 티가 나는 법이라, 이익은커녕 손해만 보고 사람들의 웃음거리가 될 뿐이었다. 그래서 나는 결심했다. 남은 생은 그냥 정직하게, 본연의 모습대로 살기로 말이다."

또한 그는 이렇게 충고했다.

> "남들이 머리를 굴릴수록, 너는 진실하고 어수룩한 방식으로 응대해야 한다."

이 말은 내가 수많은 슬럼프와 암울한 시간을 견디게 해 주었다. 나는 능란한 술수보다 투박한 진심이 낫다고 믿는다.

생각이 다르면 그냥 멀어지면 될 뿐, 굳이 내 가치를 왜곡해 가며 맞출 필요는 없다.

『홍루몽紅樓夢』을 처음 읽었을 때는 설보채薛寶釵의 대범하고 능숙한 처세술이 좋아 보였다. 하지만 몇 번이고 다시 읽다 보니, 점점 임대옥林黛玉의 매력에 끌리기 시작했다. 특히 그녀가 사람을 대하는 태도가 인상적이었다. 『홍루몽』 48회에서 향릉香菱은 보채에게 시를 가르쳐 달라고 간곡히 부탁했지만, 모든 사람과 원만한 관계를 유지하려는 보채는 이를 정중히 거절했다. 반면, 사람들에게 까다롭고 예민한 성격으로 알려진 대옥이 오히려 흔쾌히 받아들였다.

"이렇게 내게 청했으니, 당연히 가르쳐 줘야지."

대옥은 향릉을 위해 정성을 다해 시를 가르쳤다.

그녀는 모두에게 친절하진 않았지만, 한 번 마음을 연 사람에게는 애정과 정성을 아끼지 않았다.

설보채는 '사회적인 인간'이었다. 위아래를 두루 살피고 모든 관계를 원만하게 유지했지만, 깊은 교류는 어려운 사람이었다.

문득 작가 쟈싱쟈買行家의 말이 떠오른다.

> "사회적인 인간이란, 인간관계에 능하고 체면을 중시하지 않으며, 자신의 이익을 극대화하는 데 능숙한 사람이다. 그들은 도덕적 평가에 연연하지 않는다. 그리고 자신을 향한 비난은 성공 앞에서 자연스럽게 사라질 것이라고 굳게 믿는다."

이 기준대로라면, 나는 결코 처세술이 뛰어난 사회적인 인간이 아니다. 물론 나는 처세술이 좋다는 말을 칭찬으로 여기지 않고, '인맥'이라는 허황한 번영을 좇지도 않는다.

✳ 인간관계에서도 버릴 것은 버려야 진정한 사랑과 존중을 얻을 수 있다.
평생 몇 명의 소중한 친구만 있으면 충분하다.
그 외의 사람과 일들까지 굳이 신경 쓸 필요가 있을까?

065 고생 끝에 낙이
오지 않을 수도 있다

○
●

"고생 끝에 낙이 온다."

나는 이 말에 전혀 동의하지 않는다.

1978년에 태어난 나는 '고진감래' 식 교육을 받으며 자랐다. 예를 들어, 사과 한 박스를 사면 먼저 상한 것부터 먹고, 싱싱하고 예쁜 것은 마지막까지 남겨 두는 것이 자제력이라 배웠다. 하지만 이제는 그런 사고방식을 내려놓기로 했다.

지금은 부모님 세대와 전혀 다르다. 상한 사과부터 아껴 가며 먹다 보면 결국 박스 속 모든 사과가 상해 버린다. 반면 좋은 것부터 즐기면 언제나 가장 신선하고 맛있는 사과를 즐길 수 있다.

한번은 빵집 앞을 지나는데 고소한 빵 냄새가 코끝을 스쳤다. 그 유혹을 이기지 못하고 가게로 들어섰지만, 주말이라 사람들이 너무 많아 한참 동안 기다려야 했다. 마침내 빵을 손에 넣었을 때, 너무 오래 기다린 탓인지 기대감은 사라지고 먹고 싶은 마음조차 들지 않았다. 그 순간 깨달았다. '만족을 미루는 능력'이란 단순히 참아내는 것이 아니라, 신중하게 고민하고 장단점을 따져 본 뒤 최고의 선택을 내리는 힘이라는 것을.

만족을 미루는 것을 자기 위안으로 삼아서는 안 된다. 물론 때로는 기다림이 필요할 수도 있지만, 지나치게 미루다 보면 결국 그 어떤 좋은 것이라도 본래의 소중함과 가치를 잃게 된다.

소설가 모옌莫言 선생님이 들려준 이야기가 있다. 그의 친구는 아내를 잃고 유품을 정리하던 중, 뉴욕 여행에서 샀던 명품 실크 스카프를 발견했다. 아내는 '특별한 날'을 위해 아껴 두었지만, 끝내 한 번도 사용하지 못한 채 세상을 떠났다. 가격표조차 떼지 않은 스카프를 보며, 친구는 깊은 한숨과 함께 말했다.

> "좋은 물건을 특별한 날까지 기다려서 쓰지 마라. 네가 살아 있는 하루가 특별한 날이다."

그렇다. 우리에겐 오늘 하루가 특별한 날이다. 예쁜 스카프가 있다면 지금 당장 두르고, 가고 싶은 곳이 있다면 미루지 말고 떠나고, 맛있는 음식이 있으면 지금 즐기고, 좋아하는 사람이 있다면 망설이지 말고 고백하라.

고생만 하다 보면, 달콤함이 무엇인지조차 잊게 된다. 모옌 선생님은 덧붙였다.

> "삶은 우리가 순간을 경험하는 여정이지, 고통스럽게 시간을 버티는 과정이 아니다. 현재를 잘 살아야 미래를 위한 힘도 생긴다."

✝ 자신의 능력 안에서 최선을 다해 노력하되,
그 과정에서 스스로 적절한 보상을 주는 것,
그것이야말로 진정한 행복의 원동력이 아닐까.

066   차가움과 무관심은 다르다

○
●

사실, 나는 극소수의 사람에게만 마음을 쏟을 수 있는 꽤 차가운 사람이다. 이런 성향 때문인지, 대만의 유명 방송인이자 작가인 차이캉융蔡康永 선생님의 말씀이 깊이 와닿았다.

> "끊임없는 열정을 보인다는 것은 사실 맹목적이다. 우리는 대부분 시간을 차분하게 보내야 한다. 그래야만 어떤 일이나 사람에게 기울이는 열정이 진짜 열정이라는 걸 알 수 있다."

어떤 독자가 첸중수錢鍾書° 선생님의 책을 읽고 감명받아, 직접 찾아가 뵙고 싶다고 연락한 적이 있었다. 하지만 그는 정중히 거절하며 이렇게 말했다.

"달걀을 먹고 맛있다고 느낄 수 있지요. 그런데 굳이 그 달걀을 낳은 닭을 만나야 할 이유가 있을까요?"

첸중수 선생님에게는 학문 연구가 가장 중요한 일이었다. 그는 자신의

○   첸중수: 중국인들이 루쉰魯迅 이후 최고의 대가로 꼽는 현대 문학가. 대표작은 『위성圍城(포위된 성)』이다.

시간과 에너지를 오로지 그 중요한 일에 집중해야 했고, 사소한 것들에 한눈팔지 않으려고 노력했다. 그래서 누군가 만나고 싶어 할 때면 늘 예의 바르게 거절했다.

"마음이 통하면 그것만으로도 충분해요."

어느 날, 한 친구가 나에게 허난대河南大 교수인 왕리췬王立群 선생님의 사인을 대신 받아 달라고 부탁한 적이 있다. 나는 미안하다고 사과하며, 그분의 연락처도 모른다고 말했다. 그러자 친구는 의아한 표정으로 물었다.

"너는 지난번에 방송에서 왕리췬 선생님이랑 대화를 그렇게 잘하더니, 왜 서로 연락처도 교환하지 않은 거야?"

사실 나는 이렇게 생각했다. 자신만의 길을 걸어온 일흔이 넘은 학자라면, 삶에 무언가를 더하는 것보다 덜어내는 것이 더 나을 수도 있다는 것을. 연락처에 이름 하나를 추가하는 것보다 홀로 누리는 고요한 시간이 더 소중할 수도 있다는 것을.

나는 그에게 전할 일이 있으면 편집자를 통해 연락한다. 그를 존경하는 마음은 변함없지만, 굳이 가까워질 필요는 없다고 생각한다. 때로는 방해하지 않는 것이야말로 가장 세련된 애정 표현이 될 수 있다.

차가움이 곧 무관심을 의미하는 것은 아니다. 적당한 거리를 유지하는 예의와 상대에 대한 적절한 관심, 이것이 내가 지켜야 할 태도다.

정말 도움이 필요할 때는 진심으로 돕되, 그 외에는 각자의 자리에서 조용히 상대를 응원하고 축복한다. 내 생각을 타인에게 강요하지 않으며, 남의 사생활을 섣불리 판단하지 않는다.

충동을 내려놓으면 일시적인 쾌감을 잃을 수는 있지만, 대신 평온한 힘을 얻을 수 있다. 타인의 비방에 차갑게 대응하면 자신을 지킬 수 있고, 단순함이 주는 기쁨도 누릴 수 있다. 인간관계에 무리하게 매달리지 않으면, 잔잔한 행복으로 내 마음을 따뜻하게 유지할 수 있다.

 군자의 우정은 물처럼 담백하기에 오래 지속되는 법이다.
차가움 때문에 망가지는 관계보다,
지나친 열정 때문에 무너지는 관계가 더 많다.

067 이해받지 못하는 것이 정상이다

예전에 신간이 출간되었을 때, 나는 친구에게 이렇게 말했다.

"내가 이번에 새로 낸 책 있잖아. 베스트셀러 순위에서 성적이 꽤 좋더라. 그동안 노력한 게 헛되지 않은 것 같아."

그런데 친구의 반응은 예상보다 무덤덤했다.

오랜 시간이 지난 후, 우리는 사소한 언쟁을 하게 됐는데, 그 친구가 갑자기 지난 일의 불편함까지 꺼내며 말했다.

"이제부터 네가 잘나가고 있다는 식으로 말하지 마. 그러면 나만 뒤처지는 것 같아서 불안해져."

그제야 나는 그날의 '공유'가 친구에게는 심리적 부담이었음을 깨달았다. 같은 말도 사람마다 다르게 해석할 수 있고, 어떤 이야기도 타이밍이 맞지 않으면 그저 '자랑'으로 비치는 것이다. 물론 그때가 적절한 타이밍인지 판단하는 것은 결코 쉬운 일이 아니다. 아무리 가까운 친구라도 서로 같은 주파수로 연결되지 않는 순간이 있기 때문이다.

작가 차이잉칭蔡穎卿은 이렇게 썼다.

"살면서 절대 자랑해서는 안 되는 몇 가지가 있다. 재산, 행복한

> 결혼 생활, 자녀의 성취가 그것이다. 인간은 다른 동물과 달리 남을 배려하고 도울 수 있다. 부유함, 행복, 성공에는 정해진 기준이 없다. 누군가와의 공유가 상대에게 희망을 줄 때, 그 관계는 격려와 위로로 가득 찬다. 하지만 그것이 단순한 경쟁심에서 비롯된 자랑에 불과하다면 아무런 가치도 없다."

이 대목을 읽고 나니, 마음 한구석이 불편해졌다.

물론 대부분은 자랑이 아니라 그저 공유하는 마음으로 이야기할 뿐이다. 하지만 기쁘거나 속상한 감정을 말로 꺼내고 나면, 자기도 모르게 상대의 반응을 기대하게 된다. 하지만 상대는 나만큼 기뻐해 주지도, 나만큼 안타까워해 주지도 않는다. 그리고 나는 그 무덤덤한 반응을 보며 '왜 내 마음에 공감해 주지 않는 거지?'라고 실망하게 된다.

그러므로 어떤 말을 꺼내기 전에, 충분히 공감받지 못할 가능성도 염두에 두어야 한다.

네덜란드의 심리 치료 대가인 로이 마르티나 Roy Martina는 이렇게 말했다.

> "내 인생에서 가장 큰 깨달음 중 하나는, 남들이 나를 어떻게 생각하는지 신경 쓸 필요가 없다는 것이다. 이 사실을 깨닫고 나서야 나는 진정한 자유를 얻었다. 타인의 인정을 받아야 한다는 강박에서 벗어날 때, 비로소 자유로워진다."

남의 시선 속에서 행복을 찾으려 하면 결국 슬퍼질 수밖에 없다. 남의 반응 속에서 자존감을 찾으려 하면 결국 초라해질 수밖에 없다.

타인의 감정은 나와 다르고, 타인의 반응은 나와 다르게 흐른다.

그러니 이해받지 못하는 것이 당연하고, 이해받는 것이야말로 기적이다.

이 사실을 깨닫는 순간, 내 마음은 한결 편안해졌다.

068   교양을 갖췄다는 것

○
●

　중국의 저명한 인문학자이자 역사가인 이중톈易中天 선생님은 이렇게 말했다.
　"제 아내는 우리 가족이 반드시 지켜야 할 몇 가지 규칙을 정했어요. 식당에서 음식을 가져다주는 웨이터에게 '감사합니다'라고 말하는 것, 택배 배달원에게 '수고하셨습니다'라고 인사하는 것, 집까지 태워다 준 택시 기사에게 '안녕히 가세요'라고 인사한 뒤 택시가 떠난 후에 집에 들어가는 것. 이런 사소하지만 따뜻한 습관들이죠."
　겉으로 보면 단순히 타인을 존중하는 행동처럼 보이지만, 사실 이는 자신의 교양을 은연중에 드러내는 태도이기도 하다.

　그렇다면 교양 있는 사람과 함께하는 경험은 어떤 느낌일까? 나는 대학 입시에 실패하고 재수를 결심한 적이 있다. 그런데 공부를 시작하려니 참고서 몇 권이 부족해, 이미 대학에 합격한 친구에게 책을 빌려줄 수 있겠냐고 부탁했다. 그러자 그 친구는 흔쾌히 책을 챙겨 직접 우리 집까지 찾아와 조심스레 물었다.
　"내가 이 책들을 너에게 줘도 될까?"

그 친구의 말투와 태도는 나에게 깊은 인상을 남겼다. 만약 친구가 "이 책들 그냥 가져, 이제 나는 필요 없으니까"라고 말했다 해도 서운하지 않았을 것이다. 하지만 "내가 이 책들을 너에게 줘도 될까?"라는 한마디는 나를 훨씬 더 편안하게 하고, 존중받는 기분이 들게 했다. 친구는 책을 건네는 단순한 행동 속에서도 내 마음을 세심하게 배려했고, 그것이 일방적인 '베풂'이 아니라 서로를 존중하는 교감처럼 느껴지게 했다.

청나라 말기의 정치가 이홍장李鴻章이 공무차 난징南京市에 들렀을 때, 고향을 지나며 과거 스승인 서자령徐子苓 선생을 찾아뵙기로 했다.

스승의 집에 도착하자 하인이 문을 열었고, 위엄 있는 관복 차림의 이홍장을 보자 깜짝 놀라 서둘러 스승께 알리려 했다. 그러자 이홍장은 하인을 막으며 말했다.

"내가 관복을 벗고 평상복으로 갈아입은 후에 스승님께 내가 왔다고 전하게."

이를 지켜보던 부하가 의아한 듯 물었다.

"사람들은 대부분 고향에 갈 때 일부러 관복을 차려 입고 가는데, 선생님은 왜 그러지 않으십니까?"

그러자 이홍장이 웃으며 대답했다.

"내가 이 옷을 입고 찾아뵈면, 스승님께서도 관민의 예를 갖추려 하실 테지. 하지만 그것은 오히려 불편함만 끼쳐 드릴 뿐이고, 내가 선생님을 찾아뵈려는 본래의 뜻과도 어긋나는 일이네. 나는 그저 제자로서 스승님을 뵙고 싶은 것뿐이니, 평상복이 훨씬 편안하고 좋지 않겠나."

어느 커피숍에서 점원 채용 면접이 진행되던 중, 면접관이 이런 질문을 던졌다.

"고객이 따뜻한 카페라테를 주문하면서 설탕을 넣지 말아 달라고 하면, 어떻게 대답해야 할까요?"

가장 높은 점수를 받은 답변은 간결했다.

"네, 알겠습니다."

'카페라테에는 원래 설탕이 들어가지 않는다'라는 설명을 덧붙일 필요가 없다. 고객이 민망함을 느끼지 않도록 배려하는 것이 더 중요하기 때문이다.

그렇다면 '교양'이란 무엇일까? 그것은 한두 마디의 배려 어린 말일 수도 있고, 책 한 권이 줄 수 있는 깨달음일 수도 있으며, 겸손한 태도가 담긴 대화일 수도 있다. 때로는 굳이 드러내지 않는 선의가 될 수도 있다.

영국 철학자 존 로크John Locke의 말 중 내가 특히 좋아하는 구절이 있다.

> "교양이 결여된 사람에게는 용기가 거침없음이 되고, 학문은 고루함이 되며, 재치는 우스꽝스러움이 된다. 그리고 소박함은 거친 태도로 변하고, 온화함은 아첨으로 보인다."

✶ *교양은 대단한 것이 아니다.*
상대의 존재를 배려해, 작은 말과 행동으로
친절의 힘을 보여 주는 것이다.

069   우아함, 아름다움을 넘어서는 품격

○
●

　나는 한 여성 기업가 L과 함께 안후이安徽의 산악 지역에서 교육 봉사 활동을 한 적이 있다.

　이 행사는 다양한 업계의 사람들이 산골 학생들에게 수업을 진행하는 대규모 공익 프로젝트였다. 주최 측은 더 많은 관심을 끌기 위해 몇몇 영화배우들도 초청했다. 프로그램은 크게 두 가지로 나뉘었는데, 첫 번째는 산골 초등학교에서 진행하는 수업, 두 번째는 자선 만찬과 기부 경매였다.

　L과 나는 처음 만난 사이인데도 금세 친해졌다. 우연히도 우리는 비슷한 옷차림을 하고 있었다. 흰색 티셔츠에 청바지 차림, 액세서리나 메이크업도 거의 하지 않은 수수한 모습이었다. 잠시 후 도착한 영화배우들은 확연히 다른 분위기를 보였다. 풀 메이크업에 화려한 액세서리로 치장한 그들은, 우리처럼 흰 티와 청바지를 입었음에도 훨씬 돋보였다. 그들이 차고 있는 귀걸이나 목걸이, 시계 같은 액세서리들에 자연스럽게 시선이 갔다.

　주최 측의 세심한 준비 덕분에 수업은 순조롭게 진행되었고, 아이들은 적극적으로 참여하며 즐거워했다. 떠날 시간이 되자, 아쉬움이 밀려왔다. L은 아이들에게 필요한 물품들을 하나하나 메모하며, 보조 직원에게 그것들을 준비해 오라고 꼼꼼히 당부했다.

자선 경매 만찬에서 다시 만난 L의 모습은 아침과는 완전히 달랐다. 긴 머리를 우아하게 올려 묶고, 심플한 흰색 미니 드레스에 진주 귀걸이를 착용한 그녀의 손목에는 반짝이는 나폴리 여왕 시계가 빛나고 있었다. 화려하면서도 기품 있는 분위기가 자연스럽게 배어 나왔다.

그날 밤, L은 경매에서 가장 비싼 물품을 낙찰받았다. 진행자가 무대 위로 지원받는 아이들을 불러 감사 인사를 하게 하려 하자, 그녀는 조용히 이를 제지했다. 그리고 아이들의 손을 잡고 미소 지으며 말했다.

"앞으로 여러분이 훌륭하게 자라 주는 것이 가장 큰 보답입니다."

그 순간, 그녀는 누구보다 아름다웠다. 하지만 단순히 외적인 아름다움이 아니었다. 그녀가 지닌 우아함은 누구도 흉내 낼 수 없는 특별한 것이었다.

많은 여성이 자신을 꾸미는 데 공을 들이지만, L과 그들 사이의 가장 큰 차이는 '과시하지 않는다'라는 점이었다. 그녀에게 중요한 것은 화려한 치장이 아니라, 타인을 배려하는 태도와 예절이었다.

단순히 멋지게 차려입는다고 해서 우아해지는 것은 아니다. 상황에 맞지 않는 지나친 치장은 오히려 어색해 보일 수 있고, 타인에게 불편함을 줄 수도 있다. 진정한 우아함은 친절과 배려, 그리고 자연스러운 품위에서 비롯된다. 이런 요소들이 조화를 이룰 때, 비로소 '품격 있는 아름다움'이 완성된다. 그런 여성들은 결코 화려함을 앞세우지 않는다. 그들은 '이긴다'는 것이 남을 누르고 앞서가는 것이 아니라, 신뢰와 지지를 얻는 것임을 잘 알고 있다.

L은 나에게 이런 말을 한 적이 있다

"부는 대물림될 수 있지만, 우아함은 타고나는 게 아니에요. 후천적인 노력과 수련을 통해 길러지는 거죠. 돈과 배경이 우아함을 만들어 주진 않아요. 내면의 선함과 원칙을 지키는 태도, 기본적인 예절, 어느 정도의 물질적 기반이 더해질 때, 비로소 우아함이 완성돼요."

단순히 멋진 옷과 세련된 메이크업이 우아함을 만들어낼 수 있을까?

나는 품격 있는 아름다움을 지닌 여성들을 가까이에서 보며 확신하게 되었다. 우아함은 결국 내면에서 비롯된다는 것을.

그들은 기품 있는 외면을 갖추되, 이를 뒷받침하는 내면의 노력을 게을리하지 않는다. 스스로 절제할 줄 알고 변화 앞에서도 흔들리지 않는다. 허세를 부리지 않으며 높은 자리에 있어도 교만하지 않다. 또한 남들보다 뛰어난 재능을 지녔음에도 이를 자랑하거나 내세우지 않는다.

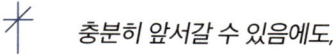

충분히 앞서갈 수 있음에도,
온화하고 부드럽게 다가와 주변 사람들에게 편안함을 선사하는 것,
그것이야말로 진정한 품격의 아름다움이다.

070   두려운 일을
         두려워 마라

○
●

어린 시절, 나는 선천적으로 설소대가 짧아 발음이 어눌했다.

설소대는 혀와 입 안 바닥을 연결하는 얇은 막인데, 이 부분이 짧으면 혀를 자유롭게 움직이기 어려워 정확한 발음이 힘들어진다. 특히 'zh, ch, sh, r' 같은 권설음이나 't' 같은 치경음을 발음할 때마다 바람 새는 소리가 났다. 게다가 우리 엄마는 정확한 발음을 무엇보다 중시하는 국어 선생님이셨다. 그 때문에 나는 더 위축되었고, 말할 때마다 목소리를 낮춰 얼버무리곤 했다.

결국 열한 살이 되던 해, 엄마는 나를 병원에 데려갔다. 의사는 설소대 앞부분을 잘라내면 발음이 자연스러워질 거라고 했지만, 수술 후에도 별다른 변화가 없었다. 그러자 의사는 엄마에게 이렇게 말했다.

"이건 설소대 자체의 문제가 아니라 심리적, 습관적인 문제입니다. 아이가 특정 단어를 발음할 때마다 두려움을 느끼는 거죠."

그때부터 엄마는 내 발음 교정에 본격적으로 나섰다. 수업 준비용 녹음기로 내 목소리를 녹음해 반복해서 들려주셨고, 내가 어려워하는 글자를 카드에 적어 매일 연습시키셨다. 심지어 시 낭송 대회에 나가게 하기도 했다. 결과는 뻔했다. 상은커녕 무대에 서는 것조차 버거웠다. 하지만 그 과정 자체가 내게는 큰 도전이었고, 한 뼘 더 성장할 수 있는 계기가 되었다.

일 년 뒤, 나는 중학교에 입학했다. 그리고 놀랍게도 새로 만난 친구들은 내가 한때 설소대 단축증이 있었다는 사실을 전혀 눈치채지 못했다.

이 일은 30년도 더 지난 일이지만, 나에게 용기와 실행력이라는 단단한 뿌리를 심어 주었다. 덕분에 나는 두려워했던 일들에 하나둘 도전하기 시작했고, 무엇보다 내 두려움의 근원을 깊이 들여다보게 되었다. 그것은 단순히 실력 부족 같은 객관적인 문제가 아니었다. 그 근원에는 '나는 이 일을 해낼 수 없다'라고 단정 짓는 내면의 장벽이 있었다. 매일 부정적인 메시지를 나에게 주입하며 시도조차 하지 못하고 좌절을 반복하는 것, 그것은 두려움을 키우고 마치 스스로 만든 '에너지 블랙홀'처럼 모든 가능성을 빨아들여 무력감에 빠지게 했다.

"사람을 빛나게 하는 결정적인 순간은 두려움을 마주하고 극복할 때 찾아온다"라는 말이 있다. 두려움을 넘어서는 것은 더 높은 차원의 삶으로 나아가는 문을 열어 주고, 우리를 새로운 세계로 이끈다.

마흔두 살이 되었을 때, 나는 또 다른 두려움을 마주했다.

바로 카메라 앞에서 쇼츠 영상을 찍는 일이었다. 처음 촬영한 영상을 다시 보면, 굳은 표정, 어색한 몸짓, 산만한 말투까지 모든 것이 어설프기 그지없다. 게다가 메이크업과 헤어스타일은 왜 그리 촌스러웠는지 모르겠다. 하지만 서툰 시작 없이 유창함이 없듯, 그때의 어색했던 순간이 없었다면 지금의 나도 존재하지 않았을 것이다. 텍스트에서 비디오로 미디어의 주류가 빠르게 전환되는 시대에, 영상 촬영은 글쓰기만큼이나 중요한 기술이 되었다. 새로운 표현 방식을 익히는 것은 이제 선택이 아니라 필수다. 익숙한 방식에만 머물러 있지 않으려면 변화의 흐름을 받아들이고 적극적으로 적응해야 한다.

그렇다면 우리는 왜 내면의 두려움을 직시하고, 새로운 일에 과감히 도전해야 할까?

시대는 숨 가쁘게 변하고 있다. 변화를 두려워하고 도전을 망설이면 우리의 생존 공간은 점점 좁아질 뿐이다. 누구도 답답한 작은 틀 안에 갇혀 살고 싶지 않을 것이다. 공자의 『주역 계사전周易繫辭傳』 하편 2장에 "궁즉변, 변즉통, 통즉구窮即變 變即通 通即久"라는 구절이 나온다. 이는 "궁지에 몰리면 변하고, 변해야 길이 트이고, 길이 트여야 오래간다."라는 뜻이다. 지속적인 성장은 변화에 대한 유연함에서 비롯된다. 그리고 그 변화는 우리가 한 걸음 내딛는 바로 그 순간부터 시작된다.

이를 위해 우리는 네 가지 능력을 길러야 한다.

첫째, 새로운 흐름과 변화를 읽어라.

코로나 19 팬데믹 같은 예기치 못한 블랙스완 사건을 제외하면, 대부분의 변화는 서서히 모습을 드러낸다. 매일 조금씩 새로운 정보를 접하는 습관을 들여 보자. 경제 뉴스, 업계 동향, 유행하는 음악, 베스트셀러 도서 등 사소한 것이라도 상관없다. 연예 가십이나 뜬구름 잡는 이야기에 시간을 쏟는 것보다 훨씬 가치 있는 선택이다.

현실은 냉정하다. 한때 세상을 뒤흔들었던 스타도 시간이 지나면 한 시대의 흔적 속으로 사라진다. 변화에 둔감하고 흐름을 읽지 못하면, 유물이 되는 것은 다름 아닌 나 자신일 수 있다. 고인 물처럼 늙어 가는 삶을 원치 않는다면, 늘 호기심을 유지하고 예리한 감각으로 변화의 물결 속에서 유연하게 움직여야 한다.

둘째, 5%의 변화부터 시작하라.

심리학자 리쑹웨이李松蔚는 말했다.

"100%의 변화를 바란다면 제자리걸음일 뿐이다. 단 5%만 바꿔도 인생에 새로운 가능성이 열린다."

나 역시 이 말에 깊이 공감한다. 열한 살 때 발음 교정을 위해 노력했던 경험을 떠올려 보면, 한 음절, 한 글자씩 천천히 연습하며 나아갔다. 하루에 1%만 개선되어도 충분하다. 중요한 것은 꾸준함이다. 작은 변화를 실천 가능한 계획으로 세우고 하나씩 실행하면, 시간이 쌓여 놀라운 결과를 만든다.

셋째, 계획을 세우고 야망을 가져라.

'야망'은 결코 부정적인 단어가 아니다. 야망은 뚜렷한 목표, 치밀한 계획, 그리고 강한 실행력을 뜻한다. 야망 없는 꿈은 그저 공상에 불과하다. 원하는 삶을 살고 자신의 가치를 실현하려면 '실력+변화+야망+행동'이 조화를 이루어야 한다.

야망은 손오공의 근두운觔斗雲처럼 '내 운명은 내가 결정한다'라는 강한 추진력이 되어 준다. 현실에 안주하지 말고, 정체된 리듬을 과감히 깨뜨려라.

넷째, 부족한 점을 숨기지 마라.

모르는 것이 있으면 솔직히 인정하라. 배우는 과정에서 주눅 들거나 감추려 애쓸 필요 없다. 처음 쇼츠 영상을 찍을 때, 나는 카메라 앞에서 어색한 모습이 드러날까 봐 잔뜩 긴장했다. 자연스러워 보이려 애썼지만, 오히려 몸은 더 굳었고 결과물도 실망스러웠다.

그러다 문득, 있는 그대로의 나를 보여 줘야겠다는 생각이 들었다. 솔직해지니 긴장이 풀렸고, 사람들은 나의 부족한 점들을 따뜻하게 지적해 주었다. 타인의 피드백을 유연하게 받아들이고 빠르게 고쳐 나가는 것이야말로 성장의 가장 빠른 길이다.

2년간 영상을 찍으며 한 번은 이런 댓글을 받았다.

"샤오이 씨의 목소리는 참 듣기 좋아요."

그 말이 나에게 얼마나 큰 힘이 되었는지 모른다. 나는 진심을 담아 답했다.

"제 목소리가 좋은 게 아니라, 당신의 귀가 따뜻한 겁니다."

유명 미디어 전문가이자 토크쇼 진행자인 뤄전위羅振宇는 말했다.

> "성장이란 주관적 세계와 객관적 세계 사이에 놓인 깊은 골짜기다. 그 속에 빠지면 좌절이고, 빠져나오면 성장이다."

 과거의 두려움을 돌아보며 감사하자.
그 두려움이 있었기에 우리는 한 걸음 더 나아갈 수 있었다.

8장 　　 자기 치유
내가 '나'를 보듬을 수 있게

071 　　감정 폭력에
　　　　　신경 끄기

○
●

스무 살 시절의 연애는 내게 깊은 상처를 남겼다. 사소한 갈등이 생길 때마다 상대는 침묵으로 일관했다. 대화도, 명확한 답도, 문제를 해결하려는 노력조차 없었다. 그의 냉랭한 태도에 나는 점점 초조해하며 불안해졌고, 필사적으로 상황을 해결하려 애썼다. 하지만 그는 그저 '넌 왜 그렇게 감정 기복이 심해?'라는 눈빛으로 나를 바라볼 뿐이었다.

그가 무덤덤할수록 내 감정은 더 요동쳤고, 끝없이 자책하며 의심했다. 답답함과 간절함에 심리학 서적을 뒤적이며 답을 찾으려 했지만, 해결책은 쉽게 나오지 않았다.

그러던 어느 날, 나보다 인생 경험이 많은 친한 언니에게 고민을 털어놓자, 언니가 물었다.

"만약 그 사람이 너를 때린다면, 참을 수 있겠어?"

"당연히 아니죠!"

"근데 지금은 왜 참아? 그 사람은 지금 냉정함과 무심함이라는 무기로 너의 가장 약하고 예민한 부분을 찌르고 있어. 그런데 왜 그걸 참고 있는 거야?"

언니는 덧붙였다.

"누가 너에게 그런 감정 폭력을 가하면, 똑같이 맞서면서 상대할 가치조차 없다는 걸 보여 줘. 넌 그냥 신경 끄고 네가 할 일을 하면서 즐겁게 지내면 돼."

순간 당황스러웠다. 책에서는 감정 폭력의 원인을 분석하고 건강하게 풀어내는 방법을 말했는데, 언니의 조언은 너무 단순하고 직설적으로 느껴졌다.

망설이는 나를 보며 언니가 말했다.

"일단 한번 해 봐. 효과가 있는지 없는지는 직접 겪어 보면 알게 될 거야."

언니 말대로 해 보니 정말 효과가 있었다.

그의 차가운 태도에 더 이상 휘둘리지 않고 담담하게 대하자, 오히려 그가 초조해하는 기색이 보였다. 나는 그에게 쏟던 관심을 거두고 친구들과 더 많은 시간을 보냈다. 그러면서 세상에는 감정 폭력을 쓰지 않는 따뜻한 사람이 훨씬 많다는 것을 알게 되었다. 그리고 결국 내가 먼저 그 관계를 끝냈다.

✳ 따뜻함을 원한다면 처음부터 따뜻한 사람을 찾아야 한다.
차가운 얼음을 녹이려고 애쓸 필요는 없다.
사랑을 원한다면 마음속에 사랑을 품은 사람을 만나야 한다.
텅 빈 가슴에 사랑을 채우려는 것은 헛된 노력일 뿐이다.

072 결혼이라는 노동, 어리석고도 허망한 이야기

○
●

한 젊은 여인이 있었다. 그녀의 남편은 성공한 사업가로 늘 바빴다. 그의 삶은 일과 술자리, 단 두 가지뿐이었다. 반면, 남편보다 열 살이나 어린 그녀는 과하게 넘치는 경제력과 끝없는 여유 속에서 무료한 나날을 보내고 있었다. 바쁜 남편과 지루한 아내, 엇갈린 일상에서 그녀는 결국 젊은 대학생 남자를 만나게 되었다.

그 남자는 돈은 없었지만 젊음과 넘치는 에너지를 가졌다. 그녀는 마치 새로운 일자리를 찾은 듯 그에게 모든 열정을 쏟았다. 몰래 차 한 대를 사 주기도 하고, 남편보다 그와 더 많은 시간을 보냈다.

그러던 어느 날, 예기치 못한 사고가 터졌다.

교통사고였다. 그녀는 가벼운 부상으로 끝났지만, 남자는 정신만 멀쩡할 뿐 온몸이 망가졌다. 그 순간부터 불장난은 악몽이 되었고, 그의 가족이 그녀를 매몰차게 몰아세웠다.

"네가 사 준 차 때문에 우리 아들이 이렇게 됐으니, 평생 책임져! 안 그러면 네 남편에게 다 말할 거야!"

처음엔 미안함이 컸고, 그의 인생을 망쳤다는 죄책감도 들었다. 하지만 시간이 지나면서 그 감정은 점차 무거운 짐으로 변했다. 치솟는 병원비, 그리고 사랑이 아닌 돈으로 얽힌 관계….

남편의 돈으로 생활하는 그녀가 중병에 걸린 남자를 감당할 리 없었다. 결국 그녀는 연락을 끊으려 했지만, 그는 끊임없이 메시지를 보냈고 그의 어머니까지 그녀를 쫓아다녔다.

그렇게 2년이 흘렀다. 벼랑 끝에 몰린 그녀가 내게 장문의 메시지 끝에 이렇게 물었다.

"이 관계, 도대체 어떻게 끝낼 수 있을까요?"

나는 누군가 고민을 털어놓으면, 아무리 이해하기 어려운 사연이라도 최대한 공감해 주려고 노력하는 편이다. 하지만 이번만큼은 달랐다.

이건 단순한 치정 문제가 아니었다. 그녀는 결혼을 하나의 '직업'처럼 여기면서도 스스로 계약을 깨고 밥그릇을 걷어찼다.

결혼은 일종의 공동 사업과 같다. 한쪽이 자본을 대고 핵심 기술과 운영 모두를 책임진다면, 다른 쪽은 발언권조차 가지기 어렵다.

그녀는 한 가지 중요한 사실을 잊고 있었다. 자신의 자산은 '젊음과 외모'라는 소모성 자본일 뿐이라는 것을. 그 덕에 '공동 경영자'라는 타이틀을 얻었지만, 결국 본질은 평범한 결혼 노동자에 불과했다. 그리고 결혼 노동에는 '철밥통'이 없다. 젊음은 순식간에 사라지고, 능력까지 부족하다면 남편은 언제든 더 나은 조건의 상대를 찾을 수 있다.

중국의 교육가 장구이메이張桂梅는 이렇게 말했다.

"남편에게 의지해 산다면, 능력 있는 남자는 나를 대우해 줄지도 모른다. 하지만 능력 없는 남자와 함께라면 나는 꽃병보다 못한 존

> 재가 된다. 여자는 반드시 자기 능력으로 살아가야 한다."

나는 답답한 마음에 그녀를 다그쳤다.

"그렇게 사랑이 간절한가요? 남자가 꼭 필요한가요? 시간이 남아돌아요?"

그녀는 한숨을 쉬며 대답했다.

"솔직히 할 일이 없긴 해요. 일 년에 책 한 권도 안 읽거든요. 아, 유일하게 읽은 책이 있다면 아들 교과서 정도?"

책을 읽는 이유가 뭘까? 단순히 시간을 때우기 위해서? 지적인 사람처럼 보이기 위해서? 절대 아니다. 서한 시대의 학자 유향劉向은 말했다.

> "책은 약과 같아서, 잘 읽으면 어리석음을 치료할 수 있다."

만약 그녀가 책을 읽었다면, '시집 잘 갔다'라는 입장권 하나만 믿고 안일하게 살진 않았을 것이다. 그리고 무엇보다, 결혼이라는 삶의 여정이 얼마나 험난한지 몸소 느꼈을 것이다.

그녀는 남편이 자신을 돌보지 않는다고 불평했다. 하지만 남편은 바람을 피우지도, 생활비를 부족하게 주지도 않았으며, 그녀의 무지를 탓하지도 않았다. 그녀 같은 사람에게 이런 남편은 '희귀 자원'이나 다름없었다. 그녀가 원한 건 돈과 생활의 안정, 즉 최소한의 노력으로 최대한의 경제적 이익을 얻는 삶이었기 때문이다. 그런데 그녀의 남편은 어떤 사람인가? 지능이 뛰어나고 경험이 풍부한 기업가다. 이런 그가 정말 아무것도 몰랐을까? 어쩌면 오래전부터 다 알고 있었을지도 모른다. 단지 때가 올 때까지 기다렸을 뿐.

이 시대는 누구에게나 부를 쌓을 기회를 준다. 배우자를 잘 만나든, 스스로 일구든, 방법이 다를 뿐이다. 중요한 것은 그 기회를 허투루 낭비하지 않고, 이를 소중한 운명으로 여기며 부의 뿌리를 꼭 움켜쥐는 것이다.

중국 작가 이서亦舒는 '까다로운' 여성으로 유명했는데, 사실 그녀는 자신의 인생에만 유독 혹독한 잣대를 들이댔다.

그녀는 이렇게 말했다.

"여자는 반드시 자기 힘으로 생계를 책임질 수 있어야 한다. 그래야 기쁨, 행복, 이상을 추구할 자격이 생긴다. 어떤 식으로든 직업을 가져야 한다. 그 과정에서 뜻이 맞는 동료, 친구, 연인을 만날 수 있다. 그러면 결혼을 선택할 수도 있고, 혼자 살 수도 있다. 이것이 바로 자발적인 '선택'이고, 이 선택이 곧 '자유'다."

기억하자.
선택할 수 있어야, 자유로울 수 있다.

073 좋은 배우자의 다섯 가지 조건

○
●

나는 남에게 빚지는 걸 싫어한다. 친구가 밥을 사 주면 다음번엔 더 좋은 곳에서 대접해야 마음이 놓이고, 생일 선물을 받으면 더 비싼 선물로 보답해야 직성이 풀렸다.

연애할 때도 마찬가지였다. 남자친구가 따뜻한 말을 건네거나 아플 때 약을 사다 주면, 그 작은 호의마저 반드시 갚아야 한다는 강박이 있었다. 하지만 굳이 그럴 필요가 있었을까? 사랑하는 사람을 챙기는 건 연인 사이에 자연스러운 일이 아닐까?

2010년, 딸이 태어났다. 아이를 키우며 나는 마치 삶을 처음부터 다시 살아가는 듯한 기분을 느꼈다. 그 과정에서 결혼과 배우자 선택에 관한 생각도 새롭게 정리되었다.

과거에는 남자친구가 추운 날 퇴근을 기다려 주거나, 꽃과 선물을 주거나, 예쁘다고 말해 주거나, 감동적인 메시지를 보내면 '이 사람이 날 진짜 사랑하는구나'라고 생각했다.

하지만 이제는 안다. 그런 행동들은 적은 비용으로도 가능한 일이고, 냉정히 말하면 진정한 사랑이라기보다 한가할 때나 할 수 있다. 인생을 한 그루 나무에 비유한다면, 우리는 굵은 줄기를 봐야 한다. 자잘한 가지들에 현혹되어선 안 된다. 인생이 하나의 기업이라면, 허영심이나 일시적인 감정만 채워 주는 사람 대신, 함께 회사를 이끌어 갈 '공동 경영자' 같은 배우자를 선택해야 한다.

좋은 배우자는 다음과 같은 덕목을 갖춘 사람이다.

- ◆ 정직한 성품: 말이 과장되지 않고, 무리한 거짓말을 하거나 상대를 속이지 않는다.
- ◆ 배우려는 태도: 스스로 성장하려는 자세를 가지며, 상대의 발전도 기꺼이 받아들인다. 배우자가 자신보다 나은 점이 있어도 열등감을 느끼기보다 함께 나아가려 한다.
- ◆ 안정적인 감정 상태: 삶에서 크고 작은 위기가 닥칠 때 차분하고 긍정적으로 문제를 해결한다. 스트레스를 감정 폭발로 풀거나 배우자에게 쏟아내지 않는다.
- ◆ 명확한 인생 목표: 크든 작든, 자신의 길을 고민하고 찾아간다. 삶에 방향이 있는 사람과 함께하면 안정감을 느낄 수 있다.
- ◆ 선의와 겸손함: 다른 사람에 대해 이야기할 때 드러나는 태도가 그 사람의 수준과 품격을 보여 준다. 자신을 과대평가하거나 남을 깎아내리지 않는 사람은 배우자를 진심으로 존중할 줄 안다.

이 다섯 가지 조건을 갖춘 사람은 결코 평범한 인생을 살지 않는다. 당장은 눈에 띄지 않을지 몰라도, 결국 더 나은 길을 걷게 된다. 그런 사람과 함께라면 내 삶도 더 의미 있고 가치 있게 변하며, 감정 소모 없는 건강한 관계를 맺을 수 있다.

특히 연애와 결혼은 단순히 파트너를 고르는 문제가 아니다. 미래의 내 아이의 아버지를 결정하는 일이기도 하다. 성격과 습관은 유전의 힘을 강하게 타고나며, 후천적인 교육으로 바꾸기 어려운 경우가 많다. 결국 배우자의 장점과 단점은 자녀가 물려받을 첫 번째 유산이다.

✷ 이 유산이 '마이너스'에서 시작되지 않도록, 배우자 선택에 신중해야 한다. 세상 모든 이가 이 사실을 일찍 깨닫길 바란다.

074 사랑은 뜨겁게 질주하고, 결혼은 천천히 성장한다

결혼에 관한 세 가지 진실이 있다.

1. 연애할 때가 '최상의 모습'이다

연애 시절에는 서로에게 가장 좋은 모습을 보여 주려 애쓰기 때문에, 결혼해도 늘 그 모습 그대로이거나 더 성실할 것이라는 기대는 금물이다. 오히려 결혼하면 긴장이 풀리면서 연애 때보다 게을러지고, 덜 단정해지며, 자상함도 줄어드는 경우가 많다. 연애할 때조차 성실하지 않았던 사람이 결혼했다고 갑자기 부지런해질 확률은 거의 없다.

2. 젊고 자유롭게 살고 싶다면 '경제적 자유'가 필수다

돈이 많아야 한다는 뜻이 아니다. 핵심은 자신이 원하는 삶을 유지할 수 있는 경제적 기반을 갖추는 것이다. 화려한 삶을 꿈꾼다면 큰돈을 벌면 되고, 소박한 삶을 원한다면 최소한의 자립만으로도 충분하다. 경제적 자유가 있어야 돈 때문에 억지로 결혼하지 않고, 진심으로 사랑하는 사람을 만나며, 원치 않는 관계에서 벗어날 선택지를 가질 수 있다. 결국 사랑을 사랑답게 누리려면 경제적 자립이 뒷받침되어야 한다.

3. 예술적 감성만으로는 현실을 살아가기 어렵다

그림, 음악, 문학 같은 예술적 재능이 돈으로 직결되는 건 아니다. 예술적 감성이 풍부한 사람은 대체로 현실 감각이 약하고, 경제적으로 넉넉하지 않은 경우가 많다. 이런 사람에게 매력을 느낀다면 현실적인 어려움까지 감내할 각오가 필요하다.

미국의 유명 작가 마크 트웨인Mark Twain은 말했다.

"사랑은 뜨겁게 달리는 질주지만, 결혼은 천천히 자라는 성장이다."

순간의 강렬한 불꽃도 아름답지만,
인생의 담백한 순간들을 오랫동안 함께 나누는 것이 더 중요하다.
첫눈에 반하는 감정도 소중하지만,
서로 뒤처지지 않고 함께 나아가는 여정이 더 값지다.

075 많이 줄수록, 사랑받기 어렵다

○
●

과거의 나는 인간관계에서 잘못된 패턴에 갇혀 있었다. '내가 먼저 잘하면 상대도 나를 좋아하겠지'라는 생각에 모든 관계에 과도하게 신경을 썼다.

친구들과 만나면 먼저 계산했고, 지인의 생일에는 정성 어린 축하 메시지를 보냈다. 연애할 때는 상대에게 맞추기만 하며 내가 원하는 건 입 밖에도 내지 않았다. 심지어 낯선 이에게조차 필요 이상의 친절을 베풀었다. 질문을 받으면 설명이 부족할까 봐 열 마디를 덧붙였고, 실망하게 하지 않으려 불필요한 배려까지 했다.

과연 이런 노력이 더 나은 관계로 이어졌을까?

전혀 아니었다. 오히려 많이 줄수록 사랑받기는 더 어려웠다.

문제는 무엇이었을까? 나는 '진심은 반드시 전해진다'라는 믿음에 사로잡혀 있었다. 내가 먼저 잘해 주지 않으면 상대가 나를 좋아하지 않을 거라 여겼고, 있는 그대로의 나로 사랑받을 수 있다는 확신이 없었다.

결국, 내게 부족했던 건 '사랑받을 자신감'이었다.

많은 사람이 빠지기 쉬운 심리적 함정이 있다. 바로 인생에서 '사랑'을 최고의 가치로 두는 것이다. 마치 사랑받아야만 완전한 사람이 되는 것처럼 말이다. 그래서 끝없이 사랑을 찾아 헤매고, 관계를 지키기 위해 자신을 희생한다.

하지만 사랑은 숨 쉬는 것과 같다. 억지로 조절하거나 참지 않아도, 살아 있는 한 자연스럽게 이어진다. 억지로 애쓰지 않아도, 누군가는 나를 반드시 좋아하게 되어 있다. 있는 그대로의 나를 사랑해 줄 사람은 분명 존재한다.

이 사실을 깨닫는 순간, 세상을 바라보는 시야가 넓어지고 더 큰 삶을 향한 힘이 생긴다. 더 이상 남의 눈치를 보며 초조해하지도 않는다.

2012년, 중국 배우 유역비劉亦菲가 한 토크쇼에서 사회자에게 이런 말을 들었다.

"남자들은 순수하고 백치미 있는 여자를 좋아하죠."

그러자 유역비는 관심 없다는 듯 담담하게 답했다.

"제가 그걸 왜 신경 써야 하죠?"

이 인터뷰는 10년이 지나고 나서야 화제가 되었다. 아마도 많은 여성이 이 깨달음에 이르기까지 오랜 시간이 필요했기 때문일 것이다.

사랑의 시작은 나 자신을 사랑하는 것이다.
나를 온전히 사랑하는 한,
세상에는 나를 사랑해 줄 사람이 반드시 나타난다.

076   사랑의 새로운 각본 vs. 오래된 각본

○
●

'사랑의 각본'은 프랑스 사회학자 에바 일루즈Eva Illouz가 제시한 개념이다.

그녀는 "연애와 결혼은 개인의 선택처럼 보이지만, 실은 사회의 경제 구조와 문화가 만들어낸 구조적 배치다"라고 말했다. 즉, 우리가 느끼는 감정이나 선택이 전적으로 개인적인 것이 아니라, 사회적 틀에 의해 규정된다는 뜻이다.

이 관점에서 보면 연애와 결혼에서 겪는 문제들은 단순히 개인의 갈등이 아니라 사회적·구조적 요인에서 비롯된 것임을 알 수 있다.

중국 복단대復旦大 사회학 교수 선이페이沈奕斐 역시 『사회학적 사랑의 사고방식』에서 '오래된 사랑의 각본'과 '새로운 사랑의 각본'의 충돌이 남녀 간 갈등을 어떻게 일으키는지 분석했다.

원시 시대 수백만 년 동안 남녀는 비교적 평등했다. 남성이 사냥을 했지만, 성공률이 낮아 주요 식량원은 여성의 채집(열매, 식물 뿌리 등)으로 이루어졌다. 그러나 농경 사회로 접어들며 상황이 바뀌었다. 곡물 생산이 생계의 중심이 되면서 남성의 체력과 노동력이 우위를 점했고, 사회 구조도 변했다. '남성은 바깥일, 여성은 가사'라는 역할 분업이 자리 잡았고, 경제력을 쥔 남성이 가정을 지배하며 여성은 '제2의 성'으로 밀려났다.

수천 년간 이어진 사랑의 공식은 이랬다.

◆ 여성은 경제력이 좋고 신체 건강한 남성을 만나 안정적인 가정을 꾸려야 한다.
◆ 남성은 젊고 출산 가능하며 가정을 돌볼 수 있는 여성을 선택해야 가문의 번영을 잇는다.

그렇다면 사랑의 새로운 각본은 어떻게 탄생했을까?

이 역시 사회 발전의 산물이다. 1차 산업혁명 이후 육체노동에서 지식노동으로 바뀌며 남녀 역할도 변하기 시작했다. 여성은 남성에게 경제적으로 의존하지 않아도 될 만큼, 스스로 생계를 꾸려 갈 수 있는 기반을 갖추게 되었다. 이에 남녀평등이 다시 부각되었고, 사랑의 기준도 달라졌다. 이제는 경제력이 중심이 아니라 존중, 평등, 개인적 취향, 자아실현 같은 가치가 더 중요해졌다.

현대 사회는 오래된 각본과 새로운 각본이 공존하는 과도기다. 즉, 사랑과 결혼에 대한 기대치가 충돌하며 갈등이 생기는 시대다.

남성이 여성에게 취업과 가사를 모두 요구하거나, 여성이 남성에게 커리어와 육아를 동시에 기대하는 건 한 사람에게 감당 불가능한 과부하를 주는 것과 같다.

이에 공정한 해결책은 두 가지다. 남녀가 일과 가정을 함께 분담하거나, 역할과 책임을 명확히 나누어 한쪽이 일을, 다른 쪽이 가정을 맡되 서로의 동등한 가치를 인정하는 것.

여성에게 사랑과 결혼을 이유로 커리어를 포기하라고 강요해서는 안 된다. 결혼은 오래갈 수 있지만, 사랑의 신선함은 오래가지 않는다. 남성에게 전적으로 의지하면 그는 점차 이기적이거나 냉정해질 가능성이 크다. 이는 인간 본성이다. 진정한 사랑은 커리어를 가로막지 않는다. 진심으로 사랑한다면 당신에게 자신의 삶을 버리고 무조건 희생하라고 요구하지 않을 것이다.

'남성이 보호하고, 여성이 헌신한다'라는 사랑의 공식이 수천 년간 지속되어 왔기에, 몇십 년의 사회 변화만으로 이를 완전히 바꾸긴 어렵다.

하지만 앞으로의 행복한 가정은 균형과 합의를 바탕으로 유지될 것이다.

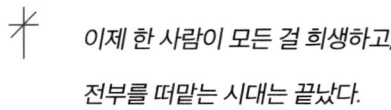

이제 한 사람이 모든 걸 희생하고,
전부를 떠맡는 시대는 끝났다.

077 자아를 찾는 길, 어렵지만 가치 있는 여정

○
●

1985년 12월, 다이애나 왕세자빈은 왕립 오페라 하우스의 무대에 올랐다. 유명 안무가 웨인 슬리프Wayne Sleep와 함께 빌리 조엘Billy Joel의 '업타운 걸Uptown Girl'에 맞춰 깜짝 공연을 선보인 것이다. 이 무대는 찰스 왕세자의 서른일곱 번째 생일을 위해 준비한 그녀의 특별한 선물이었다. 다이애나는 오랫동안 비밀리에 연습과 리허설을 거듭하며 공연을 준비했다. 그날 밤, 그녀가 무대에 등장하자 객석은 숨을 죽였다. 무용 파트너였던 웨인 슬리프는 그 순간을 이렇게 회상했다.

"관객들은 눈앞의 광경을 믿을 수 없는 듯했어요."

공연은 대성공이었다. 여덟 번의 앙코르를 받은 다이애나는 무대를 내려와 왕실 객석의 찰스를 향해 무릎을 꿇었다. 그러나 정작 찰스는 이 선물을 달가워하지 않았다. 그는 아내의 행동을 '부적절한 일탈'로 여겼고, 그 공연 사진은 한동안 세상에 공개되지 않았다. 10년 뒤인 1995년, 일부 타블로이드 신문을 통해 뒤늦게 알려졌다.

많은 이가 찰스와 다이애나를 '전혀 다른 세계에서 온 두 사람'이라 평했다. 다이애나는 귀족 가문 출신이었지만 학업 성적이 저조해 고등학교 졸업장을 받지 못했고, 한때 유치원 보육 교사로 일하기도 했다. 반면, 찰스는 케임브리지대학을 졸업한 엘리트로, 하루 종일 철학서를 탐독하는 사람이었다.

물론 그들에게 공통점이 전혀 없었던 건 아니다. 찰스는 왕실 장남이자 미래의 국왕으로서 막대한 기대와 책임 속에서 살아야 했다. 한 가정 교사는 그를 이렇게 묘사했다.

"찰스는 대화 중 누군가 큰 소리를 내면 지레 겁을 먹었고, 다른 사람을 기분 좋게 하려고 애쓰기도 했어요."

다이애나 역시 외로움 속에서 자랐다. 아들을 원했던 가문에서 세 번째 딸로 태어나 늘 위축되었고, 여섯 살에 부모가 이혼하면서 더 깊은 상처를 받았다. 그녀는 한 인터뷰에서 이렇게 털어놓았다. "부모님은 제게 사랑한다고 말한 적이 없어요. 가끔 뺨에 키스해 주는 게 전부였죠. 안아 주거나 쓰다듬어 준 적은 단 한 번도 없었어요."

두 사람 모두 정서적으로 불안정한 어린 시절을 보냈다. 그래서인지 성인이 된 후, 그들은 자신에게 '감정적 보상'을 줄 상대를 찾아 헤맸다. 다이애나는 말했다.

"다른 소녀들처럼 저도 작은 소망이 있었어요. 아버지처럼 따뜻하게 감싸 주고 든든히 지지해 줄 남편을 만나는 거였죠."

어린 시절, 그녀에게 찰스는 자신을 지켜 줄 성숙하고 듬직한 왕자처럼 보였다. 하지만 현실의 찰스는 다이애나를 보살필 여유조차 없는 사람이었다. 그 역시 돌봄이 필요한 아이와 다름없었다. 두 사람은 비슷한 상처를 안고 있었지만, 서로를 치유하기는커녕 오히려 그 아픔을 더욱 선명히 드러냈다. 찰스는 다이애나의 '연약함'을 보며 본능적으로 거리를 두려 했다. 그녀의 결핍은 곧 자신의 결핍을 비추는 거울이었기 때문이다.

1986년, 찰스와 다이애나는 캐나다 세계 박람회에 참석했다. 네 시간 넘게 아무것도 먹지 못하고 찰스를 따라다니던 다이애나는 극심한 피로에 시달렸다. 결국 더는 버틸 수 없었던 그녀는 찰스에게 사정하며 말했다.

"여보, 더 이상 못 버틸 것 같아요."

그리고 그 순간, 그대로 기절했다.

정신을 차린 후 그녀를 가장 당황하게 한 건 찰스의 반응이었다.

다이애나는 그날을 이렇게 회상했다.

"그는 저를 계속 나무랐어요. 왜 사람들 앞에서 기절했냐고, 차라리 문 뒤에서 기절했어야 했다고요. 너무 황당하고 민망해서 고개조차 들 수 없었죠."

찰스는 그녀를 질책한 후에도 아무렇지 않게 박람회 관람을 이어 갔다. 그리고 다이애나는 혼자 호텔로 돌아와 눈이 퉁퉁 붓도록 울었다. 모두가 그녀에게 휴식을 권했지만, 찰스는 그날 밤 행사에 반드시 참석해야 한다고 고집했다. 그녀의 건강보다 '다이애나가 아프다는 소문이 퍼지진 않을까' 하는 걱정이 더 컸기 때문이었다.

찰스와의 결혼 생활에서 다이애나는 끊임없는 압박에 시달렸다. 완벽한 왕비가 되어야 한다는 부담과 남편에게 사랑받지 못한다는 절망이 그녀를 짓눌렀고, 점점 자신을 혐오하기 시작했다.

"나는 내가 싫어요. 스트레스조차 견디지 못하는 이런 못난 모습이 너무 수치스러워요."

수많은 시행착오 끝에 다이애나는 마침내 자신의 자리를 찾았다. 결혼 생활의 위선과 분노를 내려놓고, 더 이상 남편의 눈치를 보지도 않았다. 감정의 소용돌이에서 벗어나 그녀는 진정으로 의미를 느낄 수 있는 일, 자선 사업에 몰두하기 시작했다.

1987년 6월, 다이애나는 자신의 옷 79점을 경매에 내놓고, 그 수익금 350만 파운드를 전액 자선사업에 기부했다. 1991년 7월에는 에이즈 환자와 손을 맞잡고 포옹했다. 당시만 해도 에이즈에 대한 편견이 강했기에 왕실은 그녀의 행동이 지나치다고 여겼지만, 대중은 뜨거운 지지를 보냈다.

1996년 찰스와 다이애나는 공식적으로 이혼을 발표했고, 1997년 다이애나는 홀로 아프리카 앙골라로 떠났다. 자선단체인 '헤일로HALO'와 함께 지뢰밭을 걸으며 지뢰 제거의 필요성을 역설했다. 그녀의 목소리는 국제 사회의 관심을 불러일으켰고, 지뢰 사용을 금지하는 오타와 협약Ottawa Treaty 체결을 앞당겼다. 이제 더 이상 그녀는 누군가의 보호를 기다리는 어린 소녀가 아니었다. 성숙한 여성으로 거듭난 다이애나는 자신의 영향력을 어떻게 쓸지 깨달았다. 자아를 찾는 여정은 힘들었지만, 그만큼 값진 결실을 보았다.

찰스와 다이애나의 이혼 후 사람들은 의아해했다. 젊고 아름다웠던 다이애나 대신, 왜 찰스는 평범한 외모의 커밀라를 선택했을까? 누군가는 이렇게 말했다.

"찰스에게는 강하고 독립적인 여자가 필요했어요."

찰스는 감정적으로 안정적이고 자아가 확고한 사람을 원했다. 흔들리지 않게 중심을 잡아 주고, 목표를 향해 함께 나아갈 수 있는 동반자. 그런 점에서 커밀라는 다이애나보다 더 적합했을지도 모른다.

처음부터 자신이 누구인지 정확히 아는 사람은 없다. 살면서 방향을 잡고, 길을 잃기도 하고, 때로는 돌아가기도 하면서 우리는 조금씩 자신을 찾아간다.

다이애나도, 커밀라도, 심지어 여왕도 예외는 아니었다.

다이애나는 순수하고 여린 소녀에서 순종적인 왕세자비, 절망에 빠진 아내로 변해 갔다. 그리고 결혼 생활이 끝난 후에야 비로소 자신을 발견하기 시작했다.

커밀라는 평생 '제삼자'라는 오명을 안고 살았다. 이해심 깊은 연인에서 불륜의 당사자로, 그리고 마침내 왕비의 자리에 올랐다.

그들의 삶은 모두 예상 밖이었지만, 결국 각자의 자리에서 자신만의 길을 찾았다.

다이애나는 36년이라는 짧은 생을 살았지만, 끝까지 자아를 찾는 노력을 멈추지 않았다. 그것이 그녀가 여전히 많은 이의 기억 속에 남아 있는 이유이자, 그녀의 가장 강렬한 매력이었다.

> *삶은 방향을 잃고 넘어지며 때로는 되돌아가는 여정이다.*
> *중요한 건 목표에 얼마나 빨리 도달하느냐가 아니라,*
> *그 길을 찾기 위해 얼마나 진지하게 고민했느냐다.*
> *삶의 절반이 지났든, 끝이 보이지 않든,*
> *자신을 찾아가는 과정만큼 값진 건 없다.*

078 남을 위한 에너지를 나에게 할애하라

○
●

자녀가 둘 이상인 가정에서 부모가 아이들을 완벽히 공평하게 대하기란 쉽지 않다. 일반 가정에서도 한정된 자원과 상황 속에서 균형을 맞추기 어려운데, 하물며 왕위 계승이라는 무거운 문제가 얽힌다면 공평함은 더더욱 기대하기 힘들다. 엘리자베스 2세와 여동생 마거릿 공주도 이런 현실을 피할 수 없었다.

엘리자베스는 차분하고 온화하면서도 확고한 주관을 가진 사람이었다. 어린 시절부터 조부 조지 5세의 특별한 기대를 받았고, 열네 살에 마거릿과 함께 첫 대국민 연설을 하며 책임감을 드러냈다. 그녀는 이렇게 말했다.

> "우리의 마음은 행복과 용기로 가득 차 있습니다. 우리는 용감한 수병과 군인, 조종사들을 돕기 위해 최선을 다하고 있으며, 전쟁이 가져온 위험과 슬픔을 함께 나누려고 노력하고 있습니다."

열아홉 살이 된 엘리자베스는 제2차 세계대전 중 군에 입대해 트럭 운전과 정비사 교육을 받았다. 직접 운전을 배우고, 차량을 수리하며, 타이어 교체 기술을 익혔다. 그 경험은 그녀의 삶에 깊은 흔적을 남겼다. '영국에서 운전면허 없이 합법적으로 운전할 수 있는 유일한 인물' '군 복무를 한 최초의 여성 왕실 구성원' '스파크 플러그 교체 훈련을 받은 첫 여왕'이라는 독특한 수식어들이 그녀를 따라다녔다.

반면, 마거릿 공주는 전혀 다른 길을 걸었다. 그녀는 영국 왕실 최초로 디올 드레스를 입은 여성, 왕실 결혼식을 TV로 생중계한 첫 인물, 400여 년 만에 일반인(사진작가 앤서니 암스트롱 존스Anthony Armstrong Jones)과 결혼한 공주, 왕실에서 처음으로 별거와 이혼을 경험한 사람이었다.

영화 〈로마의 휴일〉에서 오드리 헵번이 연기한 '앤 공주'의 모델이 바로 마거릿이었다. 그녀는 누구보다 개성이 강하고 독립적인 삶을 살았다. 발레와 예술을 사랑해 영국 국립발레단 후원회장을 맡았고, 연극에도 깊은 조예를 보였다. 공연을 볼 때마다 독창적인 평을 남겼고, 배우들의 연기를 날카롭게 분석하는 감각을 가졌다.

엘리자베스가 차분하고 엄숙하며 때로는 지나치게 성숙해 보였다면, 마거릿은 스타 같은 존재였다. 화려하고 유쾌하며 사랑스러운 그녀는 귀족사회의 대표적인 사교계 인사이자 패션 아이콘이었다. 그 자체로 하나의 전설이었던 것이다.

대중의 눈에 엘리자베스는 무거운 책임을 묵묵히 짊어진 강인한 군주로 비친 반면, 마거릿은 예쁘지만 철없고 왕실에 끊임없는 골칫거리를 안기는 문제아로 여겨졌다.

아마도 마거릿이 평생 언니의 그늘에 가려 살아야 할까 봐 걱정했기 때문일까. 아버지 조지 6세는 막내딸을 유독 아꼈다. 그는 "마거릿은 천사의 얼굴과 우아한 몸매, 스타의 기질을 타고났다"라며 공개적으로 칭찬을 아끼지 않았다.

조지 6세가 서거한 후, 엘리자베스는 자연스럽게 아버지의 역할을 물려받아 동생을 끝없이 감싸고 아꼈다.

마거릿이 자신보다 열여섯 살 연상에 이혼 경력이 있는 피터 타운센드 Peter Townsend 소령과 사랑에 빠졌을 때, 영국 사회는 큰 충격에 휩싸였다. 당시 엘리자베스는 즉위한 지 얼마 안 된 시점이었고, 국내외로 중요한 위기를 맞고 있었다.

세간에서는 여왕이 왕실의 체면을 지키기 위해 동생의 행복을 막았다고 비판했지만, 사실 왕실은 마거릿의 결혼을 허락하고자 200년간 이어진 왕실 혼인법 폐지를 검토할 정도였다. 그러나 여론과 교회의 압박 속에서 마거릿은 결국 사랑을 포기했다.

한동안 그녀는 스스로를 'It Girl'°이라 칭하며 한 손엔 시가를, 다른 손엔 칵테일 잔을 들고, 파티장을 전전하며 화려한 사교계를 누볐다. 한편, 엘리자베스는 무너져 가는 제국을 지탱하느라 동분서주하며 땀 흘렸다.

엘리자베스 2세는 마거릿보다 불과 네 살 많았을 뿐이지만, 홀로 가문과 국가의 운명을 짊어져야 했다.

연인 사이 사랑의 크기는 미묘하게 다르고, 부모도 자식들에게 각기 다른 감정을 품는다.

장녀나 장남에게는 사랑보다는 기대를, 막내에게는 책임보다는 애정을, 능력 있는 자식에게는 이해보다는 요구를, 부족한 자식에게는 보답을 바

○ It Girl: 주로 주요 사교 모임에 자주 모습을 드러내고, 온종일 파티를 즐기는 패셔너블한 여성들을 뜻하며, 독특한 매력으로 사람들을 매료시키는 존재다.

라기보다 보호를 해 주려 한다.

막냇동생을 부르는 '작은 공주'와 '작은 왕자' 같은 호칭은 단순한 애칭이 아니다. 그것은 그들의 성격이 되고 운명이 된다. '장녀'나 '장남' 역시 서열 이상의 역할과 책임을 뜻한다.

한 친구가 이런 말을 했다.

"우리는 부모, 배우자, 아이, 직장, 사회에 늘 무거운 책임감을 느끼며 사는데, 그들은 내가 애쓰는 걸 몰라 주지. 결국 나는 그 과정에서 내면의 에너지를 소진해 정작 내 행복을 놓치게 돼."

나도 타고난 '큰 언니' 기질을 조금씩 내려놓기 시작했다. 요즘 새롭게 가진 태도가 하나 있는데, 그것은 바로 나 자신을 더 애틋하게 챙기는 것이다.

나는 또 다른 자아를 만들어, 나 자신에게 '엄지척'을 날리며 이렇게 말해 주고 싶다.

"정말 수고했어. 이제 좀 쉬고, 즐겨도 돼."

 늘 강해야 하고, 배려해야 하고 무조건 최선을 다해야 하는 삶.
그건 너무 피곤하다.
남을 위해 애쓰는 것이 버겁게 느껴진다면,
차라리 그 에너지를 나 자신을 사랑하는 데
써야 하지 않을까?

079 인생이 주는
       놀라움

○
●

2022년 9월 13일, 힐스버러성. 막 왕위에 오른 찰스 국왕이 방문객 등록부에 서명하려던 순간, 손에 쥔 만년필에서 잉크가 새기 시작했다.

"이런, 난 이런 거 정말 싫어!"

찰스가 버럭 화를 내며 소리쳤다.

"이 빌어먹을 것, 매번 날 이렇게 불쾌하게 만들다니!"

그는 잉크가 새는 만년필을 살펴보지도 않은 채 아내 커밀라에게 건넸다. 그녀의 손에도 잉크가 묻었지만, 태연히 닦아낸 뒤 새 만년필을 집어 조용히 서명을 마무리했다.

평생을 함께한 연인의 태도는 그 사람의 성격을 고스란히 드러낸다.

1992년 찰스와 커밀라의 불륜을 폭로한 전기 『다이애나: 진짜 이야기 Diana: Her True Story』가 출간된 지 30여 년, 다이애나가 세상을 떠난 지 28년이 흘렀다.

커밀라는 1971년 찰스를 처음 만났고, 각자의 결혼 생활을 거친 후 2005년에야 재혼했다. 만약 다이애나가 그토록 큰 대가를 치르지 않았다면, 이들의 사랑은 더 감동적인 이야기로 남았을지도 모른다.

모두가 다이애나를 사랑했지만, 찰스는 커밀라를 더 사랑했다.

결혼 후 17년이 지나도 두 사람이 함께 찍은 사진에는 여전히 미소와 편안함이 담겨 있다. 이는 찰스와 다이애나가 함께했던 어색하고 불편한 모습과 뚜렷이 대조된다. 왕실 평론가들은 말한다.

"커밀라가 곁에 있을 때 찰스는 훨씬 자연스럽고, 안정되어 보였어요."

다이애나와 커밀라는 늘 비교되지만, 사실 두 사람은 세대가 달랐다. 다이애나보다 열네 살이 많았던 커밀라는 찰스와 같은 세대였다.

커밀라는 귀족 가문의 장녀로 태어나 가족의 사랑과 지지를 받으며 자랐다. 그녀는 자신의 유년 시절을 이렇게 회상한다.

"사람들이 저를 강하고 흔들리지 않는 사람이라고 생각한다면, 그건 전적으로 가족 덕분이에요. 자라면서 가족들은 저에게 아낌없는 사랑과 따뜻함을 주었죠. 위기가 닥쳐도 걱정하지 않았어요. 가족은 언제나 저를 지지했고, 제가 사랑받아야 할 존재라는 확신을 심어 주었으니까요."

반면, 다이애나는 사랑 없는 가정에서 소외감을 느끼며 자랐다. 그녀는 왕자와의 결혼이 자신을 보호하고 의지할 울타리가 되어 줄 거라 믿었다. 하지만 찰스 역시 내면의 위로가 필요한 사람이었다. 그는 문제를 직면하기보다 회피하는 성향이 있었고, 그런 그에겐 자신감 있고 이성적이며 유머 감각까지 갖춘 커밀라가 더 잘 맞았다.

찰스와 다이애나는 공통된 취미가 거의 없었다. 한때 다이애나는 이를 반박하며 말했다.

"저와 찰스는 둘 다 민중, 시골 생활, 아이들, 자선 활동에 깊은 관심이 있어요."

하지만 이는 '왕세자와 세자빈'으로서 수행해야 할 공식적인 업무일 뿐이었다. 일과가 끝난 후, 부부가 민중과 자선 활동에 관한 이야기만 하며 시간을 보낼 수는 없었다.

반면, 커밀라와 찰스는 자연스럽게 공유할 수 있는 취향을 가졌다. 커밀라는 말했다.

"그와 나 사이에서 가장 좋은 점은, 같은 방의 다른 구석에 앉아 책을 읽을 수 있다는 거예요. 굳이 대화를 나누지 않아도, 서로 곁에 있는 것만으로 편안함을 느낄 수 있죠."

다이애나는 달랐다. 학업에 흥미가 없었고, 졸업 시험에 낙제해 고등학교 졸업장도 받지 못했다. 그녀가 유일하게 즐겨 읽은 책은 영국 로맨스 소설가 바버라 카틀랜드Barbara Cartland의 작품이었다. 공교롭게도 바버라 카틀랜드는 다이애나의 의부 외할머니였다.

또한 커밀라는 원예를 사랑했다. 예순 살 생일에 찰스는 그녀에게 희귀종 양 두 마리와 추위와 가뭄에 강한 다년생 상록 식물을 선물했다. 찰스 역시 원예에 조예가 깊었다. 하이그로브 저택은 그가 40년 전 황무지였던 곳을 구입해 반평생 공들여 가꾼 곳으로, 이제 모두가 동경하는 아름다운 정원으로 탈바꿈했다.

1997년, 다이애나가 세상을 떠났을 때 나는 열아홉 살이었다. 고등학교를 졸업하고 대학 입학을 앞두던 때였다. 어느 날 갑자기 아버지가 방에 들어와 말했다.

"다이애나가 죽었대."

순간 가슴이 철렁했다.

'나의 우상이자, 전 세계가 추앙하던 여자가 죽었다고?'

그날 나는 태어나서 처음으로 '인생은 한낱 꿈에 불과하다'라는 느낌을 받았다. 커밀라가 마치 마녀처럼 다이애나의 삶을 산산조각 낸 것만 같았다.

살면서 미워했던 사람을 좋아하게 되기도 하고, 가까웠던 친구와 멀어지기도 한다. 그렇게 세월이 지나며 내 생각도 완전히 바뀌었다. 나는 여전히 다이애나를 좋아하지만, 그녀의 성격에는 분명 꽉 막힌 구석이 있었다.

사랑이 결핍된 소녀일수록, 감정 문제를 스스로 풀지 못한다. 다이애나의 채워지지 않은 사랑에 대한 갈증은 원가족에서 비롯되었고, 찰스의 연약함은 왕위 계승자로서 짊어져야 했던 무거운 압박과 기대에서 기인했을 것이다.

다이애나의 꿈이 무너진 후, 그녀는 한동안 광기에 사로잡히기도 했고, 상처를 치유하려 애쓰기도 했다. 하지만 찰스는 그 모든 순간을 외면했다.

찰스가 "당신, 살찐 것 같은데?"라고 말하면, 다이애나는 극단적인 다이어트로 허리를 28인치에서 23인치까지 줄였다. "검은 옷은 장례식에서나 입는 거야"라는 그의 한마디에, 고급스럽고 매혹적인 블랙 드레스는 쳐다보지도 않았다.

그러다 결국 그녀는 깨달았다.

'이 모든 노력이 다 부질없었구나.'

그 후, 그녀는 여러 연인 사이를 방황하며 길을 잃었다.

반면 커밀라는 다이애나와 달랐다. 그녀는 자신이 가진 패를 받아들이고, 그에 맞춰 현명하게 플레이할 줄 아는 사람이었다.

첫 번째 남편 앤드루와의 결혼도 냉철한 판단의 결과였다. 찰스와의 사랑이 불가능하다고 여겼기 때문이다.

다이애나가 세상을 떠난 후, 커밀라는 한때 국민의 적이 되었다. 그녀는

2년간 은둔하다가 세상에 모습을 드러냈고, 8년을 더 기다린 끝에 찰스와 결혼했다. 그 결혼은 수많은 비난과 조롱을 받았지만, 그녀는 묵묵히 견뎌냈다.

왕실에 시집가는 일이 쉽겠는가. 여왕이라는 시어머니와 미래의 왕비라는 며느리가 있는 상황에서, 17년간의 결혼 생활 동안 그녀는 얼마나 많은 수모를 겪었을까.

그러나 반세기가 지나 시간이 증명해 주었다. 커밀라와 찰스는 영혼의 동반자였고, 다이애나는 그저 한 장의 지나간 페이지에 불과했다. 결국 세 사람의 삶은 왕실이라는 신분이 빚어낸 비극이었고, 다이애나는 그 흐름을 바꿀 힘을 갖지 못했다.

만약 다이애나가 서른여섯 살의 젊은 나이에 생을 마감하지 않았다면 이야기는 달라졌을지도 모른다. 그녀에게 충분한 시간이 있었다면 안개가 걷히고 고통은 서서히 평온함으로 바뀌었을 것이다. 그리고 어려움을 하나씩 이겨내며 더 단단한 삶을 살아갔을 수도 있다.

일본 영화 〈추억은 방울방울〉 속 대사처럼 말이다.

"오래 살다 보면, 인생이 얼마나 놀라운지 알게 된다."

✳ *시간과 경험은 그 자체로 귀한 자산이다.*

080   꽤 '괜찮은' 결혼

○
●

평소 남의 이야기를 잘 하지 않는 친구가 어젯밤 잠을 설쳤다고 털어놓았다. 전날 새벽 1시가 가까운 시간에, 오랫동안 연락이 끊겼던 한 여자가 갑자기 전화를 걸어 남편을 찾았다는 것이다. 두 사람의 남편은 함께 저녁을 먹으러 나간 뒤 아직 집에 돌아오지 않은 상태였다. 전화 너머 여자가 물었다.

"늦은 밤 죄송합니다. 혹시 남편분 집에 오셨어요?"

친구는 잠시 망설이다 대답했다.

"잘 모르겠어요. 거실에 가서 확인해 볼게요. 보통 밤 11시 이후에 집에 오면 거실에서 자거든요."

잠시 후, 친구는 그 여자에게 문자를 보냈다.

"아직 안 돌아왔어요."

그러자 그녀는 당황한 듯 급히 답변했다.

"아, 그렇군요. 우리 남편도 아직 안 왔어요. 혹시 전화해서 어디 있는지 물어봐 주실 수 있나요? 우리 남편이 전화를 안 받네요. 걱정돼서요."

그제야 친구는 자신을 돌아보며 반성했다.

'나는 남편이 집에 안 들어온 것도 모르고 잠들어 버렸는데.'

급히 남편에게 전화를 걸자, 남편은 바로 받았다.

"그 친구가 술을 많이 마셨어. 곧 집에 갈 거야."

조금 과장된 듯 들릴 수도 있지만, 그 여자는 오래전부터 완벽한 아내의 삶을 결심한 사람이었다. 일은 취미 정도로 충분했고, 자신보다 가정을 우선시했다. 남편의 위치를 늘 파악하고, 그의 커리어를 관리하며, 출세를 돕는 방법을 고민했다. 그리고 그가 만든 안정된 미래를 함께 누리는 것, 그것이 그녀가 원한 삶이었다.

나는 그녀의 방식을 충분히 이해하고, 비난할 생각도 없다. '독립된 여성'이라는 사회적 흐름과 다를지라도, 그녀에게 결혼은 단순한 사랑의 결실이 아니라 이상적인 삶을 완성하는 과정이었다.

또 다른 친구의 이야기는 미국 드라마 〈마블러브 미스 메이슬 The Marvelous Mrs. Maisel〉의 현실판 같았다.

20년 전까지만 해도 그 친구는 남편을 돕는 데 전념했다. 앞에서 언급한 여자가 남편을 '신'처럼 받들었다면, 그녀는 남편을 '아기'처럼 보살폈다. 책 읽기를 싫어하는 남편을 위해 책 한 권을 맞춤형 콘텐츠처럼 정리해 줬다. 먼저 읽고 핵심을 들려주고, 중요한 부분을 요약해 건넸다. 심지어 남편의 업무 보고서까지 대신 써 주기도 했다.

겉보기에 그들의 결혼 생활은 한 편의 영화 같았다. 하지만 남편의 성공 뒤에는 '아내'라는 숨은 참모가 있었다.

오랫동안 남편을 일대일로 '집중 케어' 하던 친구는 점차 지치기 시작했고, 그러다 문득 깨달았다.

'내가 직접 하면 이 사람보다 더 잘할 수도 있겠네.'

결국 이 부부는 이혼했고, 독립한 친구는 예상대로 큰 성공을 이뤘다.

이 친구의 사연을 들으며 문득 한 유명 개그우먼의 말이 생각났다.

"우리는 남편이 편히 살도록 너무 많은 시간을 쓰죠. 여자에게도 아내가 있다면? 상상이나 되세요? 우리가 얼마나 성공할지!"

이 두 가지 이야기를 통해 내가 내린 결론은 결혼에 대한 부정이 아니다. 결혼을 결심할 때 도덕적 책임이나 의무만이 아니라, 본능적으로 자문해야 한다는 것이다.

'이 결혼, 내가 정말 괜찮다고 느끼는 걸까?'

사람마다 '괜찮다'라는 기준은 다르고, 감내해야 할 것도 다르다. 결혼 생활의 세부 사항과 견뎌야 할 부분은 결국 본인만 알 수 있다.

행복한 결혼 생활을 누리는 친구들은 달콤한 일상을 들려주고, 결혼에 실망한 친구들은 고충을 토로한다. 아마 그래서 내가 결혼을 극단적으로 규정짓지 않는 걸지도 모른다.

중국 작가이자 철학자 저우궈핑周國平은 이렇게 말했다.

> "사랑은 정신적인 삶으로, 이상적인 원칙을 따른다. 반면 결혼은 사회적인 삶으로, 현실적인 원칙을 따른다."

가치 교환, 계약 정신, 결혼 파트너, 이익 공동체 같은 그럴듯한 말들을 내려놓고 보면, 결혼의 본질은 결국 '괜찮다'라는 느낌이 아닐까?

✳ **결국 자기만족이야말로 인생에서 가장 '괜찮은' 일이다.**
  그러니 자신을 기쁘게 하는 일에 시간을 써 보는 건 어떨까.

9장 　＊　 **자신감**
내가 '나'로 당당히 설 수 있게

081 행복은 강아지 꼬리 끝에 있다

○
●

친구가 말했다. "고전이나 인문 분야 책이 좋다는 건 알겠는데, 도저히 손이 안 가. 너무 재미없어."

나는 물었다. "그럼 어떤 책을 읽을 때 즐거워?"

친구는 멋쩍게 웃으며 답했다.

"패션 잡지나 가벼운 소설? 근데 그런 걸 좋아한다고 말하기 좀 창피해. 무게가 좀 없어 보인달까."

나는 말했다.

"너를 행복하게 해 주는 게 가장 큰 의미야."

내 경험상, 독서에는 세 가지 착각이 있다.

첫 번째 착각은 '책을 처음부터 끝까지 한 글자도 빠뜨리지 않고 읽어야 한다'는 생각이다. 하지만 책에서 단 한 문장이라도 영감을 얻으면 그걸로 충분하다.

그렇다면 책의 핵심을 어떻게 찾을까? 바로 목차가 길잡이다. 책을 펼치면 먼저 목차를 훑어보자. 그러면 전체 흐름이 보이고, 지금 내게 필요한 부분이 어디인지 금방 파악할 수 있다. 독서는 여행하듯 하면 된다. 어떤 구간은 빠르게 지나가고, 어떤 구간은 천천히 음미하면서 말이다.

나도 예전엔 책을 펼치면 막막함이 앞섰다.

'이렇게 두꺼운 걸 언제 다 읽지?'

그래서 '완독'이라는 부담을 내려놓기로 했다. 가볍게 넘기며 흥미로운 부분은 깊이 읽고, 재미없으면 과감히 덮었다. 그러자 독서가 의무가 아닌 즐거움이 되었다.

두 번째 착각은 '괴로움을 참으며 대작을 읽어야 한다'는 생각이다.

절대 그럴 필요 없다. 세계 문학을 접하고 싶다면 이야기 전개가 빠른 작품부터 시작하고, 유명 작가의 작품이 궁금하면 단편으로 입문하는 게 낫다. 고전이 어렵게 느껴지면 과감히 포기해도 괜찮다. 책이 이해되지 않는 건 지적 수준 때문이 아니라 시대적 배경과 문체가 낯설어서다.

예를 들어, 로맨스 소설 『오만과 편견』은 시간 순서대로 이야기가 흘러가 몰입하기 쉽지만, 『백 년의 고독』은 현실과 환상을 넘나드는 서술 방식에 전설과 신화적 요소까지 얽혀 있다. 거기에 의식의 흐름 기법까지 더해져 있어, 오색 펜으로 밑줄을 그어 가며 읽어도 앞부분을 잊기 십상이다.

독서도 쉬운 것부터 시작해야 한다. 가령, 슈테판 츠바이크에 관심 있다면 먼저 『광기와 우연의 역사』를 추천한다. 열네 편의 짧은 역사 에피소드로 부담 없이 읽을 수 있다. 다음엔 프랑스 혁명 시기의 왕비를 다룬 장편 전기 『마리 앙투아네트』로 넘어가자. 특히 여성 독자라면 더 친숙하게 읽힐 것이다. 마지막으로 츠바이크의 깊은 사색이 담긴 자서전 『어제의 세계』를 읽으면 그의 세계를 완성할 수 있다.

입문하기 쉬운 작가들도 있다. 발자크, 모파상, 피츠제럴드는 인간 군상의 복잡한 면모를 누구나 공감할 수 있는 문체로 풀어낸다. 그들의 작품은 이야기 전개가 뛰어나 읽기 편하다.

반면, 『잃어버린 시간을 찾아서』와 같은 의식 흐름 기법의 대표작이나 『셰익스피어 전집』같은 독백 문학의 정점에 있는 작품들은 현대적인 문체와 거리가 멀다. 처음부터 이런 난도 높은 책에 도전할 필요는 없다.

세 번째 착각은 '반드시 독서 노트나 마인드맵을 정리해야 한다'는 생각이다. 전혀 그렇지 않다. 독서의 목적은 배움과 즐거움이다. 공부라면 집중해서 읽어야겠지만, 독서는 무엇보다 즐거워야 한다. 책을 펼치고 차 한 잔, 와인 한 잔 곁들이며 소파에 느긋이 누워 읽는 것도 좋다. 그러다 감동적인 문장에 미소 짓는 순간, 그 순간이 바로 독서의 묘미 아니겠는가.

『바람과 함께 사라지다』『가시나무새』『제인 에어』같은 작품을 가벼운 로맨스 소설이라고 생각하고 읽으면 더 몰입된다. 마르쿠스 아우렐리우스 Marcus Aurelius Antoninus의 『명상록』은 논리적인 힐링 에세이 같고, 조지 오웰 George Orwell의 『파리와 런던의 밑바닥 인생』은 수준 높은 르포 기사처럼 느껴진다.

독서 노트와 마인드맵은 어디까지나 습관일 뿐이다. 그것이 독서 자체를 부담스럽게 만든다면 굳이 얽매일 필요 없다.

독서의 기준을 높게 잡거나 어떤 취미든 신성시할 필요도 없다. 의미와 가치를 지나치게 강조하면 정작 그 행위가 주는 기쁨이 사라지기 때문이다.

작가 황퉁黃桐은 『행복은 강아지 꼬리 끝에 있다 幸福就像狗尾巴』에서 이렇게 썼다.

작은 강아지가 어미 개에게 물었다.

"엄마, 행복이 뭐야?"

어미 개는 대답했다.

"행복은 네 꼬리 끝에 있어."

강아지는 그 말을 듣고 행복을 잡으려 필사적으로 꼬리를 쫓았다. 하지만 꼬리는 닿을 듯 말 듯 멀어질 뿐이었다. 풀이 죽은 강아지가 다시 물었다.

"엄마, 왜 나는 행복을 잡을 수 없는 거야?"

어미 개가 말했다.

"얘야, 그냥 고개를 들고 앞으로 걸어가렴. 그러면 행복은 언제나 네 뒤를 따라올 거야."

삶도 마찬가지다. 우리는 살면서 행복을 분석하고, 어떻게 하면 더 행복해질 수 있을지 연구한다. 하지만 행복은 경험 속에서 자연스레 스며드는 법이다.

"좋은 일은 너무 깊이 따지지 않는 게 낫다."

운이 좋을 때는 '왜 이렇게 잘 풀리지?', 사랑을 받을 때는 '왜 나를 좋아하지?', 아이들이 말을 잘 들을 때는 '어쩐 일이지?' 같은 생각은 오히려 불안만 키울 뿐이다.

독서의 기쁨, 가정의 행복, 우정의 즐거움도 마찬가지다.

✳ *의미와 가치를 지나치게 따지면 오히려 행복은 멀어진다.*
때로는 있는 그대로 즐기는 게 최선이 될 수 있다.

082   시작하며 완벽을 꿈꾸다

○
●

영화관에서 한 부부를 우연히 보았다.

영화가 거의 끝나갈 무렵, 남편이 조용히 자리에서 일어나 여행 가방을 챙기더니 아내의 머리를 다정하게 쓰다듬으며 작별 인사를 건넸다.

그 장면이 인상 깊어, 영화가 끝난 후 그녀와 마주쳤을 때 내가 물었다.

"남편분은 먼저 가셨나 봐요?"

그녀는 내 책을 읽은 적이 있다며 반갑게 웃으며 답했다.

"네, 남편이 다른 지역에서 일하거든요. 제가 영화를 정말 좋아해서 시간이 날 때마다 이렇게라도 함께 영화 한 편을 보고 공항으로 가곤 해요."

"끝까지 못 보고 가시던데 아쉽지 않으세요?"

그녀는 부드러운 미소를 지으며 말했다.

> "전혀요. 남편에게 남은 이야기를 들려주면 또 하나의 대화거리가 생기잖아요. 남편은 집에 있는 시간이 적고, 저는 집안일과 부모님, 아이들을 돌보느라 늘 바빠요. 이렇게라도 함께할 수 있다는 게 감사하죠. 영화를 반만 봤어도, 아예 보지 않은 것보다는 훨씬 낫잖아요. 인생도 그래요. 완벽한 답을 찾으려 하면 답이 없고, 완

벽함만 고집하면 결국 아무것도 못 하게 되죠."

　그녀의 말이 마음 깊이 와닿았다. 그동안 나는 완벽에 대한 강박에 사로잡혀 많은 일을 미뤄 왔다. 바쁘다는 핑계로 부모님께 연락을 늦추고, 어떤 일은 끝까지 못 할까 봐 아예 손도 대지 않거나, 모든 준비가 갖춰질 때까지 기다리다가 시작조차 못 한 적도 많았다.

　하지만 '반만 본 영화'에서도 행복을 찾을 수 있다면, 나도 일단 '먼저 시작하고, 나중에 완벽하게' 해 볼 수 있지 않을까?

　그때부터 나는 생각을 줄이고, 행동을 늘리기로 했다. 완벽한 준비가 안 됐더라도 일단 시작하고, 조금씩 다듬어 갔다. 그러자 많은 일이 새로운 전환점을 맞았다.

　비너스 조각상이 아름다운 이유도 먼저 형태를 잡고 세밀히 다듬었기 때문이고, 헤밍웨이도 "모든 글의 초고는 쓰레기다. 천천히 다듬어야 한다."라고 말하지 않았던가.

　　비가 오기도 하고, 맑아지기도 하며, 달이 차고 기우는 게 인생이다.
　　완벽하지 않더라도 나만의 방식으로 온전한 삶을 만들어 가는 것,
　　그것이야말로 진정한 능력 아닐까.

083 알려지지 않은 사랑의 몇 가지 진실

○
●

　사랑에는 몇 가지 알려지지 않은 진실이 있다. 아니, 누군가는 이미 알고 있을 수도 있지만, 지금 사랑을 하고 있다면 반드시 알아야 할 진실이라고 하면 좋겠다.

1. 내가 소중해야, 내 사랑도 소중해진다

　사랑에는 헌신이 따르지만, 그 헌신이 나를 깎아내리는 것이 되어선 안 된다. 사랑의 본질은 상대를 만족시키는 데 있지 않고, 나를 더 깊이 알아가는 과정에 있다. 내가 나를 사랑해야 상대도 나를 사랑할 수 있다. 내 가치가 높을수록 사랑에서의 선택지도 많아진다.

　'나는 예쁘지 않으니까 상대에게 더 잘해 줘야 해' '나는 성공하지 못했으니 더 헌신해야 해' 같은 생각은 허튼 생각일 뿐이다.

　마찬가지로 '나는 예쁘진 않지만 경제적으로 안정적이야' '나는 세속적인 성공을 이루진 못했지만 감정적으로 성숙해' '나는 완벽한 가정에서 자라진 않았지만 내 능력은 뛰어나' 같은 생각도 보상 심리에 지나지 않는다.

　가장 어리석은 건 무작정 헌신하는 것이다. 이보다 중요한 건 나 자신을 성장시키는 것이다.

2. 누구도 바꾸려 하지 마라

사람의 본성은 쉽게 바뀌지 않는다. 상대의 성격이나 가치관이 마음에 들지 않는다면, 바꾸려 애쓰기보다 받아들이거나 떠나는 게 낫다.

연애할 때 보이는 모습이 그 사람의 최선일 가능성이 크다. '결혼하면 달라질 거야'라는 기대는 헛된 희망일 뿐이다.

누군가가 타인의 영향으로 완전히 변하는 일은 드물고, 그 누구도 타인을 근본적으로 바꿀 능력은 없다.

그러므로 상대를 변화시키려는 에너지를 차라리 나를 변화시키는 데 쓰는 것이 현명하다. 사랑이 아무리 깊다 해도, 우리는 결국 독립적인 존재가 아닌가.

3. 사랑은 비교할 수 없다

다른 사람들의 연애와 비교하며 내 사랑이 부족하다고 여기지 마라. 사람마다 사랑에 원하는 것이 다르다. 어떤 이는 함께하는 시간을, 어떤 이는 선물을, 어떤 이는 자유로운 관계를, 또 어떤 이는 적극적인 애정 표현을 바란다. 좋은 사랑, 나쁜 사랑이란 없다. 그저 나에게 맞는 사랑만 있을 뿐이다.

관계에 제삼자가 개입할수록 그 사랑은 점점 흐려진다. 이 사랑이 괜찮은지 아닌지 판단하는 기준은 단 하나, 내 마음이다.

사랑을 믿어라. 그리고 원칙을 잊지 마라.
상대가 영원히 곁에 있을 거라 믿고 기대하되,
언제든 떠날 수 있다고 생각하며 살아라.

084   허영심 내려놓기

○
●

심리학에 '리플리 증후군'이라는 개념이 있다. 이는 자신의 신분을 높이고자 하는 욕망에 사로잡혀 거짓말을 반복하다가 현실과 허구의 경계를 잃고 환상의 늪에 빠지는 인격 장애를 뜻한다.

이 용어는 영화 『리플리 The Talented Mr. Ripley』에서 비롯됐다.

영화 속 주인공 리플리는 고급 예술을 동경하지만, 현실에선 극장에서 허드렛일을 하며 도살장 옆 초라한 지하방에 산다. 그는 예일대 졸업생인 척하며 타인의 말투, 몸짓, 필체마저 모방하고, 결국 타인의 삶을 훔치기 위해 살인까지 저지르며 돌이킬 수 없는 길로 들어선다.

이는 인격의 왜곡과 허영심이 낳은 비극이다. 프랑스 철학자 앙리 베르그송 Henri Bergson은 이렇게 말했다.

> "허영심 자체가 악랄하다기보다는, 수많은 악행이 허영심에서 비롯되고, 허영심을 채우기 위한 수단으로 이용된다."

어느 날, 나는 새로 생긴 네일숍에 기본 케어를 받으러 갔다.

네일 아티스트가 웃으며 말했다.

"이 디자인은 너무 심플해서 고객님과 어울리지 않아요. 이 화려한 보석 장식이 훨씬 고급스럽고 우아해 보이죠."

나는 정중히 기본 케어만 하겠다고 했지만, 그녀는 도구를 준비하며 슬쩍 덧붙였다.

"고객님께서는 기품이 넘치시니, 소비도 그에 걸맞아야죠."

20대였다면 그 말에 넘어갔을지도 모른다. 그 시절 나는 조금이라도 초라해 보일까 두려워 체면을 무엇보다 앞세웠다. 하지만 40대가 된 지금은 비싼 화장품을 쓴다고 '귀부인'이 되는 것도, 명품 백을 든다고 체면이 서는 것도 아니라는 걸 깨달았다. 남들의 시선을 신경 쓰지 않는 게 진정한 자유임을 알게 됐다.

게다가 나는 매일 글을 쓰는데, 손톱에 큼지막한 보석을 박고 어떻게 키보드를 두드리겠는가?

직업상 만난 많은 '부자'를 보면, 자신이나 자녀의 옷차림이 의외로 소박한 경우가 많았다. 그들은 평생 일을 놓지 않고 살아왔는데, 일은 그들에게 세상과 이어지는 다리이자, 사고가 정체되지 않게 기름칠해 주는 원동력이었다.

✱ **열등감과 허영심은 늘 함께 다닌다.**
허영심은 열등감에서 비롯되고, 열등감은 다시 허영심을 부추긴다.
끝없는 비교와 정신적 소모는 결국 공허함으로 돌아온다는 것을 잊지 말자.

085   적당히 약한 모습을
　　　　보여도 괜찮다

○
●

20대 초반, 한 언니가 내게 말했다.

"넌 너무 고집이 세고 애교도 없어서 손해 보는 일이 많을 것 같은데, 샤오루한테 애교 좀 배워 봐."

그 말이 마음에 걸려, 나는 친구 샤오루를 찾아갔다.

마침 샤오루의 남자친구와 내 남자친구 둘 다 야근을 하게 되어, 우리는 거의 동시에 "늦을 것 같다"라는 내용의 전화를 받았다.

나는 담담하게 말했다.

"알겠어. 나 신경 쓰지 말고 볼일 봐. 안녕."

샤오루의 반응은 확연히 달랐다.

"일찍 와야 해. 늦게 오면 밖에서 덜덜 떨면서 기다릴 거야."

그 순간 나는 적잖이 충격을 받았다. 그리고 확실히 깨달았다. 나는 절대 샤오루 같은 애교는 따라 할 수 없다는 것을. 솔직히 말하면, '연약함'을 이용해 이성의 보살핌을 끌어내려는 태도 자체에 거부감이 들었다. 어쩌면 그보다 더한 반감과 경멸이었는지도 모른다.

그 후, 차이캉융蔡康永 선생님의 책에서 '애교'에 대한 또 다른 시각을 접했다.

어떤 남성이 출장을 가면서 집에서 키우던 강아지를 이웃 아주머니에게 맡기려 했다. 그는 아주머니에게 이렇게 말했다.

"우리 강아지가 지난번에 아주머니를 만난 뒤로 매일 문을 긁으며 아주머니 댁에 가자고 조르더라고요. 이런 적이 한 번도 없었는데, 참 신기해요. 아, 마침 제가 출장이라 돌봐 줄 사람이 없는데, 혹시 잠시 맡아 주실 수 있을까요?"

이 말을 듣고 거절할 사람은 많지 않을 것이다.

차이캉융 선생님은 말했다.

> "애교의 본질은 '약한 모습을 보이는 것'이지, 높은 톤으로 말하거나 어깨를 흔드는 게 아니다."

나는 결국 중년이 될 때까지 샤오루 같은 애교는 익히지 못했다. 대신 내 일과 생활, 감정을 스스로 돌보는 법을 배웠고, 다른 사람에게 부담을 주지 않으며 독립적으로 문제를 해결하는 법을 터득했다. 덕분에 진심으로 나를 아끼고 이해해 주는 사람들이 곁에 남았다.

그러면서도 살다 보니 '적당히 약한 모습을 보이는 법'도 자연스레 익혔다. 더 능력 있는 사람에게는 주저 없이 도움을 요청하고, 내가 원하는 것을 분명하게 표현하며, 심지어 딸 앞에서도 기꺼이 약한 모습을 드러낸다.

딸은 손재주가 뛰어나 레고를 전문가 수준으로 다루고, 컴퓨터 의자 조립이나 전자기기를 세팅하는 일쯤은 거뜬히 해낸다. 반면 전형적인 문과생인 나는 설명서를 봐도 도통 모르겠기에, 새 장비를 사 올 때마다 딸에게 이렇게 말한다.

"우리 딸이 조립 천재잖아. 엄마 좀 도와줘."

딸은 마지못한 표정을 지으면서도 결국 최선을 다해 도와준다.

어느 날, 딸이 친구와 영상 통화를 하는 걸 우연히 들었다.

"우리 엄마는 진짜 기계치야."

그 말투엔 짜증보다도 보호하고 싶은 마음과 약간의 뿌듯함이 묻어 있었다.

결국 우리 모두에겐 누군가의 도움이 필요한 순간, 배려받고 싶은 순간이 있기 마련이다. 강하고 독립적이라는 것은 늘 단단해야 한다는 뜻이 아니다. 진정한 강인함은 유연함에서 나오고, 그래야 오래 지속될 수 있다. 애교 역시 인위적인 꾸밈도, 성적 매력을 이용하는 것도 아니다.

만약 내가 다시 스무 살로 돌아가 남자친구의 전화를 받는다면, 이렇게 말할 것이다.

"그래, 일 열심히 해서 잘 마무리해. 근데 사실 나는 네가 너무 보고 싶어. 가능하면 일 빨리 끝내고 나랑 더 오래 같이 있어 줘."

모든 일을 혼자 처리하려 하지 마라.
적당히 약한 모습을 보이는 것도 삶의 지혜이다.
누군가의 도움을 주고받을 때 인간관계는 더 깊어진다.

086 여성의 성장에 집안일은 걸림돌이 된다

○
●

집안일에 대한 남성과 여성의 인식은 크게 다르다. 특히 남성들은 최소 세 가지 착각을 하고 있다.

첫 번째 착각은 '여성은 집안일을 좋아하고 잘하지만, 남성은 집안일에 재주가 없다'는 것이다.

틀렸다.

"집안일 할래, 아니면 밖에 나가 돈을 벌래?"라고 물으면, 100명 중 99명의 여성은 "밖에 나가 돈을 벌겠다"라고 답할 것이다. 밖에서 일하면 돈이라도 벌지만, 집안일은 무보수 노동이지 않은가.

남성이 집안일을 못 한다는 것도 사실이 아니다. 한 여성이 이런 이야기를 쓴 적이 있다.

부모님이 결혼한 지 얼마 안 됐을 때, 아버지는 설거지가 하기 싫어 일부러 접시를 깨뜨렸다. 그러자 어머니는 그 후로 아버지에게 설거지를 시키지 않았다. 이를 알게 된 외할머니가 말씀하셨다.

"어차피 남편 월급으로 먹고사는 거잖아. 남편이 한 개 깨면 두 개 사고, 두 개 깨면 네 개를 사면 돼. 절대 너 혼자 하려고 하지 마. 그럼 네 남편은 평생 설거지 안 할 거야."

결국 부모님이 60대가 넘을 때까지 설거지는 아버지가 도맡아서 하셨다. 설거지하는 능력을 타고나는 사람은 없다. 하다 보면 누구나 잘할 수 있다.

두 번째 착각은 '소득이 낮을수록 집안일이 줄어든다'는 것이다.
역시 틀렸다.

소득이 낮으면 물건도 그닥 많지 않고 집도 좁아 집안일이 수월할 것이라고 착각한다. 하지만 소득이 낮을수록 오히려 집안일이 더 많아진다. 성능 좋은 건조기, 식기세척기, 로봇청소기, 스팀 청소기 같은 편리한 가전도 없으니 손이 더 많이 간다. 집이 작으면 수납과 정리도 더 신경 써야 한다. 옷이나 신발 관리를 전문 업체에 맡길 여유가 없으니 직접 세탁하고 수선하는 데 시간을 쓴다. 외식도 부담스러워 매 끼니를 다 챙겨야 하고, 장보기와 설거지까지 포함하면 하루 최소 네다섯 시간은 집안일에 매달려야 한다.

소득이 많지 않아도 집안이 깔끔하다면, 살뜰한 아내(혹은 드물게 남편)가 있는 경우일 가능성이 크다. 무엇보다 부부가 서로 배려하며 자신의 노력이 가치 있다고 느끼는 관계일 것이다.

세 번째 착각은 '가사도우미가 있으면 아내가 편해진다'는 것이다.
가사도우미가 있으면 정말 덜 힘들까? 나는 이를 직접 경험해 봤다.

딸이 갓 태어났을 때, 우리 집엔 가사도우미 한 명과 육아를 돕는 베이비시터 한 명이 있었다. 겉보기엔 완벽한 환경 같지만, 현실은 달랐다.

당시 나는 회사에서 핵심 영업직을 맡고 있었는데, 출산한 지 한 달도 지나지 않아 고객을 뺏길 위기에 처해 바로 출근해야 했다. 많은 가정이 가사도우미를 두는 건 여유로운 '사모님 라이프'를 위해서가 아니라, 생계를 위해 아내가 일을 해야 하기 때문이다.

그리고 가사도우미는 집안일 자체를 도울 뿐, '집안일의 기획과 관리'에서는 제외된다.

아이의 교육, 옷, 식사, 예방 접종은 저절로 해결되지 않으며, 장보기, 각종 공과금 납부, 생활 관리 등도 전적으로 아내의 몫이다. 게다가 도우미를 관리하는 것 역시 만만찮은 스트레스다. 결국 아내는 '가사도우미 인사 담당자'가 된다.

도우미가 쉬는 날은 어떨까? 그날은 엄마가 집안일과 육아에 100% 투입되는 날이다. 이런 무휴 대기 상태의 삶은 너무 빡빡하고 엄청난 에너지를 소모한다.

"가정이 여성의 성장을 막는 건 아니다"라는 말에는 동의한다. 하지만 '집안일'이 여성의 성장을 방해하는 건 분명하다.

집안일이 무서운 이유는 단순히 양이 많아서가 아니다. 그것은 여성을 끊임없이 쪼개지고 단절된 삶에 가두기 때문이다.

끝없는 자잘한 일들에 쫓기다 보면 사고가 흐트러지고, 큰 그림을 그리는 능력이 저하된다. 아이를 돌보면서 단순하고 반복적인 말만 하다 보면 점점 말이 장황해진다. 아이의 성장에 맞춰 사고방식이 바뀌면서 사고력도 아이의 눈높이에 맞춰진다. 독서를 하더라도 자신을 위한 책이 아니라 육아 관련 서적에 머물고 만다.

이렇게 갇혀 버린 삶 속에서, 여성이 과연 넓은 세상을 바라볼 수 있을까?

집안일과 육아에 묶인 여성은 결국 쉽게 예민해지고 불안해지며, 자존감이 점차 낮아진다.

결혼을 고민하는 여성이라면 '가치관이 잘 맞는지'와 같은 기준도 중요하지만, 더 현실적인 대화를 먼저 나눠야 한다.

"집안일은 어떻게 분담할까?"

"아이를 함께 돌볼 수 있을까?"

"서로의 노력을 존중하고 인정할 수 있을까?"

이것이야말로 가장 현실적인 사랑의 모습이다.

> 한 가정을 꾸리는 것은
> 두 사람이 하나의 삶을 가꿔 가는 일이다.
> 그 삶에는 거대하고 멋진 일만 있지 않다.
> 자세히 들여다보면 먹고 마시고 잠자는 일,
> 그 단순한 루틴의 반복이다.
> 그리고 그 루틴에는 두 사람 모두의 노력이 필요하다.

087   문제를 바라보는 시각은
         많을수록 좋다

○
●

    2013년 9월, 중국 시안에서 한 묘비명이 출토되었다. 이는 기존의 역사 기록을 뒤집었을 뿐만 아니라, 천 년 동안 묻혀 있던 누군가의 우정을 다시금 세상에 드러냈다. 그 주인공은 바로 상관완아上官婉兒. 그녀에 대한 세간의 이미지는 이 발견을 계기로 완전히 달라졌다.

    시간을 거슬러 677년, 열세 살의 상관완아는 여성 황제 측천무후則天武后의 부름을 받았다.

    총명하고 이해력이 뛰어나며 문재文才까지 겸비한 상관완아를 눈여겨본 측천무후는 그녀를 곁에 두기로 했다. 궁에 입성한 상관완아는 당시 황실에서 가장 총애받던 태평공주와 깊은 우정을 쌓았다.

    기록에 따르면, 상관완아는 두 명의 황제와 혼인한 것으로 전해진다. 열세 살 때 측천무후의 명으로 당 고종과 혼인하여 정5품 재인才人에 봉해졌다. 당시 당나라에서 여성이 관직에 오를 수 있는 길은 단 두 가지뿐이었다. 궁중 여관女官으로 오를 수 있는 최고 직급은 정5품 상궁尚宮이었지만, 후궁의 신분을 통해서는 정1품까지도 오를 수 있었다. 노쇠한 당 고종과 상관완아 사이에 실질적인 부부 관계는 성립되지 않았지만, 황제와의 혼인은 그녀를 빠르게 승진시키고 유능한 조력자로 키우려는 측천무후의 의도가 반영된 것이었다.

696년, 서른두 살이 된 상관완아는 정치적으로 더욱 원숙해졌다. 이 무렵 측천무후는 그녀에게 주요 상소문을 검토하고 정무에 참여하는 역할을 맡겼다. 비록 공식적인 재상宰相 직함은 없었으나, 실질적으로는 재상의 역할을 수행하며 '여걸 재상'이라 불렸다.

그녀의 두 번째 혼인은 측천무후와 당 고종의 아들 이현李顯과의 결혼이었다. 측천무후가 말년에 접어들며 정치적 혼란이 가중되자, 상관완아는 태평공주와 손을 잡고 태자 이현과 함께 '신룡정변神龍政變'을 일으켰다. 그 결과 측천무후는 퇴위했고, 이현이 황제로 즉위했다.

즉위 후 이현은 상관완아를 '소용昭容'에 봉했다. 이는 황후 위씨韋氏 바로 아래에 해당하는 높은 직위로, 그녀는 황실의 주요 칙령을 담당하며 중대한 역할을 맡았다. 그러나 사서는 이 시기의 그녀를 부정적으로 묘사한다. "그녀는 황후 위씨의 심복이었으며, 사생활이 문란하고 권력욕에 사로잡힌 인물이었다."

하지만 묘비명은 전혀 다른 이야기를 전한다. 묘비명에 따르면, 상관완아는 황제가 안락공주安樂公主를 황태녀로 책봉하려 하자 이를 필사적으로 만류했다. 심지어 자신을 강등해 '첩여婕妤(여관의 한 계급)'가 되면서까지 간청했다. 결국 그녀는 태평공주, 이융기李隆基(후일 당 현종)와 손을 잡고, 정치적 역량이 뛰어난 이단李旦(예종)과 이융기 부자가 정권을 잡을 수 있도록 도왔다.

그러나 공을 세운 그녀는 끝내 목숨을 잃었다. 정치적 계산 속에서 그녀의 죽음은 필연적이었다. 이융기가 상관완아를 처형한 것은 그의 친고모 태평공주에게 보내는 경고였다. 역사는 언제나 승자의 기록이며, 궁정 투쟁은 생존을 건 싸움이다. 승자는 패자를 모욕하고 악마화한다. 이것이 바로 당 현종의 입장이었다.

하지만 묘비명에는 남겨진 자들의 애도와 그리움이 서려 있다. 상관완아의 묘비명을 살펴보면, 사서에서 묘사된 그녀와는 전혀 다른 모습이 드러난다. 무엇보다도 태평공주가 그녀를 얼마나 아꼈는지를 알 수 있다.

상관완아가 처형된 후, 태평공주는 비통한 마음으로 직접 나서 그녀의 '소용' 지위를 복원해 줄 것을 요청했다. 또한 500필의 비단을 내려 장례를 후하게 치르게 했으며, 그녀가 남긴 시를 정리해 시집으로 엮었다. 평생을 글에 바친 사람에게, 이보다 더 깊은 애도가 있을까.

묘비명의 마지막에는 이렇게 적혀 있다.

> "소상의 물길은 끊어지고, 완위의 산은 기울었네.
> 구슬은 가라앉고, 옥은 깨져 흩어졌도다.
> 소나무와 가죽나무를 바라보며, 고요히 무덤가에 귀 기울이네.
> 천년이 지나고 만년이 흘러도, 초화椒花는 그녀를 기리리라."

이 시의 뜻은 이렇다.

'네가 떠난 뒤, 하늘과 땅은 빛을 잃고, 세상은 그대로지만 사람들은 달라졌다. 나는 네 무덤가에 조용히 앉아, 바람이 나뭇가지와 잎사귀를 스치는 소리를 듣는다. 마치 우리가 여전히 그 시절의 어

린 아이인 듯. 천 년이 지나고 만 년이 흘러도, 누군가는 나처럼 네 얼굴을 기억해 주기를.'

태평공주는 어린 시절 처음으로 상관완아를 만났던 순간을 떠올렸을 것이다. 황실의 사랑을 독차지했던 공주와 문재가 출중한 여인. 당나라가 가장 번성했던 시대, 황궁의 높디높은 성벽 안에서 두 사람은 특별한 인연을 맺었지만, 그 시간은 오래가지 않았다.

상관완아가 세상을 떠난 지 얼마 지나지 않아, 태평공주 또한 이융기(당 현종)의 손에 사사 당했다. 이와 함께 상관완아의 무덤도 철저히 파괴되었고, 그녀의 존재마저 역사의 어둠 속으로 사라졌다.

그녀가 세상을 떠난 지 약 백 년 후, 당 덕종唐德宗 시기의 시인 여온呂溫은 그녀를 기리며 〈상관소용서루가上官昭容書樓歌〉를 남겼다.

"한나라의 첩녀이자, 당나라의 소용이었던 그대여,
시와 글에 능해 천 년이 지나도 이름을 남기리라.
스스로 말하길, 내 재주는 타고난 것이라 하니,
어찌 남자가 여인보다 낫다고 하겠는가?"

이것은 문학적 관점에서 본 상관완아였다. 그녀의 재능은 당대 어떤 남성보다도 뛰어났다.

또한, 당 예종과 당 현종 시기 세 차례나 재상을 지낸 장설張說 또한 그녀를 높이 평가했다.

"두 나라에서 아름다움을 드러내고, 하루에도 만 가지 일을 처리하니, 자문을 남김없이 주고받으며, 응대가 메아리처럼 빠르도다."

그 자리에 올라 본 자만이, 그 자리를 지키는 것이 얼마나 어려운지 아는 법이다.

상관완아도 스스로 자신의 외로운 삶을 노래했다. 그녀가 남긴 시 〈채서원彩書怨〉은 '편지에 원망을 그려 넣는다'라는 뜻으로, 멀리 북방으로 떠난 연인을 그리워하는 내용이다.

"잎이 져 동정호洞庭湖가 초가을을 맞이하니,
당신을 그리는 마음이 만 리보다 깊어라.
이슬이 내려 향기로운 이불마저 차가운데,
달마저 지니, 비단 병풍은 텅 비었네.
강남의 노래를 연주하려 했지만,
기껏해야 계북에서 온 편지일 뿐.
편지엔 특별한 말도 없고,
오직 오랜 이별에 대한 한탄만이 가득하구나."

어째서 한 사람을 두고 이토록 상반된 평가가 존재할까?

그녀의 정적이었던 당 현종, 절친했던 태평공주, 동료였던 장설, 문학적 재능을 인정한 여온, 그리고 그녀 자신까지…. 모두 각자의 시선으로 완전히 다른 상관완아를 그려냈다.

우리의 삶도 마찬가지다.

누군가를 평가할 때, 사람마다 입장과 관점이 다르다.

그들이 거짓을 말하는 것은 아닐지라도,

당신이 알지 못했으면 하는 어떤 진실을 감추고 있을 수도 있다.

그러므로 문제를 바라보는 시각을 하나라도 더 가져야 하며,

타인의 입장을 하나라도 더 고려해야 한다.

그래야 우리가 내리는 판단이 조금이나마 진실에 가까워지지 않을까.

088   책이 선사하는 무한한 가치

○
●

　1997년부터 2001년까지, 대학 시절만큼 신나게 놀았던 때가 또 있을까. 예쁜 옷을 사고 싶어 아르바이트를 찾던 중, 주류 판촉 아르바이트가 꽤 짭짤하다는 얘기를 듣고 고급 와인을 판매하는 일을 시작했다.

　첫 출근 날, 한 무리의 손님이 들어왔는데 그중 가장 점잖아 보이는 중년 남성이 나를 보며 말했다.

　"학생, 술과 관련된 고전 시 다섯 편을 외울 수 있다면, 자네가 추천하는 술을 사겠소."

　나는 중문학과 학생이었다. 이런 시험쯤이야 식은 죽 먹기였다.

　이백의 〈장진주將進酒〉, 범중엄의 〈소막차蘇幕遮〉를 읊고, 마지막으로 내가 가장 좋아하는 양신의 〈임강선臨江仙〉을 들려주었다.

> "탁주 한 병에 기쁘게 재회하네. 예부터 지금까지의 수많은 일을 모두 웃음 속에 흘려보내리라."

　손님들은 깜짝 놀랐고, 약속대로 내가 추천한 술을 주문했다.

　자리를 뜨기 전, 그 중년 남성이 나를 불러 세웠다.

"우리 딸에게 작문 과외를 해 줄 수 있나요?"

나는 망설임 없이 되물었다.

"그 일이 이 일보다 돈을 더 많이 벌 수 있어요?"

그는 미소 지으며 답했다.

"단기적으로는 아닐 수도 있지만, 장기적으로 보면 학생의 재능을 제대로 살릴 수 있을 겁니다."

망설일 이유가 없었다. 나는 흔쾌히 수락했다.

그의 아내는 전업주부였고, 딸은 초등학생이었다. 일 년 반 동안 아이의 작문을 지도하며 모녀와 함께 많은 시간을 보냈다. 이 가족은 모두 책을 좋아했다. 우리는 고전 문학부터 최신 베스트셀러까지 함께 읽고 토론했고, 덕분에 나도 많은 것을 배웠다.

그 후, 그 가족이 다른 도시로 이사 가면서 내게 여름방학 인턴십 자리까지 추천해 주었다.

떠나기 전, 학생의 아버지가 내게 말했다.

"책을 읽는 건 당장 돈을 벌기 위해서가 아니야. 책은 어떤 일이든 더 체계적이고 깊이 있게 바라보도록 도와주지. 술을 파는 단순한 일조차, 지식을 더하면 문화와 개성이 담긴 일이 될 수 있어."

이제 나도 중년이 되었지만, 여전히 책 읽는 습관을 지키고 있다.

우리는 단 한 번의 삶을 살지만, 책은 우리의 인생을 수십 배로 확장해 준다. 책을 통해 수많은 삶을 경험하고, 시공간을 초월해 과거와 현재의 지혜로운 사람들과 대화할 수 있다.

나는 책을 읽으며 즉각적인 보상을 기대하지는 않는다.

하지만 한 가지 확신할 수 있다.

독서는 절대 헛되지 않으며,

언젠가, 어느 순간, 내 삶 속에서 반드시 빛을 발한다는 것을.

089   부모도 관리가 필요하다

○
●

홍콩의 무협 작가 예광倪匡은 이렇게 말했다.

> "인류가 진보하는 주된 이유는 다음 세대가 이전 세대의 말을 잘 듣지 않기 때문이다."

논란의 여지가 있는 말이지만, 나는 상당히 공감한다. 부모에게는 효도만큼이나 '관리'도 필요하다.

특히, 다음 세 가지 유형의 부모는 자녀에게 깊은 상처를 남긴다.

1. 자기 감동형 부모

"너는 꼭 좋은 대학에 가서 좋은 직장을 가져야 해. 우리가 너를 위해 얼마나 많은 시간과 기회를 희생했는데."

이런 말은 무의식적으로 아이에게 엄청난 부담을 준다. 부모의 기대와 희생을 짊어진 아이는 어떤 결정을 내릴 때마다 부모의 감정과 가족의 이익을 먼저 생각하게 된다.

결국 자신이 원하는 길을 과감히 선택하지 못하고, 심지어 '내가 희생해야만 가족에게 보답할 수 있다'라는 잘못된 믿음을 갖게 된다.

그러나 그럴 필요는 없다. 사람은 먼저 자신이 편안해야 남을 돌볼 여유가 생기는 법이다.

2. 억압형 부모

이 유형의 부모는 자녀를 끊임없이 다른 아이와 비교하며 자존감을 깎아내린다.

"넌 왜 이렇게 부족하니? 봐라, 다른 애들이 얼마나 잘하는지."

사업에 성공한 부모라면, 자신의 젊은 시절과 비교하며 우월감을 드러내기도 한다.

"내가 젊었을 때는 너보다 훨씬 나았어. 이렇게 대단한 나한테서 어떻게 너 같은 애가 태어났을까?"

이런 부모는 엄격한 요구와 억압을 통해 자녀를 성공으로 이끌려고 한다.

하지만 아이는 부모의 기대에 늘 미치지 못한다고 느끼며, 사랑받지 못할까 봐 불안해한다. 그러다 결국 깊은 열등감에 빠진다.

'나는 사랑받을 자격이 없는 걸까?'

이렇게 자란 아이는 성인이 되어서도 남의 눈치를 살피고 인정받으려 애쓰며, 끊임없는 불안에 시달릴 가능성이 높다.

만약 이런 부모가 손주에게까지 같은 태도를 보인다면, 그 충격은 훨씬 더 클 수 있다. 그러므로 자녀는 자신의 아이를 지키기 위해서라도 조부모가 억압적인 모습을 보일 때는 적당한 거리를 두는 게 좋다. 특히, 아이가 억압적인 조부모와 장기간 단둘이 지내는 상황은 피하는 것이 바람직하다.

3. 감정 기복이 심한 부모

한 친구가 자신의 어머니에 대해 털어놓았다.

어머니는 기분이 좋을 땐 봄날처럼 따뜻했지만, 기분이 나쁘면 가장 독한 말로 그녀를 몰아붙였다. 무엇을 하든 어머니의 기분과 리듬에 맞춰야 했고, 그렇지 않으면 불같이 화를 냈다.

한번은 어머니가 전화로 심하게 꾸짖었는데, 친구는 끝없는 잔소리에 지쳐 조용히 전화를 내려놓았다. 한 시간 뒤 다시 들어 보니, 어머니는 여전히 혼잣말을 중얼거리고 있었고, 그녀가 듣고 있지 않았다는 사실조차 알아차리지 못했다.

이런 부모 밑에서 자란 아이는 감정을 다루는 법을 배우지 못해 쉽게 화를 내거나 소심해진다. 감정 기복이 심한 부모를 보고 자라며 자신도 모르게 그 패턴을 답습하게 되는 것이다.

심리학자 아들러Alfred Adler는 말했다.

> "행복한 사람은 어린 시절로 평생을 치유하고, 불행한 사람은 평생을 들여 어린 시절을 치유한다."

나는 이 말에 절반만 동의한다. 원가족은 한 사람의 출발점이지만, 평생 가장 오래 함께하는 건 결국 '나 자신'이다. 우리는 스스로 삶을 적극적으로 다듬어 가는 법을 배워야 하고, 그 과정에서 부모와의 관계를 정리하는 것 또한 필요하다. 반성하고 저항하며, 이해하고 용서하고, 멀어졌다가 다시 다가가고, 깨졌음에도 다시 쌓아 가기도 해야 한다.

성인이 된 후, 나는 부모와 친구가 되려고 노력했지만 그것이 얼마나 어려운지 깨달았다. 시대, 나이, 경험, 가치관이 전혀 달라 공감대를 찾는 건

거의 불가능했다. 고민 끝에 나는 부모를 다루는 유용한 방법을 하나 터득했는데, 그것은 바로 '초점 흐리기'다.

'부모 관리'는 부모와 싸우거나 정면으로 대립하는 것이 아니다. 싸움은 소용없다. 싸운다는 건 부모가 변할 거라는 환상을 아직 품고 있다는 뜻인데, 사실 부모는 바뀌지 않는다. 의견이 충돌할 때, 우리는 속으로는 자신의 입장을 굳게 지키되, 겉으로는 주의를 분산시켜야 한다. 특히 부드러운 말투로 화제를 돌리는 게 중요하다. 예를 들어 "자, 빨리 밥 먹으러 가요" "우리 산책갈까요?" "지금 일이 좀 있어서 나중에 얘기해요"처럼 자연스럽게 대화를 피하는 것이다.

대부분의 가정 문제는 말 몇 마디로 쉽게 풀리지 않는다. 언쟁으로 바로 해결되는 게 아니라 시간이 지나며 자연스레 풀리는 경우가 더 많다. 부모의 한계와 단점을 받아들이고, 그 영향이 나에게까지 닿지 않도록 부모와 나 사이에 보이지 않는 방화벽을 세우는 것, 그게 가장 지혜로운 방법일 것이다.

나는 부모와의 가장 강한 연결고리가 결국 '혈연'에서 비롯된 친밀함이라는 사실을 깨달았다. 서로의 생각을 조율하고, 다른 입장을 이해하며, 지나친 간섭 없이 적당한 거리를 유지할 수 있다면 그것은 큰 행운이다. 하지만 그렇지 않다면 끊임없는 조정과 균형 찾기가 필요하다.

왜 사람은 자라면서 부모의 말을 점점 따르지 않게 될까?

결국 우리는 각자의 삶을 살아가야 하는 존재이기 때문이다. 부모의 말이 틀려서가 아니라, 그 말이 더 이상 나의 삶에 온전히 맞지 않기 때문이다.

때로는 부모의 조언이 여전히 유용할 수도 있지만, 그것이 우리의 선택을 대신 해 줄 수는 없다.

 우리에게 필요한 것은 부모의 뜻을 무조건 따르는 것이 아니라, 그 가르침을 참고하되 스스로의 길을 결정하는 용기다.

090   많은 고민은 한가함에서 비롯된다

○
●

몇 년 전, 나는 나 자신에게 한 달간의 긴 휴가를 선물했다. 일을 내려놓으면 더 행복할 거라 기대했지만, 결과는 정반대였다.

두 번이나 여행을 다녀왔는데도 겨우 보름이 지났을 뿐이었다. 남은 날들은 인터넷을 떠돌며 쓸데없는 정보를 뒤적이다가 문득 이런 생각이 들었다.

'어? 저 작가의 글은 별로인데 왜 조회수가 나보다 높지?'

생각할수록 속이 부글거렸고, 세상이 참 불공평하다는 느낌까지 들었다.

한가함은 불필요한 간섭과 후회도 불러왔다. 부모님의 패션이 촌스럽고 시대에 뒤처진 것 같아 내 멋대로 최신 유행 아이템을 사다 드렸지만, 정작 부모님께는 전혀 필요 없는 것들이었다. 시간적 여유가 생기니 친구와 긴 영상 통화도 자주 했다. 친구가 남편과 다투고 하소연하면 나도 덩달아 열을 올리며 맞장구쳤는데, 얼마 안 가 두 사람은 화해했고 나만 어색한 입장이 되어 버렸다.

더 놀라운 건, 시간이 많아질수록 내가 더 게을러졌다는 사실이다. 예전엔 바쁜 와중에도 시간을 쪼개 운동했는데, 한가해지니 소파에 늘어져 뒹굴기만 했다. 결국 2주 만에 3kg이 늘었고, 복근은 흔적도 없이 사라졌다.

주변 사람들과의 관계도 미묘하게 어긋나기 시작했다. 대놓고 말하는 이는 없었지만, 조용히 나와 거리를 두는 게 느껴졌다. 다시 바빠지고 나서야 깨달았다.

다행히 남아 있던 마지막 한 가닥의 자기 객관화 덕분에 서둘러 휴가를 끝내고 일상으로 돌아갔다. 그러자 그 많던 고민이 한순간에 사라졌다. 마음이 한가하면 쓸데없는 생각이 많아지고, 몸이 나태해지면 정신까지 늘어진다. 기계도 꾸준히 돌리면 매끄럽게 굴러가지만, 방치가 길어지면 결국 고장 나는 것처럼 말이다.

삶이 어느 한 사람이나 사건에 얽매이지 않고 바쁘게 흘러가며, 일상 속에서 성취가 쌓일 때 비로소 자신 또한 완전히 다른 상태로 변화한다.

소설가 위화余華 선생님은 이렇게 말했다.

"우리는 편히 눕기 위해, 알람 없이 깨어나는 삶을 살기 위해, 노력한다."

나는 이 말에 담긴 유쾌한 여유로움이 참 좋다. 하지만 여기서 '눕는다'라는 것은 단순히 목표 없이 빈둥거리는 것이 아니다. 자신만의 리듬으로 삶을 이끌어 가는 것이다.

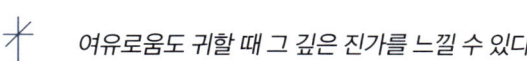
여유로움도 귀할 때 그 깊은 진가를 느낄 수 있다.

10장 자유로움

나에게 영원한 날개를
선물하기 위해

091 '무능한 분노' 다스리기

○
●

　예전에 나는 공개적인 자리에서 감정을 주체하지 못해 큰 대가를 치른 적이 있다. 상대는 까다롭기로 소문난 고객이었다.
　기획안을 수십 번 고쳐도 그녀는 끝없이 불만을 쏟아냈고, 협상을 열 번 넘게 했지만, 계약은 진전이 없었다. 그래도 내가 계속 저자세로 나온 건 그녀가 담당하는 물량이 부서 매출의 절반을 차지했기 때문이다. 그 사실을 떠올릴 때마다 억울함과 분노가 솟구쳤다.
　그러던 어느 날, 그녀와 통화하던 중 참아 왔던 감정이 끝내 터져 버렸다.
　"당신 요구는 터무니없어요! 대체 언제까지 말도 안 되는 조건을 들이댈 건가요? 갑이라고 으스대지 마세요, 더는 못 참아요!"
　전화를 '쾅' 내려놓는 순간 묘한 쾌감이 밀려왔다.
　하지만 그 기분은 곧 깊은 후회로 바뀌었다. 책상에 엎드려 우는 나를 보며 동료가 말없이 휴지를 건넸고, 그제야 정신이 들었다.
　'여긴 오픈된 사무실이고, 나는 20대 성인인데, 이런 미성숙한 행동을 하다니….'
　그 일은 삽시간에 회사 안팎으로 퍼졌다. 직속 상사는 나를 불러 책임을 물었고, 부서장은 엄중히 경고했다. 결국 내 '미성숙함' 때문에 고객 관리는 다른 직원에게 넘어갔다.

그뿐만이 아니었다. 그 고객은 이 일을 가십거리 삼아 여기저기 소문을 내고 다녔고, 나는 업계에서 '실력도 없으면서 성질만 고약한 사람'이라는 꼬리표를 얻었다. 나는 스스로 묻지 않을 수 없었다.

'나는 도대체 뭘 얻으려고 그랬던 걸까?'

그 후 나는 전략을 바꿨다. 그 고객과 정면으로 맞서는 건 의미 없다고 판단하고 우회로를 택했다. 그녀의 상사가 실질적인 결정권자였고, 부하 직원들이 실무를 맡고 있었다. 나는 상사의 신뢰를 얻고, 부하 직원들과 원만한 관계를 쌓기 위해 애썼다. 결국 결정권자와 실무진이 내 편이 되자, 그녀도 더 이상 나를 흔들지 못했다. 이 일을 통해 깨달은 교훈이 있다.

"뒤처리를 감당할 능력이 없다면, 감정부터 앞세우지 마라."

감정적으로 대응한다고 까다로운 고객의 태도가 바뀌거나 계약 조건이 나아지는 게 아니다. 오히려 이성을 잃게 되어 최악의 인상만 남길 뿐이다. 그러면 감정이 치밀어 오를 때는 어떻게 해야 할까? 정면 승부가 어렵다면 우회하고, 우회도 힘들면 과감히 손을 떼라. 포기는 손실을 줄이는 최선의 길이자, 더 나은 출발을 위한 선택이 될 수 있다.

'무능한 분노'는 그저 감정의 배출일 뿐이다. 상대에게는 아무 영향도 주지 못하고, 상황은 달라지지 않으며, 결국 자신만 초라해진다. 분노를 쏟아내는 것만으론 아무것도 해결되지 않는다. 그럼 어떻게 해야 할까? 분노가 솟을 때마다 이를 '조용한 모드'로 바꿔야 한다. 차분히 표현하고 이성적으로 대안을 찾는 것, 그게 진짜 '가치 있는 분노'다.

분노를 생산적인 에너지로 바꾸는 법을 깨달을 때,

우리는 비로소 진정한 성장을 이룬다.

092 평등한 시선으로만
진정한 나를 볼 수 있다

○
●

아일랜드 극작가 조지 버나드 쇼^{George Bernard Shaw}와 관련된 세 가지 유명한 일화가 있다.

첫 번째는 그가 명성을 얻으면서 끊임없는 방문객에 지쳐 있던 시기의 이야기다. 어느 날, 영국 국왕 조지 6세가 직접 찾아왔다. 두 사람은 짧은 인사를 나눴지만, 관심사와 취미가 워낙 다르다 보니 대화가 이어지지 않았다. 그럼에도 국왕은 떠날 기미를 보이지 않았다. 그러자 쇼는 회중시계를 꺼내 빤히 쳐다봤다. 결국 국왕은 어색한 분위기를 감지하고 작별을 고할 수밖에 없었다.

훗날 누군가 쇼에게 조지 6세의 방문이 좋았냐고 묻자, 그는 이렇게 답했다.

"물론이죠. 그가 떠날 때 잠깐 기뻤으니까요."

설령 상대가 국왕이라 해도 억지로 맞추거나 아첨하지 않는 그의 성품이 드러나는 대목이다.

두 번째 일화는 쇼가 소련(현 러시아)을 방문했을 때다. 거리에서 한 사랑스러운 소녀를 만나 잠시 함께 놀아 주던 그는, 헤어질 때 소녀에게 말했다.

"집에 가서 엄마에게 전하렴. 오늘 너와 놀아 준 사람이 세계적인 문학가 조지 버나드 쇼라고."

그러자 소녀는 쇼의 말투를 그대로 흉내 내며 대꾸했다.

"집에 가서 어머니께 전해 주세요. 오늘 아저씨와 놀아 준 건 소련 소녀 카탸라고요."

이 말을 듣고 쇼는 큰 충격을 받았다. 자신도 모르게 드러낸 오만함을 깨닫고, 이후 이 이야기를 자조 섞인 농담으로 친구들에게 들려주곤 했다.

세 번째는 쇼가 한 아이에게서 받은 편지와 관련된 일화다.

편지에는 이렇게 쓰여 있었다.

"작가님은 제가 가장 존경하는 분입니다. 그 마음을 표현하고 싶어서 친척이 생일 선물로 사 준 사자 인형의 이름을 작가님의 이름으로 짓고 싶습니다. 어떻게 생각하시나요?"

어른을 흉내 낸 듯한 서툰 예의와 장난기가 배어 있는 질문이었다. 쇼는 이렇게 답장을 보냈다.

"사랑스러운 아이야, 네가 보낸 유쾌한 편지 잘 받았다. 너의 생각에 전적으로 동의해. 하지만 이름을 짓기 전에 꼭 그 사자 인형과 먼저 상의하렴."

이 편지에서 나는 아이와 쇼가 나눈 '평등한 시선'을 느낄 수 있었다.

평등한 시선을 갖기란 쉽지 않다. 높은 곳에 있어도 거만하지 않고 타인을 동등하게 보려면 품격이 필요하다. 반대로 낮은 곳에 있어도 스스로 깎아내리지 않고 당당해지려면 자신감과 용기가 있어야 한다.

중국 작가 양장楊絳 선생님은 이렇게 말했다.

"인생에서 어떤 계단에 서 있든, 아래에는 나를 올려다보는 사람이 있고, 위에는 나를 내려다보는 사람이 있다. 고개를 들면 열등감에 시달리고, 고개를 숙이면 우월감에 취한다. 오직 평등한 시선으로만 진정한 나를 볼 수 있다."

시선의 평등은 마음의 평등을 의미하며,
서로가 같은 위치에서 바라보는 것만이
상대의 마음을 읽을 수 있다.

093   적당히 내려놓기

○
●

어느 날, 한 독자가 나에게 털어놓았다.

"지금 하는 회계 일이 너무 지겨워요. 감수성이 예민한 저를 행복하게 하는 건 오직 소설 쓰기뿐이죠. 그래서 일을 그만두고 전업 소설가가 될까 고민 중이에요."

그 마음, 나도 잘 안다. 생활부 기자로 일하던 시절, 나는 매일 시장을 돌며 채소 가격을 적어야 했다. 그 일이 행복했느냐고 묻는다면, 솔직히 그렇지 않았다. 하지만 좋아하는 일과 그 일에 맞는 능력 사이엔 북극과 남극만큼의 간극이 있다는 걸 알아야 한다.

최근 몇 년간 화제가 된 이야기가 있다. 북경대를 졸업한 한 수재 여성이 연예계에 뛰어들었지만 별다른 성과를 내지 못하고, 결국 생활비조차 감당하기 어려워 고향으로 돌아간 사연이다. 학문과 경력을 살리지도 못했고, 연예계에서도 자리 잡지 못했다.

그녀는 자조 섞인 목소리로 말했다.

"연기 실력이 조금 나아지긴 했지만, 연예계엔 대인공포증이 있는 사람의 자리가 없더라고요. 술자리에서 건배 제안 한번 하는 것도 쩔쩔맸던 제가, 연예계에 발을 들인 이상 다 내려놓고 저를 어필해야 했죠."
이에 한 기자가 이렇게 평했다.

"냉정함과 안정감은 모범생과 암살자의 덕목이지, 스타의 미덕은 아니다."

훌륭한 배우는 역할에 빠르게 몰입해야 한다. 때로는 약간의 광기, 심지어 '똘끼'도 필요하다.
내성적인 성격으로 유명한 양조위도 과거 TV 프로그램에서 앞니로 작은 수레를 끄는 퍼포먼스를 보여 줬고, 영화예술학원의 연기 수업에선 지망생들이 고양이, 강아지, 고릴라를 흉내 내는 게 일상이다.

문득 한 연기 선생님과 나눈 대화가 떠오른다. 그녀는 온몸에서 연기가 흘러넘치는 사람이었다. 내가 장난스럽게 물었다.
"사랑 앞에서 자신감을 잃어 본 적 없으시죠?"
그녀는 어깨를 들썩이고 눈을 동그랗게 뜨며 답했다.
"그럴 리가요. 우리가 매일 갈고닦는 건 사랑과 증오, 아름다움과 애잔함 아닌가요? 역할에 들어가려면 사랑에 빠진 듯 몰두해야 해요. 삶보다 더 극적으로 말이에요. 손짓 하나, 발짓 하나까지도 다 연기의 일부죠."
나도 가끔 쇼츠 영상을 찍는다. 많은 작가가 카메라 앞에 서면 쑥스러워하지만, 나는 제법 당당히 말하고 연기하는 편이다. 물론 순식간에 몰입하는 진짜 배우들과 비교할 수준은 아니다. 나는 촬영 전 마음을 다잡는 '예열' 시간이 한참 필요하니 말이다.
산시문화투자陝文投 회장 쟈이췬賈軼群은 이렇게 말했다.

> "평범한 사람들은 연예인의 외모를 보고 예쁘다고 느끼지 않을 때도 많아요. 연예인을 매혹적으로 만드는 건 '외모'가 아니라 '표현력'이죠."

배우를 특별하게 만드는 건 표현력이다. 일반인 중에도 뛰어난 미모와 몸매를 가진 사람은 많지만, 배우 옆에 서면 그 차이가 확연히 드러난다.

작가라는 직업도 다르지 않다. 소설을 쓰는 친구 몇 명은 가끔 나와 통화하며 울음을 터뜨린다. 소설 속 주인공이 죽는 엔딩을 썼는데, 그를 떠나보내는 게 너무 마음 아프다는 것이다.

나 역시 어릴 적부터 감정이 풍부하고 타인의 감정에 민감했다. 10대 때 『홍루몽』을 읽으며 숨이 넘어갈 듯 울었고, '감성 과잉'으로 생긴 흑역사도 있다. 대학 시절, 첫사랑이 흐지부지 끝나자, 나는 실연의 늪에 빠져 식사도, 공부도 손대지 않았다. 그러자 기숙사를 함께 쓰던 착한 룸메이트 일곱 명이 매일 나를 데리고 산책을 나갔다. 내가 극단적인 선택을 하거나 우울증에 빠질까 봐 지켜 주려 했던 거다. 친구들은 모두 키가 크고 나는 작아서, 함께 걸으면 백설 공주 일곱 명이 난쟁이 하나를 데리고 다니는 꼴이었다. 그 학기 동안 나는 책 한 장 넘기지 못했고, 당연히 시험은 모두 낙제를 받았다. 작문 시험에서도 40점짜리 객관식은 과감히 포기하고 60점짜리 작문만 썼다. 그마저도 선생님이 제시한 주제와는 상관없는 내 실연 스토리만 구구절절 적었다. 결과는 작문 만점, 가까스로 과락 면제였다.

시험이 끝난 후, 선생님이 나를 불러 진지하게 말했다.

"네 글에 깊이 감동했어. 글쓰기에 한번 도전해 보렴."

훗날 나는 신문사에 취직해서 사회부 기자가 됐지만, 그다지 잘하지 못했다. 감정이입이 지나쳐 약자의 이야기에 쉽게 몰입했던 나는 언제나 원더우먼처럼 강자를 물리치고 약자를 구하는 어투로 글을 썼다. 금융 기사도 예외는 아니었다. 내 원고는 늘 감정이 지나치다는 평가를 받았고, 결국 시장에서 채소 가격을 적어야 하는 신세가 됐다.

그러다 가정 섹션 편집장이 되면서 비로소 제자리를 찾았다. 인물 인터뷰를 광고 느낌이 나도록 쓰는 일이었는데, 인터뷰 대상자들은 감성이 가득한 원고를 보며 무척 만족해했다.

나는 그 일을 큰 어려움 없이 해냈다.

내 원고는 점점 인정받았고, 인터뷰도 즐거웠다. 무뚝뚝하기로 유명한 한 창업자가 이렇게 말했다.

"시간 나면 나랑 점심 먹어요. 당신과 먹으면 밥이 더 맛있어지거든요."

난 아부를 모른다. 그저 공감 능력이 뛰어날 뿐이다.

"네 말 다 이해해. 맞아, 맞아, 나도 알아."

그러다 "으앙, 그 얘기 들으니까 나까지 슬퍼져"까지 간다.

창업 후 만난 투자자들은 늘 궁금해했다.

"작가라면 엄청 감성적이고 예민할 텐데, 어떻게 회사를 차렸어요?"

그렇다. 창업은 내 감성과 예민함을 무디게 만들었고, 글쓰기의 즐거움도 많이 앗아 갔다. 이 바닥에서 살아남으려면 '감정적으로 안정된 중년'이 되어야만 했다.

내가 작가라는 직업에 만족하며 지내던 중, 나보다 20년 먼저 그 길을 걸어간 작가 선배를 만나게 되었다. 나는 첫 만남부터 그의 전문성에 완전히 압도당했다. 그는 마치 살아 있는 검색엔진처럼 명언 한 구절을 던지면 그다음 문장을 자연스럽게 이어 갔고, 긴 원문도 술술 읊었다. 타고난 재능에 끝없는 노력이 더해진 사람, 그 앞에서 내가 작가라고 말하는 게 부끄러웠다.

어떤 일은 노력만으로 되지 않는다. 몇 번 시도해도 안 되면, 과감히 내려놓는 용기가 필요하다. 결국 자신에게 맞는 길을 찾으면 결과가 달라진다.

훌륭한 배우가 꼭 모범생일까? 모범생이 반드시 훌륭한 배우가 될까?

그렇지 않다. 연예계에서 회자되는 학벌 좋은 스타들은 이미 성공을 거둔 후에 주목받은 경우일 뿐이다.

물론 뛰어난 배우나 스타 중에도 노력과 끈기로 성공한 이들이 있다. 하지만 나는 문화예술계에서만큼은 "포기하지 말고 꿈을 좇아야 한다"라는 말에 동의하지 않는다. 이 바닥에서 생계를 유지할 수 있는지는 대개 3년이면 판가름 난다. "20년을 버텼다"라며 뒤늦은 성공에 만족하는 사람도 있지만, 그건 드물고 예외적인 경우일 뿐이다. 이 분야에 맞지 않거나 운이 따르지 않는 사람은 20년을 채우기도 전에 대부분 걸러진다.

열정과 실패를 감당할 여유가 충분하다면야 마음껏 도전해도 괜찮다. 하지만 예술, 문학, 음악, 창작의 길은 대부분에게 그리 녹록지 않다. 든든한 안전망 없이 그 길을 걷는 건 위험하다.

작가를 꿈꾸며 조언을 구하는 친구들에게 나는 묻는다.

"기분 나쁠 때도 쓸 수 있어? 급한 원고도 해낼 수 있어? 낯선 주제도 다룰 수 있어?"

대답은 늘 "아니요"다.

이 일로 생계를 이어 가려면, 비가 오나 가뭄이 드나 꾸준히 수확해야 하는데 말이다.

 그렇다.
어른들은 대부분 꿈을 적당히 품은 채
조금은 무미건조하고,
조금은 보수적인 삶을 살아간다.
씁쓸하지만, 이게 바로 우리네 인생이다.

094 딸들에게 가르친 부_富의 의미

○
●

딸을 가진 나에게 깊은 깨달음을 준 친구이자 동료가 있다. 바로 라오동 老董이다. 그는 열네 살, 열 살, 다섯 살 된 딸을 둔 아버지다.

작년 겨울, 라오동의 집에서 회의를 하다가 다들 따뜻한 차를 마시며 잠시 쉬고 있을 때였다. 그의 큰딸이 서재 문을 두드리더니 안으로 들어왔다.

"아빠, 나 새해 만찬 계획 다 짰어!"

라오동은 온화한 미소로 딸을 바라보며 말했다.

"오, 그래? 마침 지금 한가한데, 아빠한테 들려줘 봐."

서재는 삼삼오오 모여 담소를 나누는 직원들로 다소 소란스러웠다. 하지만 그 어린 소녀는 전혀 주눅 들지 않고 왼손에 수첩을, 오른손에는 펜을 들고 또박또박 설명을 시작했다. 초대할 가족 명단부터 거리와 예산을 고려한 식당 선택, 방 예약, 메뉴 구성까지 조목조목 정리되어 있었고, 세심한 배려가 곳곳에 묻어났다.

라오동은 휴대폰 계산기를 두드리며 물었다.

"네 계획대로 하면 예산이 몇백 위안이나 초과하는데?"

아이는 여유롭게 대답했다.

"호텔 객실 하나를 더 예약해서 그래요. 아빠, 작년 새해 만찬 때 외삼촌

이 엄청 취했던 거 기억나죠? 올해도 비슷한 일이 생기면 거기서 쉬시면 되고, 아니면 애들끼리 방에서 놀면 되니까요. 그러니까 이건 만찬 비용에서 절대 빼면 안 돼요. 그리고 어른들 술값은 예측하기 어려우니 객실과 술값은 따로 계산하는 게 좋을 것 같아요."

나는 내심 감탄했다. 어른이라도 이렇게 치밀하게 계획을 세우기는 쉽지 않을 것 같았다.

회의가 끝난 뒤, 나는 라오동에게 물었다.

"딸을 어떻게 저렇게 똑 부러지게 키운 거야?"

그는 미소를 지으며 답했다.

"난 딸들이 커서 돈을 잘 벌길 바랄 뿐이야."

농담 반 진담 반으로 되물었다.

"보통 부모들은 아이들의 성적이나 재능, 행복을 먼저 바라지 않아? 왜 하필 '돈'이야? 집안 형편도 넉넉하고, 그렇다고 네가 돈을 못 버는 것도 아니잖아. 너무 속물처럼 구는 거 아냐?"

라오동은 진지하게 대답했다.

"나는 딸들을 한없이 사랑해 줄 수 있어. 하지만 아이들이 커서도 무조건적인 사랑만 받는다는 보장은 없잖아. 재산을 물려줄 수는 있지만, 그걸로 평생 넉넉히 살 거라고 장담할 수도 없고. 부를 만들고 지키는 건 결국 자기 몫이야. 좋은 성적, 예쁜 외모, 훌륭한 배우자는 덤일 뿐이지. 내가 중요하게 생각하는 건 어릴 때부터 건전한 경제관과 일에 대한 태도를 심어 주는 거야. 돈 버는 기술뿐 아니라 한정된 자원 속에서도 만족을 찾는 지혜를 배워야 해. 그러면 나중에 미모나, 백년해로할 사랑이 없더라도, 자기 손으로 일군

> 재산이 든든한 버팀목이 되어 줄 거야."

그의 말이 가슴에 와닿았다. 모든 부모가 자식의 꿈을 응원하지만, 인생에 완벽한 답은 없다는 것을 우리는 알고 있다. 그의 철학은 실리적으로 보일 수 있지만, 현실을 꿰뚫는 중년의 통찰이 담겨 있었다.

나는 다시 물었다.

"얼마나 벌어야 '부자'라고 할 수 있을까? 딸들에게 이런 기준을 주면 부담스럽지 않을까?"

> "'부자'란 비교에서 생긴 허상에 불과해. 아무리 많이 가져도 더 가진 사람이 늘 있기 마련이지. 중요한 건 많든 적든 스스로 만족하며 사는 거야. 그래서 나는 딸들에게 돈의 가치를 직접 느끼게 해 줘. 가족 모임이 있으면 큰딸에게 예산을 맡기고 자기 방식대로 준비하게 하지. 금액은 매번 달라. 풍족할 때도 있고 빠듯할 때도 있어. 같은 한 끼라도 어떻게 준비하느냐에 따라 만족감이 달라진다는 것을 배우겠지. 둘째 아이는 물건 가격에 대한 감각이 있어서 어디에 돈을 쓰고, 어디서 아껴야 하는지 알아. 두 언니가 막내를 데리고 어린이용 모노폴리 같은 보드게임을 하면서 자연스럽게 재무 감각을 익히기도 하지. 장담할 수는 없지만, 돈과 일에 대한 감각이 있는 아이들은 성적도 대체로 나쁘지 않더라고."

이건 내가 들은 가장 현실적인 교육관이었다.

한번은 라오동 가족과 함께 외식을 했는데, 둘째 딸이 언니와 함께 근처

편의점에서 주스와 콜라를 사 왔다. 내가 물었다.

"식당에서 주문하지, 무거운데 왜 직접 사 왔어?"

아이는 해맑게 웃으며 대답했다.

"엄마가 그러셨어요. 식당 음료는 편의점에서 파는 거랑 똑같은데 가격은 두 배나 비싸다구요. 이렇게 사 오면 훨씬 아낄 수 있잖아요."

라오둥의 교육 철학을 알았지만, 생활 속에서 이렇게 자연스럽게 실천하는 걸 보니 새삼 감탄스러웠다. 경제관념이 가르침으로 끝난 게 아니라 습관으로 자리 잡은 것이다.

요즘 소셜 미디어에는 부를 과시하는 이들이 넘쳐나지만, 내가 본 건강하고 부유한 가정의 아이들은 결코 허세를 부리거나 사치를 즐기지 않는다. 특히 정직한 노력으로 부를 일군 부모 밑에서 자란 아이들은 더 그렇다.

> *스스로 돈을 벌고 그 가치를 지킬 줄 아는 사람이라면,*
> *그의 안목과 품격, 삶을 헤쳐 나가는 힘은 결코 평범하지 않을 것이다.*

095 누구에게 내 목숨값을 빌릴 수 있을까

○
●

영화 〈센드 미 투 더 클라우즈送我上青雲〉에서 여기자 성난은 난소암 진단을 받는다. 치료비로 30만 위안(원화 약 6천만 원)이 필요한데, 그 돈을 어디서 구해야 할지 막막했다.

부모님? 이혼한 부모는 두 분 다 어려운 처지라 30만 위안을 마련할 여력이 없다.

결국 성난은 친구 쓰마오에게 어렵게 말을 꺼낸다.

쓰마오가 물었다.

"치료비로 30만 위안이 든다고? 그럼 얼마가 모자라는 거야?"

"나한테 3만 위안 조금 넘게 있어."

쓰마오는 잠시 머뭇거리더니 복잡한 표정으로 말한다.

"30만 위안이 문제가 아니네. 넌 그냥 가난한 거야!"

그 순간 극장에 웃음이 터졌다. 슬프지만 부정할 수 없는 현실이었다.

18년 전, 나는 어느 도시의 신문 기자로 일하며 한 용감한 시민을 인터뷰한 적이 있다.

강물에 빠진 소녀를 보고 주저 없이 뛰어들어 구조한 여성이었다. 당시 그녀는 한 살배기 딸을 태운 유모차를 끌고 있었다. 다행히 소녀를 무사히 구조한 그녀는 한동안 '영웅Heroine'이라 불리며 사회적 찬사와 주목을 받았다.

내가 찾아갔을 때, 그녀는 막 방문객들을 배웅하고 돌아온 참이었다. 내가 그날의 마지막 손님이었다. 우린 나이도 비슷했고, 배도 고팠다. 그녀가 라면을 끓여 왔고, 우리는 마주 앉아 이야기를 나눴다.

"강에 뛰어들 때 무슨 생각을 했어요?"

내가 묻자 그녀가 답했다.

"아무 생각도 할 틈이 없었어요. 그냥 본능적으로 뛰어든 거죠."

나는 다시 물었다.

"만약 잠깐이라도 생각할 시간이 있었다면요?"

지친 기색이 역력했던 그녀는 젓가락을 들던 손을 멈추더니 조용히 말했다.

"글쎄요. 아마 안 뛰어들었을지도 몰라요. 내 아이가 유모차에 있었잖아요. 주변에 아는 사람도 없었는데, 내가 물에 뛰어든 사이 아이에게 무슨 일이라도 생겼으면 어떻게 됐겠어요? 소녀도 못 구하고 둘 다 가라앉았으면요? 그럼 무모하다고 욕만 먹었겠죠."

전혀 '영웅'답지 않은 대답에 나는 흠칫 놀라 말했다.

"잠깐치고는 너무 많은 생각을 하는 거 아닌가요?"

그녀는 갑자기 젓가락을 내려놓고 한숨을 터뜨리며 말했다.

"아니요. 이게 현실이에요. 남편이 저한테 그러더군요. '너 진짜 무모하다. 자기 아이를 두고 남을 구하러 뛰어들다니! 무슨 일이라도 생겼으면 평생 후회했을 거야!'라고요. 그 말을 듣고 생각해 보니까 정말 무서웠어요."

그녀의 떨리는 어깨를 보며 나는 아무 말도 하지 못했다. 대신 기사에는 그녀의 진짜 속마음 대신, 밝고 용감한 모습만 담았다.

독자들은 흠잡을 데 없는, 두려움 따윈 없는 완벽한 영웅을 보고 싶어 한다. 하지만 현실 속의 우리는 모두 꽤 겁쟁이들이다.

18년 전 나와 나이가 비슷했던 한 지인을 만났던 순간이 생각난다. 그녀는 늘 햇살처럼 환하게 웃었고, 풍파라곤 겪어 본 적 없는 사람처럼 순수했다.

어느 날, 그녀와 건강에 관한 이야기를 나누던 중 내가 말했다.

"나는 비관적인 이상주의자인가 봐. 혹시라도 내가 아프면 가족에게 짐이 될까 봐 보험을 몇 개나 들어 놨는지 몰라."

그녀는 내 말을 가볍게 넘겼다.

"걱정도 팔자야. 우리 나이에 무슨 큰 병에 걸리겠어? 설령 아파도 누가 병원비도 못 빌려주겠어?"

그 말이 예언이 되고 말았다.

그녀는 서른 살에 유방암으로 세상을 떠났다. 친구들이 조금씩 돈을 모았지만, 치료비를 메우기에는 턱없이 부족했다. 그녀 역시 누구에게도 돈을 빌려 달라고 하지 않았다. 집까지 팔았지만 더는 희망이 없자 결국 치료를 포기했다.

내가 찾아갔을 때, 그녀는 힘없이 웃으며 말했다.

"막상 아프니까 남한테 돈 빌리는 게 창피하더라. 갚지 못할까 봐 두렵고, 거절당할까 봐 겁나고."

그녀는 꽤 오랫동안 투병했다. 그녀가 떠났을 때, 모두 슬퍼하면서도 한편으론 해방감을 느꼈다.

<u>오랜 병상 앞엔 효자도 드물고, 끝없는 간병은 사랑도 소진시키며, 계속되는 우울함엔 햇살조차 들지 않는다.</u>

현실은 우리가 꿈꾸던 이상과 너무도 다르다.

하지만 이것이 바로 인간의 본성이다.

궁극적으로 자신을 구할 수 있는 사람은 오직 자기 자신뿐이며,

누구도 나의 구원자가 될 수 없다.

096   타인의 우수함을
         인정한다는 것

○
●

영화 〈오리엔트 특급 살인Murder on the Orient Express〉에서 열연을 펼친 잉그리드 버그먼Ingrid Bergman은 영국 아카데미 시상식에서 여우조연상을 받았다. 같은 부문에 노미네이트된 배우 발렌티나 코르테스Valentina Cortese도 수상을 기대했지만, 결과가 발표되자 실망을 감추지 못했다.

버그먼이 무대에 올라 트로피를 받을 때, 사람들은 감격에 겨운 수상 소감을 들을 거라 예상했다. 하지만 그녀는 뜻밖의 말을 꺼냈다.

"사실 저는 발렌티나 코르테스가 저보다 훨씬 뛰어난 연기를 보여 줬다고 생각해요. 진정한 수상자는 그녀가 되어야 마땅합니다."

그리고 코르테스를 바라보며 덧붙였다.

"미안해요, 발렌티나. 제가 이 상을 받을 줄 몰랐어요."

버그먼의 겸손한 말 한마디에 진심이 묻어났다. 그 순간 코르테스의 눈가에 눈물이 맺혔고, 두 실력파 배우는 서로를 깊이 안아 주었다.

내가 좋아하는 두 배우, 위안취안袁泉과 마이리馬伊琍 사이에도 비슷한 일이 있었다.

드라마 〈아적전반생我的前半生〉에서 두 사람은 절친한 친구로 출연하면서, 자연스럽게 연기력이 비교되곤 했다. 한 인터뷰에서 리포터가 위안취안에게 물었다.

"마이리를 어떻게 평가하시나요?"

위안취안은 주저 없이 답했다.

"완벽한 배우예요. 그녀는 모든 장면에 진지하게 임했어요. 강한 내면과 따뜻함, 아름다움을 겸비한 사람이죠."

이후, 위안취안이 〈아적전반생〉으로 연기상을 받았을 때, 진행자가 마이리에게 질문을 던졌다.

"위안취안은 배우, 친구, 여자 중에서 어떤 모습이 가장 돋보인다고 생각하세요?"

마이리는 망설임 없이 대답했다.

"배우요."

진행자가 다시 물었다.

"두 분이 절친이시죠?"

그러자 마이리는 애정과 존경이 담긴 눈빛으로 답했다.

"물론이죠. 하지만 친구보다 배우로서 더 멋져요. 그녀가 무대와 스크린에서 보여 주는 카리스마는 모든 것을 압도해요. 한 분야에서 그렇게 빛난다는 것 자체로도 충분히 존경할 만하죠."

<u>진정한 강자는 타인의 뛰어남을 시기하거나 깎아내리지 않는다. 남을 폄하해 자신의 우월함을 증명하려 하기보다, 상대의 강점을 인정하며 내면의 힘을 더 키운다.</u> 그런 태도엔 '나도 할 수 있다'라는 자신감과 타인을 품을 줄 아는 아량이 담겨 있다.

자신감과 아량을 가진 이는 행복하다.

누군가를 깎아내려도 상대가 작아지는 게 아니고,

오히려 자신의 마음만 좁아질 뿐이다.

시기심은 자신을 갉아 먹는 감정일 뿐, 아무 이득이 없음을 잊지 말자.

097 인성의 '불가능의 삼각 정리'

○
●

경제학에 '불가능의 삼각 정리impossible trinity'라는 이론이 있다. 1999년 MIT의 폴 크루그먼Paul Krugman 교수가 제시한 이 개념은 한 국가의 외환 정책이 '환율 안정' '통화 정책의 독립성' '자본 이동의 자유'라는 개방 경제의 세 가지 목표를 동시에 달성하기란 불가능하다는 것을 설명한다. 즉, 하나를 택하면 나머지 둘 중 적어도 하나는 포기해야 한다는 것이다. 예를 들어, 자본 이동의 자유를 유지하면서 독립적인 통화 정책을 추구하면 환율 안정은 어렵다. 반대로 환율 안정과 자본 이동을 모두 잡으려면 통화 정책의 독립성을 내려놓아야 한다. 결국, 다자간 게임에선 무언가를 양보해야 한다는 게 이 이론의 핵심이다.

이 개념은 인성에도 적용할 수 있다. 이를테면 돈, 명성, 권력은 사회에서 성공을 꿈꾸며 추구하는 대표적인 목표다. 하지만 이 중 하나를 손에 넣기도 힘들고, 둘을 얻으려면 큰 대가를 치러야 한다. 그런데 셋 모두를 가지려 한다면? 그건 지나친 욕심이다. 자칫하면 전부 잃을 가능성이 크다.

비슷한 맥락에서 '남성의 불가능 삼각 정리'도 있다. 잘생기고, 부유하며, 충실하기까지 한 남자는 존재하기 어렵다. 이 셋을 다 갖춘 사람이라면 사기꾼일 확률이 높다. 여성도 마찬가지다. 아름다우면서 경제적으로 독립적이고, 까다롭지 않은 여성은 거의 드물다.

결국 인생은 선택의 연속이다. '이것도, 그것도, 더 나아가 저것까지' 갖고 싶은 욕심을 버려야 한다.

 모든 걸 가질 순 없다.

중요한 건 무엇을 포기할지 현명하게 결정하는 것이다.

098 결혼의 존엄

○
●

한 변호사 친구에게 들은 이야기다.

법정에서 남편은 아이의 양육권을 주장하며 날카롭게 말했다.

"내 학력이 너보다 높으니까 아이 교육에 더 유리해. 나는 경제적으로 안정돼 있지만, 넌 몇 년째 일을 안 해서 사회와 단절된 상태야. 그리고 내 주소는 여기고, 넌 이혼하면 고향으로 돌아갈 텐데, 초등학교에 입학할 아이가 널 따라가긴 어렵지 않겠어? 성장 환경이 바뀌는 건 아이한테도 좋지 않잖아. 게다가 나는 집이 있지만, 넌 무주택자고."

남편과 변호사의 매서운 추궁에 아내는 고개를 숙인 채 아무 말도 하지 못했다.

판사가 물었다.

"이의 있으신가요?"

그제야 그녀는 천천히 고개를 들고 작은 목소리로 말했다.

"오늘이 제 생일인데, 말 좀 부드럽게 해 줄 수 없나요?"

나는 이 이야기를 듣고 마음이 몹시 무거웠다.

또 다른 변호사 친구는 나의 관념을 완전히 뒤흔드는 이야기를 들려주었다.

중국에서는 이혼 소송에서 아이가 8세 이상이라면 부모 중 한 명을 선택할 권리가 있다. 우리는 보통 아이가 엄마를 선택할 거로 생각하지만, 현실은 다르다. 친구가 말했다.

> "이 말이 냉정하게 들릴 수도 있지만, 아이는 순전히 감정에만 의존하지 않아. 어린 동물이 생존 본능으로 더 나은 환경을 선택하듯, 경제적으로 안정된 쪽을 택하는 경우가 많아. 아이들은 놀랍도록 이성적이지. '엄마랑 살면 엄마가 경제적으로 힘들어지고, 내가 엄마를 더 힘들게 할 거예요'라고 말하는 아이들도 있어."

씁쓸하고도 마음 아픈 현실이었다. '아이만 있으면 나머지는 다 필요 없다'라며 끝까지 버티는 엄마들의 심정은 어떠할까.

친구는 덧붙였다. "여성의 경제력은 이혼에서 어떤 위치를 차지하는지와 직결돼. 능동적이냐, 수동적이냐의 차이야. 경제력이 충분하고, 자신의 삶을 이끌 수 있다고 믿는 여성은 결혼의 실패를 당당히 마주할 수 있어. 하지만 자신감이 부족하면, 수입이 있어도 '조금 더 미루자, 성급하게 결정하지 말자'라며 망설이는 편이야. 그사이 상대는 모든 준비를 끝내고 일방적으로 이혼을 통보하지."

내가 물었다.

"남성과 여성이 이혼을 대하는 태도에 차이가 있어?"

친구는 단호하게 답했다.

> "남성은 이혼을 결정할 때, 처음의 동기가 무엇이든 결국 자신의

발전과 미래를 고민해. 반면 여성은 이혼이 자신에게 미칠 사회적 평가에 더 신경 쓰지. 남성에게 결혼과 가정은 인생의 한 목표일 뿐이지만, 여성에게는 삶 그 자체고 감정을 온전히 쏟아붓는 대상이야."

정곡을 찌르는 말이었다.

✱ 결혼의 존엄은 타인이 부여하는 것이 아니라 스스로 만들어 가는 것이다.
때로는 경제력으로, 때로는 합의로, 때로는 공감으로,
그리고 때로는 좋은 사람을 만나는 행운으로 말이다.

099 인간은 얼마나 복잡해질 수 있는가
_ 첫 번째 이야기

○
●

가명: 쉬훼이

나이: 32세

직업: 회사원

인터뷰 일시: 2018년 10월 16일, 화요일

도시: 중국 정저우

쉬훼이가 호텔 로비에 들어서는 순간, 나는 직감적으로 그녀가 웨이신에서 오랫동안 대화를 나눈 상대임을 알아챘다. 그녀의 프로필 사진은 평범한 꽃 한 송이였고, 친구 목록에도 눈에 띄는 흔적이 없었다. 대화는 늘 직설적이고 속도감 있게 흘렀지만, 그런 성격이라면 보통 SNS에서도 두각을 드러낼 법한데 쉬훼이는 정반대였다. 오히려 자신을 드러내지 않으려는 듯, 극도로 절제된 태도를 보였다.

연한 회색 바지에 꽃무늬 실크 블라우스, 먼지 한 톨 없이 깔끔한 중간 굽의 회색 가죽 구두, 그리고 그에 완벽히 어울리는 핸드백까지. 그녀의 세련된 취향이 그대로 묻어났다. 긴 머리는 단정히 올려 묶었고, 마른 체형과 큰 키, 또렷이 드러나는 뼈의 윤곽이 강렬한 인상을 남겼다. 그녀를 바라보

는 순간, 문득 이런 생각이 스쳤다.

'이 사람은 분명 많은 것을 감내하며 살아왔겠구나.'

나는 손을 내밀며 말했다.

"안녕하세요, 쉬훼이 씨. 저는 샤오이입니다."

그녀는 가볍게 손을 맞잡으며 따뜻한 미소로 화답했다. 처음 만난 사이의 어색한 공기가 잠시 감돌았다. 그런 순간을 깨듯, 그녀가 먼저 입을 열었다.

"자신의 감정을 털어놓으러 오는 사람들이 많나요?"

나는 부드럽게 웃으며 대답했다.

"네, 그런 편이죠. 그걸 들어 주는 게 제 일의 일부이기도 하고요. 이야기하다가 불편하시면 멈추셔도 됩니다. 정해진 시간은 두 시간이지만, 미처 다하지 못한 이야기가 있으면 언제든 메시지 주세요."

그녀는 잔에 담긴 홍차를 한 모금 마신 뒤, 자세를 살짝 고쳐 앉으며 내 쪽으로 몸을 기울였다.

"제가 먼저 연락을 드린 거잖아요. 숨길 건 없어요."

그렇게 쉬훼이의 이야기가 시작되었다. 그녀는 마치 오래전부터 준비해 온 사람처럼, 한 치의 막힘도 없이 자신의 이야기를 풀어냈다.

지금부터는 쉬훼이의 일인칭 시점으로 이야기를 이어 가고자 한다.

1

그날은 내 인생에서 결코 잊을 수 없는 날이었다.

남편을 병원에 데려가 CT를 찍은 날, 알파피토단백[AFP] 검사에서 양성 반응이 나왔다. 의사는 술과 담배를 끊지 않으면 간경화나 간암으로 악화할 수 있다고 단호히 경고했다. 그 말이 계속 마음에 걸려 남편을 재촉해 병원을 다시 찾았다.

우리는 결혼한 지 5년이 넘었고, 아이는 이제 네 살이었다. 영업부장으로 능력을 인정받던 남편은 업무상 잦은 술자리를 피할 수 없었고, 어느 순간부터 건강에 적신호가 켜졌다.

우선 일반 CT를 찍었다. 잠시 후, 병원에서 일하는 친구가 나를 조용히 불러냈다.

"조영제 CT를 추가로 찍는 게 좋겠어."

순간 심장이 내려앉으며 다리가 후들거렸다. 친구를 붙잡고 물었다.

"뭐가 문제야?"

친구는 조심스럽게 말했다.

"상태가 썩 좋지 않아. 조영제 CT까지 찍어 보고 다시 얘기하자."

눈물이 차오르는 걸 꾹 참으며 멀리서 남편을 바라봤다. 연애 시절이나 신혼 때처럼 친밀하진 않았지만, 우리는 가족이었다. 그 순간 깊은 두려움이 밀려왔다.

남편은 팔에 조영제를 맞고 검사를 시작했다. 한 시간쯤 지났을까, 친구에게서 전화가 왔다.

"결과 나왔어. 오른쪽 간에 큰 검은 음영이 보여. 간암 말기야."

머릿속이 윙윙거리며 친구의 말도 제대로 들리지 않았다. 간신히 몇 마디만 희미하게 들렸다.

"간암은 암 중에서도 치명적이고, 발견도, 치료도 어려워. 치료법은 수술, 방사선, 항암, 간 이식 네 가지야. 근데 수술 시기는 이미 놓쳤고, 방사선이나 항암을 해도 큰 차도 없이 환자만 힘들 거야. 경제적으로 여유가 있다면 간 이식을 생각해 볼 수 있지만, 그것도 쉽지 않아. 기증자가 있어야 하고, 이식 후 간이 살아남아야 하고, 거부 반응도 문제야."

사실상 시한부 선고였다.

언제 정신을 차렸는지조차 기억나지 않는다. 머릿속이 너무 혼란스러웠다.

이미 이렇게 됐는데, 남편에게 숨긴다고 달라질 게 있을까? 어떻게 말을 꺼내야 하지?

'자기야, 간암 말기래. 남은 시간은 길지 않대.'

이렇게 담담히 말해야 하나? 남편은 어떤 반응을 보일까? 앞으로 우리는 뭘 해야 할까?

병원에서 이런 얘기를 꺼낼 순 없었다. 일단 집으로 돌아가야겠다고 생각했다. 남편에게 어떻게 말할지 고민할 시간도 필요했다.

집으로 가는 길, 남편은 평소처럼 운전했고, 나는 평소와 달리 말이 없었다.

나는 원래 직설적이고 감정을 숨기지 못하는 성격인데, 그는 세일즈 일을 오래 해 온 덕에 상대의 말투와 행동을 빠르게 읽는 사람이었다. 아마 내가 어딘가 이상하다는 걸 이미 눈치챘을지도 모른다.

아파트 입구에 도착했을 때, 문득 단지 안에 우뚝 선 향나무가 눈에 들어왔다. 순간, 우리가 이 집을 처음 구하던 때가 떠올랐다.

그때 우리는 형편이 넉넉지 않아 좋은 동네는 꿈도 못 꿨지만, 아파트 구조와 은은히 퍼지는 향나무 냄새가 마음에 들었다. 그날, 남편이 내 뺨에 입을 맞추며 말했다.

"돈 걱정하지 마. 좋은 남편이 돼서 널 행복하게 해 줄게."

그 후, 자존심 강한 그가 친구에게 돈을 빌려 집을 장만했다.

결혼 후 우리는 열심히 살았다. 남편은 꾸준한 승진으로 안정적인 삶을 일궜고, 나도 회사 재무부장으로 일하며 가정을 잘 돌봤다. 모든 게 좋아졌다. 좋은 학군으로 이사한 아이는 우리의 기대에 부응해 열심히 자신의 미래를 준비했다.

차 안에서 친구로부터 들은 말들을 곱씹다 보니 나도 모르게 눈물이 흘렀다. 그러자 남편이 먼저 입을 열었다.

"결과가 안 좋구나. 울지 마, 집에 가서 얘기하자."

아이가 생긴 뒤로 우리 삶은 때론 시끌벅적했고, 때론 고요했다. 시끄러움은 아이가 끊임없이 만들어내는 작은 소동 때문이었고, 고요함은 삶이 그런 흐름으로 흘러간 탓일 터였다.

평온함이 행복이라면, 우리는 분명 행복했다.

하지만 그 행복은 한순간에 산산이 부서졌다.

집에 도착한 뒤, 한참을 망설이다가 남편에게 CT 결과지를 건넸다. 그는 소파에 앉아 손으로 머리를 감싸 쥔 채, 아무 말 없이 다리를 떨었다. 그러더니 갑자기 벌떡 일어나 화장실로 뛰어갔다. 문이 잠기는 소리, 곧이어 들려오는 거친 구토 소리, 그리고 억눌린 울음. 그 순간, 남편을 향한 연민이 가슴 찢어질 듯 밀려왔다.

그때, 테이블 위에 놓인 남편의 휴대폰이 짧게 울렸다. 무심코 화면을 보니 메시지가 떠 있었다.

"자기야, 병원 잘 갔다 왔어? 보고 싶어."

순간 정신이 아득해졌다. 지금까지 그의 전화를 들여다본 적은 없었는데, 이번엔 나도 모르게 손이 갔다. 비밀번호를 풀어 보려 했지만, 남편의 생일도, 아들의 생일도 아니었다. 그러다 문득 우리 아파트 동호수를 입력해 보았다.

잠금이 풀렸다.

화면 속에는 젊은 여자의 사진이 떠 있었다. 긴 머리, 부드러운 표정, 그윽한 눈빛. 순간, 오래전 남편이 했던 말이 생각났다.

"좋은 남편이 돼서 널 행복하게 해 줄게."

어쩌면 그 말은 바로 이런 여자를 위한 것이 아닐까. 나는 이제 그런 말을 들을 만큼 어리지도, 여리지도 않은 사람이 되어 있었다.

나는 남편과 그 여자 사이의 대화를 넘겨 보기 시작했다. 그러다 알게 되었다. 스물다섯 살쯤 된 그녀는 남편과 같은 회사에 다니고 있었고, 두 사람은 매일 스킨십을 자연스럽게 나누는 진한 사이라는 사실을….

남편은 출장 외엔 외박한 적이 없었고, 아들에게는 언제나 다정하고 인내심 많은 아버지였는데 말이다.

그가 언제 화장실에서 나왔는지 모르겠지만, 휴대폰을 들고 서 있는 나를 보고 얼어붙은 듯 멈춰 있었다.

이야기를 풀어내는 동안 쉬훼이는 놀라울 정도로 담담했다. 표정 하나 흔들리지 않은 채, 마치 차분한 뉴스 진행자처럼 건조하게 말을 이어 갔다. 보통 과거의 사랑을 떠올리면 얼굴에 생기가 돌기 마련인데, 쉬훼이는 달랐다. 그녀에게 그 시절은 그저 기억 속 한 조각일 뿐, 더 이상 감정을 흔드는 이야기가 아닌 듯했다. 오히려 다음 이야기로 빨리 넘어가고 싶은 기색이 역력했다.

쉬훼이는 잠시 말을 멈추더니 깊은 생각에 잠겼다. 나 역시 그녀를 방해하지 않으려 조용히 기다렸다. 우리 사이에는 길고도 고요한 침묵이 흘렀다. 그녀는 손에 든 찻잔을 천천히 돌리며 허리를 곧게 세우고 입술을 살짝 깨물었다. 그러다 문득 알 수 없는 희미한 미소를 지었다.

"작가님, 저는 이 모든 걸 마음속으로 수없이 되뇌어 봤어요. 그런데도 여전히 속이 뒤틀리고, 금방이라도 토할 것 같아요. 시간이 이렇게나 흘렀는데도 상처는 아물지 않네요. 물론 저도 그 사람에게 상처를 줬다고 욕하는 사람도 있겠지만…."

그녀는 찻잔을 내려놓고 창밖으로 시선을 던졌다. 먼 곳을 바라보는 그녀의 눈빛은 텅 비어 있었다. 곧이어 그녀는 다시 이야기를 이어 갔다.

2

"우리 치료받자. 그 여자, 이제 끊어."

나도 모르게 이 말이 튀어나왔다.

내 목소리가 낯설게 들렸다. 마치 다른 누군가의 입을 빌린 듯, 공허하고 침울한 울림이었다.

남편은 말없이 옆에 앉아 있다가 한참 뒤에 입을 열었다.

"이제 와서 치료가 무슨 소용이겠어. 내가 약값이라도 보험으로 되는지 알아볼게. 당신하고 민석이에게 부담 주기 싫어."

남편은 내 손에 든 휴대폰을 가져가며 나지막이 말했다.

"그리고… 앞으로 내 휴대폰은 보지 말아 줄래?"

나는 담담하게 대답했다.

"당신이 그 여자를 삭제하면, 보지 않을게."

그는 잠시 침묵하더니 낮은 목소리로 말했다.

"같은 회사 직원이야."

나는 속에서 치밀어 오르는 분노를 꾹 눌러 삼키며 말했다.

"단순한 회사 직원이 아니잖아."

남편은 휴대폰을 내려다보다가 갑자기 세게 내던지려는 듯 손을 치켜들었다. 하지만 그 손은 허공에서 멈췄고, 대신 테이블 위의 컵을 집어 들더니 바닥에 힘껏 내동댕이쳤다.

유리 조각이 산산이 부서져 사방으로 튀었고, 날카로운 파편 몇 개가 내 다리에 박혔다. 그 컵은 결혼할 때 친구가 선물해 준 것이었다. 우리 둘만을 위한 커플 컵이라 늘 아껴 쓰던 물건. 그는 그 소중한 컵을 산산조각 내버렸다. 휴대폰을 지키려 했던 걸까. 아니면 그녀를 지키려 했던 걸까.

나는 말없이 일어나 청소기를 찾으러 가며 조용히 중얼거렸다.

"당신 아프니까, 다 용서해 줄게."

나는 깨진 유리 조각을 구석구석 깨끗이 청소했다. 네 살 된 아이가 바닥에 앉아 노는 걸 좋아했기에 혹여나 다칠까 봐 신경이 쓰였기 때문이다.

남편의 병세는 예상보다 훨씬 심각했다. 종양은 이미 11.6cm까지 자라 있었고, 치료 시기를 놓친 상태였다. 병원에 입원한 지 사흘째 되던 날, 친구가 조용히 다가와 말했다.

"입원해도 큰 의미 없어. 그냥 집에 있는 편이 나을 거야. 남은 시간이 그리 많지 않거든. 길어야 3개월에서 6개월 정도야."

친구는 내 등을 토닥이며 덧붙였다.

"남편한테 잘해 줘. 가족을 진심으로 아끼는 사람이잖아. 예전에도 말했지만, 큰 효력 없는 약물은 쓰지 마. 남은 돈은 살아 있는 사람을 위해 써야 해. 병에 걸리면 본성이 드러난다는데, 네 남편 정말 괜찮은 사람이야."

나는 속으로 씁쓸하게 웃었다.

'그래, 그 사람. 정말 괜찮은 사람이었지.'

남편의 외도가 밝혀진 후에도 우리는 아무 일 없었던 것처럼 일상을 이어 갔다. 그는 여느 때처럼 출근했고, 나도 아이를 돌보며 회사에 다녔다. 부모님께 어떻게 말씀드려야 할지 결정하지도 못한 채 하루하루를 버텼다. 그리고 매일 밤 잠들기 전, 그는 말없이 내 손을 잡았고, 나도 그 손을 뿌리치지 않았다. 하지만 손을 맞잡으면서도 내 안에 사랑이 남아 있는지는 확신할 수 없었다. 책임감이라는 무거운 감정만 선명히 남아 있을 뿐이었다. 하지만 아무리 책임감이 강하다 해도 그의 불륜까지 받아들일 수는 없었다. 설령 그가 간암 말기라 해도.

집으로 돌아오는 길, 조수석에 앉아 있던 남편의 휴대폰이 울렸다. 그는 당황한 듯 황급히 전화를 끊었다.

나는 차를 길가에 세우고 조용히 말했다.

"방금 그 전화, 그 여자야? 당신 휴대폰 좀 볼 수 있을까?"

남편은 말없이 휴대폰을 움켜쥔 채 시선을 피했다. 나는 휴대폰을 빼앗으려 했고, 그가 저항하자 온 힘을 다해 그의 손목을 비틀며 눈물을 삼켰다.

결국 그는 힘을 풀고 조용히 휴대폰을 내밀었고, 여전히 진행 중인 그녀와 남편의 다정한 대화는 내 마음을 갈가리 찢어 놓았다.

남편이 한숨을 내쉬며 입을 열었다.

"여보, 사실 암 진단을 받고 나서 이 관계를 정리하려 했어. 그런데 그녀가 울면서 묻더라. 시간이 얼마 안 남았는데 왜 사랑까지 끝내야 하냐고. 솔직히 나도 미련이 남았어. 오랜 시간 함께 일하며 쌓인 감정이 이렇게까지 흘러왔어."

그는 잠시 숨을 고르더니 덧붙였다.

"난 치료 대신 당신이랑 민석이한테 조금이라도 돈을 더 남겨 주고 싶어. 부모님은 직장이 안정적이니 노후 걱정은 없을 거야. 시간 날 때 가끔 찾아뵙기만 해 줘."

그는 내 얼굴을 바라보며 힘겹게 말했다.

"만약 네가 재혼을 원한다면, 민석이를 부모님께 맡겨도 괜찮아."

숨이 턱 막혔다. 죽음을 앞두고 나니 이제야 솔직해진 걸까.

"그녀는 겨우 스물다섯이야. 내가 이렇게 된 상황에서 더 이상 그녀를 괴롭히고 싶지 않아. 우린 그저 서로를 위로하고 있을 뿐이야."

그 순간, 모든 게 무너져 내리는 것 같았다. 나는 차갑게 쏘아붙였다.

"단 한 번이라도 내 마음을 생각해 본 적 있어? 남편이 암에 걸렸다는 사실과 불륜을 동시에 알게 된 내 심정을 이해하긴 해? 나는 당신 치료법을 찾으려 애쓰고, 부모님께 어떻게 말할지 고민하며 매일 아이를 돌봤어. 당신 휴대폰을 보고도 아픈 게 더 걱정돼서 차마 비난하지도 못했어. 그런 당신은 단 한 번이라도 나를 아내로서 진심으로 아껴 본 적 있어?"

차 안은 무거운 침묵으로 가득 찼고, 내 뺨에는 주체할 수 없는 눈물이 흘러내렸다. 나는 떨리는 목소리로 말했다.

"이제 더는 숨길 수 없어. 부모님께 다 말씀드리자."

부모님 네 분이 거실에 둘러앉았다. 시어머니는 이디 눈물범벅이었고, 시아버지는 그런 아내를 힘겹게 부축하고 있었다. 친정 부도님은 아무 말 없이 멍한 얼굴로 앉아 계셨다.

나는 담담하게 입을 열었다.

"이 사람이 암이라는 걸 알게 된 날, 그의 불륜 사실도 알게 됐어요. 하지만 그는 그 관계를 끝낼 생각조차 없었죠."

남편이 벌떡 일어나 소리쳤다.

"아니, 당신, 왜 그런 말까지 해?"

나는 그의 눈을 똑바로 바라보며 단호하게 말했다.

"이제 숨길 필요 없잖아. 엄마, 아빠. 저 이 사람과 이혼하고 싶어요. 병 때문이 아니라, 남편이 그 여자와의 관계를 끝낼 생각이 없기 때문이에요. 저는 남편을 간호하면서 그가 다른 여자와 사랑을 나누는 모습을 지켜볼 수 없어요."

시어머니가 울음을 멈추고 날카롭게 쏘아붙였다.

"지금 네 남편이 이 지경인데, 빨리 죽기라도 바라는 거야?"

나는 흔들림 없이 응수했다.

"저는 그저 평범한 여자예요. 남편이 아프다고 해서 불륜까지 묵인하며 참아야 하나요? 회사에서 십 원 한 푼까지 따지며 일하는 것도 벅찬데, 집에 와서까지 이런 감정을 떠안을 힘은 없어요."

친정 엄마는 믿기지 않는다는 얼굴로 남편을 추궁했다.

"자네 정말 바람피웠어? 이 상황에서 어떻게 그럴 수가 있어?"

남편은 아무 말 없이 고개를 숙였다.

친정 엄마는 배신당한 딸을 걱정했고, 시어머니는 병든 아들을 걱정했다. 결국, 부모란 자신이 더 동정해야 할 사람을 선택하는 법인가 보다. 서로의 감정이 엇갈린 채, 집안은 순식간에 아수라장이 되었다.

그 순간, 남편과 눈이 마주쳤다. 아이러니하게도, 정작 당사자인 우리 둘이 가장 조용했다.

결국 그는 내가 제시한 해결책에 동의했다.

지금 살고 있는 집은 내가 갖고, 모든 현금과 예금은 그가 가지기로 했다. 아이는 내가 키우기로 했다. 헤어지는 날, 그녀가 나타났다. 더 이상 숨길 필요가 없어진 남편은 그녀와 스스럼없이 다정한 모습을 보였다. 시부모님도 오셨지만, 나 같은 매정한 여자는 이제 안중에도 없는 듯했고, 일부러 그녀에게 더 친절히 대했다.

떠나기 전, 시어머니가 내게 말했다.

"중병인 걸 알면서도 옆에 있어 주는 게 쉽지 않아, 얼마나 착하니, 사람은 착해야 해."

나는 씁쓸하게 웃으며 아무 말도 하지 않았다.

그렇다, 그녀는 착했다. 하지만 나는 그렇게 순수한 사랑을 할 상황이 아니다. 내가 겪어야 할 것은 지독한 현실이다.

3

우리는 아이가 어린 나이에 이별을 겪지 않길 바랐다.

그래서 별거 초반에는 아빠가 출장을 갔다고 했고, 나중엔 몸이 안 좋아 쉬어야 해서 다른 집에서 아줌마가 돌봐준다고 설명했다.

아이를 아빠에게 데려다줄 때마다, 그 집엔 시부모님과 남편, 그 여자가 마치 한 가족처럼 함께 있었다. 만약 그의 병만 아니었다면, 그들은 아마 더 행복했을지도 모른다.

남편의 몸은 점점 더 안 좋아졌다. 배가 단단한 공처럼 부풀어 오르고, 극심한 통증이 계속됐다. 하루에도 수십 번씩 화장실을 들락거렸고, 밤에는 두 시간 이상 잠을 자지도 못한다고 했다.

그의 병세가 악화할수록, 그 여자의 헌신과 나의 냉담함이 더욱 선명하게 대비되었다. 나는 '피도 눈물도 없는 전처'가 되었고, 남편은 '정 깊은 남편이자 연인'이 되었으며, 우리 가정을 파탄 낸 그 여자는 동정을 받아 마땅한 '착한 여자'가 되었다.

남편의 병과 죽음은 그의 외도를 미화했다. 배신과 파국의 이야기가 어느새 가슴 뭉클한 서사로 바뀌어 있었다. 나는 묻고 싶었다. 아픈 사람을 넉 달 동안 간호하는 게 힘든 일이라면, 혼자 아이를 키우는 건 쉬울까? 배신을 견디며 살아가는 건 쉬울까?

남편이 떠나던 날, 나는 아이를 병원에 데려가 마지막 인사를 나누게 했다. 하지만 나는 병실에 들어가지 않았다.

그날, 세상을 떠난 건 남편만이 아니었다. 내 옛사랑, 가정, 그리고 한 사람에 대한 신뢰도 함께 무너졌다. 그 후로 사람들의 시선이 두려워졌다. 내 가치관이 손가락질받을까 봐 SNS에도 글을 올리지 않았고, 친구들과의 만남도 피했다.

오직 회사 업무와 육아에만 몰두하며 살았다.

그의 묘지를 단 한 번도 찾지 않았다. 남편의 마지막 순간은 날 선 칼날처럼 우리의 과거와 추억을 단숨에 잘라냈으니까.

하지만 아이가 그곳에 가는 건 막지 않았다. 아이는 묘지에 갔다 돌아올 때마다 미안한 표정으로 나를 바라봤다.

"아빠를 만나러 가면 엄마를 배신하는 것 같고, 안 가면 양심 없는 아이가 되는 것 같아."

나는 사실 아무렇지도 않았다. 그래서 아이에게 이렇게 말했다.

"엄마는 어른이고, 너는 아이야. 죄책감 가질 필요 없어. 엄마는 다 이해해. 그리고 엄마는 네가 어떤 선택을 하든 언제나 사랑해."

인터뷰하는 지금, 그 일로부터 벌써 5년이 흘렀다.

쉬훼이는 여전히 혼자고, 열 살이 된 아이는 밝고 행복하게 자라며 엄마와 좋은 관계를 유지하고 있었다.

나는 쉬훼이에게 물었다.

"혹시 재혼할 생각 있어요?"

그녀는 담담하게 대답했다.

"아니요, 전혀요."

100 인간은 얼마나 복잡해질 수 있는가
_ 두 번째 이야기

○
●

| **가명**: 샤잉
| **나이**: 32세
| **직업**: 교사
| **인터뷰 일시**: 2018년 6월 20일, 수요일
| **도시**: 중국 선양

    샤잉은 키가 크고 호탕한 북방 여인의 전형적인 이미지와는 사뭇 달랐다. 그녀는 작고 가냘픈 몸집에 부드러운 표정, 맑고 경쾌한 목소리를 가졌다. 사투리 없는 깔끔한 표준어를 구사했고, 말투는 조금 빠르면서도 자연스러웠다. 옷차림은 유행보다는 소재와 디테일에 신경 쓴 듯했고, 장신구는 거의 착용하지 않았다. 다만 왼손 약지의 소박한 결혼반지와 왼쪽 손목의 고급스러운 시계만이 조용히 존재감을 내비쳤다.

    샤잉은 말을 시작하기 전, 늘 온화한 미소를 지었다. 예의 바르면서도 지나치게 격식을 차리지 않는 태도와 사람을 편안하게 만드는 적당한 거리감이 돋보였다. 그래서였는지, 그녀의 직업은 굳이 묻지 않아도 짐작할 수 있었다. 규칙적이고 안정적인 일, 교사나 공무원의 분위기가 자연스럽게 풍겼다.

나를 처음 본 순간, 그녀는 낯설지 않다고 했다. 평소 내 글을 자주 읽다 보니 처음 만나는 느낌이 아니라 오랜 친구를 다시 만난 듯하다고 말했다. 그 말에 담긴 진심 어린 따뜻함이 나를 잠시 머쓱하게 했다.

이제부터는 샤잉의 일인칭 시점으로 이야기를 이어 가고자 한다.

1

나와 남편은 서로의 첫사랑이자, 결혼 상대다.

열여덟 살에 처음 만난 우리는 6년을 연애했고, 이후 8년을 부부로, 또 6년을 부모로 함께하며 어느덧 14년의 세월이 흘렀다.

누군가 "행복하세요?"라고 묻는다면, 나는 주저 없이 행복하다고 대답할 것이다.

그리고 "지겹지 않아요? 다른 남자에게 호기심이 생기지 않나요?"라고 묻는다면, 겉으로는 아니라고 하겠지만, 속으로는 다른 마음을 품을지도 모른다. '당연히 지겹죠. 당연히 궁금하기도 하고요'

이런 마음은 누구나 느끼는 인간의 본성 아닐까?

지금 손에 쥔 작은 행복에 온전히 만족하기란 쉽지 않다. 특히 남편과 다투기라도 하면 그런 생각이 더 커진다. '다른 사람과 함께였다면 어떤 삶을 살았을까? 그를 안 만났다면 내 인생은 어디로 흘렀을까?' 그런 상상이 머릿속을 스치며 잠시나마 나를 흔들 때가 있다.

나는 평범한 가정에서 자랐다. 교사인 엄마, 공무원인 아빠 밑에서 어릴 때부터 "공부 열심히 하고 착하게 살아라"라는 말을 귀에 못이 박이게 들으며 자랐다. 연애에 대한 유일한 조언은 "너무 일찍 연애하지 말아라" 정도였다.

그러다 대학에 들어가자마자 지금의 남편을 만났다. 같은 학교 동기였던 그는 철학을, 나는 역사학을 공부했다. 우리는 서로의 첫사랑이었다. 그에게 나는 처음으로 마음을 열어 준 상대였는데, 사실 나는 거절할 줄 몰라 그 마음을 받아들였던 것이다. 그때의 설렘이 어땠는지, 그게 진짜 사랑이었는지 솔직히 잘 모른다. 그 시절의 나에게 사랑은 새롭고 두근거리는 감정, 그 이상도 이하도 아니었다.

사람들은 여자가 특정 남자를 사랑한다고 생각하지만, 꼭 그렇지만은 않다. 때로는 사랑이라는 감정 자체를 사랑하는 경우가 더 많다. 남자는 그 사랑을 담는 그릇일 뿐이다. 그 사람이 아니었다 해도 나는 또 다른 누군가를 사랑했을지도 모르고, 그 차이는 생각만큼 크지 않았을지도 모른다

우리 둘은 평범한 가정에서 자란 평범한 남녀였다. 그래서인지 드라마처럼 극적인 일은 일어나지 않았다. 대학을 졸업한 뒤, 나는 대학원에 진학해 상담교사가 되었고, 그는 공무원 시험에 합격해 차근차근 경력을 쌓아 갔다. 양가 부모님의 도움을 받아 집을 마련했고, 결혼하고 아이를 낳으며 어느덧 안정적인 삶을 살아가는 부류가 되었다.

가끔 이런 생각을 한다. 훗날 늙어서 회고록이라도 쓴다면, 내 인생 이야기는 한 페이지로도 충분할 거라고. 열정적인 사랑이나 영화 속 로맨스에 비하면, 우리의 연애와 결혼은 그저 평범함 그 자체였다.

2

이런 내가 '바람피우고 싶다'는 생각을 하게 될 줄은 꿈에도 몰랐다.

어느 날 친구들과 모여 수다를 떨다가, 누군가 한 네티즌이 쓴 글을 화제로 꺼냈다. 제목은 〈여자가 평생 몇 명의 남자와 자야 '충분하다'고 할 수 있을까?〉였다. 거기에 적힌 기준은 이랬다.

0명 = 헛살았다

1명 = 손해다

2~3명 = 유교적이다

4~6명 = 보통이다

7~10명 = 본전이다

11~15명 = 지나치게 개방적이다

그 이야기를 듣는 순간, 마음속에 묘한 파문이 일었다. 나는 지금까지 단 한 명뿐인데, 그게 '손해'라는 걸까? 문득 그런 생각이 스치며, 평생 한 사람만 사랑하며 사는 게 과연 충분한 인생인지 자문하게 되었다.

친구들은 농담처럼 자기 인생이 '손해'와 '유교' 사이 어디쯤이라며 웃어넘겼다. 겉으로는 모두 평범한 행복 속에 사는 듯했지만, 마음 깊은 곳에는 아쉬움과 불만이 숨어 있었다. 결혼이라는 제도는 참 묘하다. 사랑의 안정감을 단단히 지켜 주면서도, 때로는 그 안정감을 깨부수고 싶은 충동을 은근히 부추기니까.

그런데 뜻밖에도, 얼마 지나지 않아 그 안정감을 흔들어 놓을 상대가 나타났다.

대학 시절 과 대표였던 친구가 내가 있는 선양으로 출장을 온다고 해서 오랜만에 동기들이 모였다. 밥을 먹다가 누군가 내게 농담처럼 말했다.

"네 남편이 너를 일찍 찜하지 않았다면, 아마 과 대표 저 녀석이 너를 쫓아다녔을걸."

농담이었지만, 그 말을 듣는 순간 마음이 묘하게 흔들렸다. 문득 그의 눈빛을 보니, 나와 같은 감정을 품고 있는 듯했다. 그 감정이 아쉬움인지, 기대감인지 정확히 정의할 수는 없었지만, 마음속에서 분명 무언가가 일렁이고 있었다.

식사가 끝난 뒤, 나는 그를 호텔까지 태워 주기로 했다. 차 문을 열고 조수석에 자연스럽게 앉는 그의 모습을 보자 기분이 좀 이상했다. 그 자리는 늘 남편의 전용 자리였으니까. 원래 낯선 사람, 특히 이성과의 거리가 80cm 안으로 좁혀지는 걸 매우 불편해하던 내가 그날은 아무렇지 않게 차를 몰기 시작했다.

그가 나지막이 입을 열었다.

"오랜만에 선양 구경 좀 할 수 있을까? 어디든 상관없어."

나는 말없이 핸들을 돌렸다. 그의 존재감, 그의 숨결이 묘하게 나를 취하게 했다. 담배나 술 냄새가 아닌, 맑으면서도 묵직한, 남성 특유의 관능적인 향이었다. 문득 그런 생각이 스쳤다. 남녀 사이의 첫 끌림은 외모나 몸매, 경제적 조건이 아니라, 몸에서 풍기는 그 향기에서 비롯되는 게 아닐까?

그의 향기는 나를 긴장시키면서도 편안하게 했고, 설레게 하면서도 부끄럽게 했으며, 불안하면서도 기대하게 했다. 사랑이라고 부를 순 없어도, 분명 마음이 흔들리는 순간이었다. 그 찰나, 나는 더 이상 평범함에 갇힌 내가 아니었다.

대화는 뜨겁고도 물 흐르듯 자연스럽게 이어졌다. 하지만 나는 그 분위기에 너무 깊이 빠져들지 않으려 애썼다.

밤 11시쯤, 나는 그를 호텔 앞에 내려 주었다. 차에서 내린 그는 내 쪽으로 다가와 손을 내밀며 말했다.

"오늘 잘 대접해 줘서 고마워."

내가 잠시 망설이다가 손을 내밀자, 그는 내 손을 살짝 힘주어 잡았다.

"다음엔 내가 너를 대접할 기회를 줘."

'다음'이라는 단어에 심장이 철렁 내려앉았다. 그 의미를 깊이 곱씹을 용기가 나지 않아, 나는 급히 액셀을 밟고 호텔을 떠났다.

집에 도착하니 고요한 집 안에서 남편이 미리 켜 둔 불빛만이 은은하게 나를 맞이했다. 그 불빛 아래 한참 앉아 마음을 가라앉힌 뒤, 씻고 침대에 누웠다. 하지만 그날 밤, 좀처럼 잠들지 못했다.

3

그날 이후, 내 일상에는 작은 변화가 찾아왔다. 매일 아침 7시면 그가 문자로 "좋은 아침!"이라는 인사를 보내왔다. 우리는 그날의 일상, 기분, 재미있는 이야기를 나누기 시작했다. 나와 그의 거리는 물리적으로 멀리 떨어져 있었지만, 심리적 거리는 점점 좁혀졌다. 어느새 그는 내 삶에 깊이 자리 잡았고, 나도 모르게 그의 관심에 기대게 되었다.

누군가 말했다. 결혼을 무너뜨리는 것은 사랑의 소멸이 아니라 관심의 이동이라고. 결혼 후에는 집안일, 아이, 직장, 부모님 문제로 삶이 채워지면서, 부부는 더 이상 사랑으로 얽힌 연인이 아니라 문제를 함께 해결하는 동료나 파트너가 된다. 서로에 관한 관심도 애정이 아닌 현실적인 필요에서 비롯되고, 심지어 섹스조차 감정의 교감이 아니라 단순한 욕구 해소로 변해 간다.

가정이 경제적 단위로만 남고 감정의 연결이 끊기면, 우리는 그저 일상에 대응하는 존재가 될 뿐, 마음을 나누며 서로를 보듬지 못한다. 그러면 사람은, 특히 여자는 깊은 상실감을 느낀다.

어느 날, 그가 이런 제안을 해 왔다.

"봄꽃이 한창이네. 우리 중간쯤 되는 도시에서 만날까? 우한도 좋겠다. 우한에 벚꽃 보러 가자."

출장조차 드문 나는 가슴이 덜컥 내려앉았다. 나는 그동안 너무 FM대로 살았다. 편안하고 안정적이지만, 지루하고 무미건조했다. 그런 무료한 날들 속에서 '사람 좋은 척, 착한 척만 하며 살고 싶지 않다'라는 충동이 서서히 피어올랐다. 한 번쯤, 정말 단 한 번만이라도 내 마음이 이끄는 대로 살아 보고 싶었다.

나는 그의 메시지에 선뜻 답하지 못하고 하루 종일 고민하다가, 저녁 무렵 퇴근 직전에 짧게 한 마디를 보냈다.

"좋아."

그는 즉시 답장을 보냈다.

"내가 다 준비할게!"

곧이어 항공권, 호텔, 일정 정보가 연달아 도착했다. 그리고 방 두 개를 예약했다는 그의 말에 순간 안도의 한숨이 새어 나왔다.

나는 신뢰도 100%의 성실한 직원이자 좋은 아내, 좋은 엄마였다. 그래서 우한에 간다는 핑계를 만드는 건 생각보다 쉬웠다.

남편은 굳이 휴가까지 내서 공항에 데려다주겠다고 했다.

출발 전날 밤, 남편은 평소보다 일찍 퇴근해 함께 저녁을 먹고 짐을 챙겼다. 고작 3일 떠나는 건데 내가 혹시 길이라도 잃을까 봐 이런저런 잔소리를 늘어놓았다. 불빛 아래에서 남편이 내 가방 속 자잘한 물건들을 꼼꼼히 챙기는 모습을 보니 머릿속이 복잡해졌다.

'그냥 가지 말까? 가다가 감당 못 할 일이라도 생기면 어쩌지?'

사람에겐 누구나 반항기가 찾아온다. 십 대에 없으면 중년에, 중년에 없으면 노년에라도 온다. 그렇다. 나는 그 순간 반항심에 사로잡혔다. 한 번도 경험해 보지 못한 감정과 장면을 직접 느껴 보고 싶었다. '세상엔 남편과 다른 남자도 있지 않을까?'라는 생각이 머릿속을 떠나지 않았다.

남편은 나를 공항까지 배웅해 주었다.

공항으로 향하는 길, 차 안은 음악도 없이 고요했다. 우리는 올해 휴가 때 아이와 함께 어디로 갈지, 양가 부모님을 어떻게 챙길지에 대해 이야기하다가, 회사 동료들 근황이나 최근 재테크 상품과 같은 자잘한 주제로 대화를 이어 갔다. 특별한 것 없는 평범한 대화였지만, 그 안에는 묵직한 안정감이 깃들어 있었다. 남편은 내 짐을 들어 체크인을 돕고, 보안 검색대 앞까지 배웅한 뒤 손을 흔들며 돌아섰다.

비행기에서 읽으려고 챙긴 책을 펼쳤지만, 단 한 글자도 눈에 들어오지 않았다.

4

그의 비행기가 먼저 도착했고, 그는 출구에서 나를 기다리고 있었다. 나는 얼굴이 살짝 상기된 채 고개를 숙이며 다가갔다. 그가 내 짐을 받아 들다가 손이 스치자, 자연스럽게 내 손을 단단히 잡았고 나는 거부하지 않았다.

호텔로 가는 차 안에서 그는 손을 놓지 않은 채 옛 동기들 이야기를 꺼냈다. 그러다 몇몇 '잘나가지 못하는' 동기들을 특유의 비꼬는 말투로 깎아내리기 시작했다. 그 오만한 태도가 은근히 거슬렸고, 잡은 손이 불편해졌다. 결국 나는 조용히 손을 빼며 말했다.

"단지 운이 나빠서 잘나가지 못하는 사람도 많아."

내 냉담한 반응에 그는 잠시 멈칫했고, 분위기가 어색해졌다.

호텔에 도착해 각자 방에 체크인한 후, 우리는 점심을 함께 먹기로 했다. 방에서 화장을 고치고 옷을 갈아입었지만, 설렘이나 기쁨은 느껴지지 않았다. 오히려 머릿속에는 남편과 아들의 모습만 맴돌았다. 그는 이제 손을 뻗으면 닿을 만큼 가까이 있었지만, 기대는 이미 사라진 상태였다.

점심 식사 자리에서 그는 내 기분을 살피며 이런저런 화제를 꺼냈다. 하지만 나는 일부러 그의 가정 이야기로 대화를 돌렸고, 결국 그가 솔직히 털어놓았다.

"아내와 관계가 나쁘지 않아. 큰 갈등이나 원한도 없고. 다만 너무 오랫동안 평범한 날들이 이어지니까 잠시 바람을 쐬고 싶었을 뿐이야. 사실 이혼할 생각도 없고, 너와 특별한 미래를 그리고 있는 것도 아니야."

그의 솔직함에 오히려 마음이 가벼워졌다. 이후 우리는 거리낌 없이 다양한 주제로 이야기를 나누었다. 대화 중 그에 대한 내 생각을 솔직히 털어놓자, 그는 놀란 듯 젓가락을 내려놓고 진지하게 말했다.

"문자에서 느껴진 것과 완전히 다르네. 난 지금까지 니가 부드러운 사람인 줄 알았는데, 이렇게 날카로운 줄은 몰랐어."

그렇다. 나는 겉으로는 부드러워 보여도 속은 단단하고 고집 센 사람이다. 나를 잘 모르는 사람들은 내가 온순하다고 오해하곤 한다.

솔직히 말하면, 그는 남편보다 훨씬 재미있는 사람이었다. 그러나 나는 '재미있는' 남자를 그다지 좋아하지 않는다. 재미는 여자를 금세 끌어당길 수 있지만, 결국 일시적인 호기심과 신선함에 불과하다. 삶은 언제나 새로울 수 없다. 연인이든 친구든, 안정적인 관계는 반복되는 일상 속에서 서로를 견디고 받아들이며 만들어진다. 기나긴 인생에서는 착실함이나 진지함, 현실감, 책임감 같은 덕목이 더 큰 무게를 지닌다. 신선함이나 재미보다 훨씬 더 소중한 것들이기 때문이다. 그와 비교할수록 남편이 얼마나 사랑스럽고 소중한 사람인지 점점 더 선명해졌다.

점심을 먹으며 우리는 앞으로의 시간에 대한 기대를 완전히 내려놓았다. 오히려 '남은 이틀을 어떻게 채워야 하나' 하는 걱정이 들 정도였다.

바람을 피우고 싶어 하는 사람들에게 한마디 하고 싶다. 어두운 밤에 섣불리 감정만 주고받지 말고, 먼저 밝은 낮에 서로의 가치관을 깊이 나누어 보라고. 그러다 보면 상대를 다시 보고 싶지 않게 되는 경우가 많고, 함께 밤을 보내는 것은 더더욱 터무니없는 일이 되어 버리기도 한다. 하지만 현실은 대개 그 반대다. 연애는 너무 느리게 달아오르고, 잠자리는 너무 빨리 찾아온다. 심지어 옷 벗는 속도로 결혼까지 가 버리기도 한다. 그래서 많은 사람이 후회하는 것이다.

그 후 이틀 동안 우리는 서로에게 최대한 예의 바르고 형식적으로 대했다. 나는 우한의 거리를 샅샅이 누비며 걸었고, 호텔에서 영화 세 편을 몰아 봤다. 마치 나 자신에게 작은 휴가를 선물한 기분이었다. 그 시간을 보내며 몸과 마음이 한결 가벼워졌다.

헤어질 때, 나는 그의 아내에게 줄 예쁜 브로치를 사서 건넸다.

"여자는 늘 선물과 놀라움을 기대해. 아내를 실망시키지 마."

그리고 그가 끝까지 거절했지만, 사전에 그가 결제했던 여행 경비에서 내 몫을 계산해 송금했다.

모든 걸 정리하고 나니 마음이 홀가분해졌다. 비행기에 오르며 집으로 돌아간다는 생각에 가슴이 뛰었다.

공항에 도착하자 남편과 아들이 기다리고 있었다. 아들이 나를 보자마자 달려와 안겼고, 남편은 내 짐을 들며 자연스럽게 손을 잡았다. 그 순간, '평생 한 남자만 알아도 충분하구나'라는 생각이 들었다. 어둠 속에서 피어오른 감정은 빛을 만나면 사라지기 마련이다. 평범한 사람들의 행복은 대개 익숙한 일상과 평온한 감정에서 비롯된다. 자극적인 만남은 사람을 유혹하지만, 대부분 긴 시간을 견디지 못한다.

나는 진심으로 한 사람과 수없이 연애하고 싶다. 수많은 사람과 단 한 번의 연애를 하는 대신에 말이다.

몇 년이 지난 지금도, 그녀가 이야기를 마무리하며 멋쩍게 웃던 모습이 눈앞에 생생하다.

"아, 결국 미완성의 외도로 끝난 재미없는 이야기를 해 드려서 죄송해요."

하지만 나는 평범한 이야기가 더 좋다. 더 진짜 같고, 그래서 더 큰 확신을 준다.

샤잉은 나중에 딸 하나를 더 낳았다. 네 식구가 된 그들은 여전히 평범하고 분주하게, 그리고 행복하게 살고 있을 것이다.

마무리하며

얽매이지 않는다는 것

동자승이 시든 작은 나무를 보고 마음이 쓰여 스승에게 물었습니다.

"어떻게 하면 이 나무를 살릴 수 있을까요?"

스승은 나지막이 대답했습니다.

"구하려 애쓰지 말고, 자유롭게 떠나게 두렴."

동자승은 놀라며 말했습니다.

"스승님, 저는 스승님이 따뜻한 분인 줄 알았는데, 이렇게 냉정하실 줄은 몰랐어요."

동자승은 나무가 죽어 가는 게 안타까워 매일 물을 주며 보살폈지만, 일주일 만에 잎은 모두 떨어지고 줄기도 꺾여 버렸습니다. 속상한 마음에 다시 스승을 찾아가자, 그는 이렇게 말했습니다.

"시든 나무를 뽑고, 그 자리에 다른 풀을 심어 보거라."

스승의 말대로 다른 풀을 심었더니, 일주일 후 새싹이 돋아났습니다. 동자승은 기뻐하며 스승에게 달려갔습니다.

"스승님, 싹이 났어요!"

스승은 말없이 미소를 지었고, 동자승은 그제야 깊은 깨달음을 얻었습니다.

삶에서 마주하는 좋지 않은 일들은 마치 시든 나무와 같습니다. 아무리 애를 써도 결말을 바꿀 수 없는 경우가 허다하지요.

당나라 시인 백거이白居易는 이렇게 썼습니다.

"좋은 것은 오래가지 못하고, 채색 구름은 쉽게 흩어지며, 유리는 깨지기 쉽다."

이 글귀를 마음에 품고 있던 중국의 유명 작가 양장楊絳은 저서 『우리 세 사람我們仨』에서 이렇게 말했습니다.

"사랑할 때는 서로 의지하며 부드러움을 배우고, 사랑이 멀어질 때도 마음에 사랑을 간직한 채 희망을 품고 멋지게 살아야 한다. 여자는 본디 연약하지만, 독립적인 삶을 만드는 것이 세상을 헤쳐 나가는 갑옷이자, 진정한 멋이다. 자식을 끔찍이 아끼는 부모도 언젠가는 늙어 떠나고, 손발처럼 가까운 형제자매도 결국 각자의 가정을 꾸리며, 금실 좋은 부부라도 인생 끝자락에선 누군가 먼저 가고, 효심 깊은 자식도 날개가 단단해지면 멀리 날아간다."

양장은 남편 첸중수錢鍾書와 64년을 함께하며 깊은 인연을 맺었습니다. 그러나 1998년, 남편이 여든여덟의 나이로 별세했고, 그에 앞서 노부부의 외동딸 첸위안錢瑗은 1997년 병마에 시달리고 있었습니다. 시간이 얼마 남지 않았음을 직감한 첸위안은 평생 어머니의 사랑을 받았는데 그 은혜에 보답할 기회조차 얻지 못한 채 먼저 떠나야 하는 것이 너무도 미안해 그 마음을 작은 시에 담아 전했습니다.

"소가 풀을 먹지 않네, 어머니 은혜 갚고 싶네. 근심 잊는 꽃을 따서 어머니께 드리고 싶네."

딸과 남편을 차례로 떠나보낸 양장은 이후 18년을 홀로 지냈습니다. 첸위안은 떠나기 전 어머니를 위해 영양식 식단을 적어 주었고, 양장은 그 마음을 따랐습니다. 기름진 음식을 멀리하고, 큰 뼈를 쪼개어 국을 끓인 뒤 그 국물로 검은 목이버섯을 조리해 매일 한 그릇씩 먹었습니다. 고령에도 매일 7천 보를 천천히 걸었고, 백 살에도 허리를 굽혀 손이 바닥에 닿을 만큼 건강을 유지했습니다. 아마 그녀는 딸에게 이렇게 말하고 싶었을지도 모릅니다.

"나 이렇게 잘 살고 있으니 걱정하지 말렴."

2003년, 『우리 세 사람』이 세상에 나왔습니다. 원래는 가족 세 사람이 각자 한 부분씩 쓰기로 했던 책이었지만, 딸과 남편이 떠난 뒤 양장이 홀로 가족의 추억을 엮어 완성한 작품입니다. 백 살이 넘은 나이에도 그녀는 책상에 앉아 글을 썼습니다.

"나 혼자 우리 세 사람을 그리워하며 살고 있다."

그 글쓰기 습관은 2016년, 그녀가 백네 살의 나이로 생을 마감할 때까지 이어졌습니다.

살면서 누구의 고난이 더 큰지 굳이 따질 필요는 없습니다. 나쁜 일을 겪는 건 인생의 일부니까요. 그런데도 우리는 자꾸만 누가 더 깊은 아픔을 안고 있는지, 누가 더 말 못 할 억울함에 시달리는지 들여다보곤 합니다. 무심코 자신의 감정을 부풀리며, 세상에서 가장 억눌린 건 자기 자신이라고 느끼기도 하죠. 이런 마음은 결국 나쁜 일에 얽매이며 스스로 더 괴롭히는 것과 같습니다.

버트 헬링거Bert Hellinger의 시 〈모든 것을 허락하라I Allow〉에는 이런 구절이 있습니다.

> "감정은 몸이 느끼는 반응일 뿐, 본디 좋고 나쁨이 없다.
> 저항할수록 더 강해진다.
> 이런 감정이 있어서는 안 된다고 생각하면,
> 상처받는 건 오직 나 자신이다.
> 내가 할 수 있는 유일한 일은,
> 허락하는 것이다."

과거는 지나가게 두고, 미래는 오는 대로 받아들이며, 모든 것을 자연스럽게 흘려보내는 것. 강과 시냇물이 물길을 따라 구불구불 이어지듯, 그 궤적 자체가 곧 삶입니다. 우리를 아프게 하는 건 운명의 변덕이나 타인의 무정함이 아니라, 스스로 내려놓지 못하는 불만과 집착입니다.

 기억하십시오.
모든 것을 허락할 때 비로소 통찰과 자유가 찾아온다는 사실을.

하고 싶은 대로
해도 괜찮아

펴낸날 2025년 12월 10일 1판 1쇄

지은이 리샤오이
옮긴이 이지연
펴낸이 金永先
편집 정아영
디자인 김유진

펴낸곳 이든서재
주소 경기도 고양시 덕양구 청초로 10 GL 메트로시티한강 A1-2002호
전화 (02) 323-7234
팩스 (02) 323-0253
출판등록번호 제 2-2767호
ISBN 979-11-94812-12-8(03190)

> 이든서재와 함께 새로운 문화를 선도할 참신한 원고를 기다립니다.
> 이메일 dhhard@naver.com (원고 투고)

- 이 책은 저작권자와의 계약에 따라 발행한 것이므로 본사의 허락 없이는 어떠한 형태나 수단으로도 이 책의 내용을 사용하지 못합니다.
- 파본은 구입하신 서점에서 교환해 드립니다.